王占春先生

（1930—2013）

“中国教材研究文库”

第一辑总目

中国教材研究文库

王占春论教材

王占春 著

人民教育出版社
·北京·

图书在版编目（CIP）数据

王占春论教材 / 王占春著. —北京 ：人民教育出版社，2020.11
（中国教材研究文库）
ISBN 978-7-107-34401-5

Ⅰ. ①王… Ⅱ. ①王… Ⅲ. ①体育－教材－文集 Ⅳ. ①G807.04-53

中国版本图书馆 CIP 数据核字（2020）第 223806 号

王占春论教材
作　　者/王占春
装帧设计/何安冉

出版发行　人民教育出版社
（北京市海淀区中关村南大街 17 号院 1 号楼　邮编：100081）
网　　址　http://www.pep.com.cn
经　　销　全国新华书店
印　　刷　山东临沂新华印刷物流集团有限责任公司
版　　次　2020 年 11 月第 1 版
印　　次　2020 年 11 月第 1 次印刷
开　　本　787 毫米×1 092 毫米　1/16
印　　张　25
插　　页　1
字　　数　285 千字
印　　数　0 001～1 500 册
定　　价　78.00 元

“中国教材研究文库”总序

郭戈

古人说得好：“以铜为镜，可以正衣冠；以史为镜，可以知兴替；以人为镜，可以明得失。”对于教材工作而言，以史为镜、以人为镜也是至关重要的。我国古代常用的教材主要是“三百千千”“四书五经”。新式教材起步于清末，活跃于民初，先学日本，后仿美国。1897 年上海南洋公学外院效法外国，编了国文、算术、历史、舆地、格致等课本，这便是打破老传统，把各门知识较有系统地编为学科教材的开始。随后出现的各种课本和教育著作大都是模拟日本或直接译自日本。清末以来，特别是民国建立后，教材自由编写，实行审定制，民间掀起了一股编撰出版教科书的热潮，一批出版机构如商务印书馆、文明书局、中华书局等，与一批出版家、教育家，为此做出了奠基性、开创性的重要贡献。

五四新文化运动以降，教育理念和课程教材发生了新变革，特别是全国教育会联合会在主要借鉴美国教育的基础上而研制的新学制以及课程标准纲要，影响巨大。一时间，欧美新教育思潮、实用主义教育思想引入中国，教材也从过去主要效仿日本一变而为仿效美国。当时，许多教材在内容编写上都强调以儿童生活经验为中心，甚至一些中学理科教学更直接采用美国的课本。新中国成立之前，民国政府虽然曾几次颁布课程标准，教材的内容和形式却基本上没有大的改观，只不过是更多地借鉴和学习美国的经验罢了。并且，清末及民国历届政府都有统一教科书的意愿和行动，但由于旧中国持续不断的内忧外患和政府的腐败无能，加上课本编写质量不佳等原因，所谓“国定教科书”或“统一教科书”最终都以失败而告终。

新中国的成立开创了中华民族历史的新纪元，也掀开了我国教材事业发展的新篇章。新中国成立伊始的教材，文科主要借鉴了解放区的经验，理科主要选取了国统区的本子，还有一部分选取了编译的苏联教材。接着，便在全面学习苏联教育经验的基础上开始了教材自编或重编的历程，并逐步走出了一条具有中国特色的以统为主、统分结合的教材道路。总的来说，与旧中国相比，新中国成立 70 多年来，全国中小学实施的是统一的教学大纲或课程标准，使用的基本上是由国家统一供应、教育部组织编写、人民教育出版社编辑出版的通用教材或统编教材，并做到了所有地方、每所学校、全部学生都使用上了这样的教材。为此，中央确立了集中统一教材制度的大政方针，制定了统一的教学大纲或课程标准，组建了专门的教材编写和审查机构，配备了强有力、专业化的编审人员，还建立了保证“课前到书，人手一册”的教材出版发行渠道和机制。当前，党中央、国务院高度重视教材工作，把教材建设作为一项战略工程、基础工程，成立了国家教材委员会，教育部组建了教材局，并先后颁布了一系列有关规章制度，在义务教育和高中阶段全面实施政治、语文、历史三科教材统编、统审、统用政策，标志着我国教材建设进入了新时代。

“江山代有才人出，各领风骚数百年。”社会发展史也是个体发展史。历史由人民创造，又有杰出历史人物的巨大作用。讲述历史离不开历史人物，回顾教育不能回避教育家，同样，总结和借鉴教材的历史经验，也不能回避曾经为教材事业创造出重大业绩的历史人物。在我国新式教材 100 多年的发展过程中，不仅编辑出版了不计其数、数以万计的各个学科、多种形式的教材，而且也涌现出了一大批教材编辑家、出版家、研究者，他们都为我国的教材建设事业做出了奠基性、开创性的重要贡献。归纳起来，这些大家在清末及民国时期主要有：张元济、陆费逵、范源廉、蒋维乔、马君武、戴克敦、沈恩孚、高梦旦、王云五、舒新城、徐特立、李廉方、庄俞、沈颐、张相、杜亚泉、吕思勉、陈宝泉、范祥善、金兆梓、周建人、黎锦熙、顾树森、俞子夷、吴研因、叶圣陶、丰子恺、朱经农、朱文叔、刘薰宇、宋云彬、丁晓先（韦息予）、赵欲仁、艾伟、沈百英、吕伯攸、陆殿扬、陈鹤琴、辛安亭等。在新中国成立后的主要代表是：叶圣陶、周建人、胡绳、辛安亭、戴伯韬、朱文叔、刘薰宇、金灿然、吉少甫、朱智贤、陈元晖、叶立群、张志公、吴伯箫、张毕来、蒋仲仁、袁微子、刘国正、张中行、邱汉生、苏寿桐、陈尔寿、方宗熙、雷树人、梁英豪、张玺恩、张孝达、王占春、陈侠、熊承涤等。他们都是对一定历史时期的教材建设，特别是一些学科教材领域做出过重要贡献并产生了广泛影响的人物，并大都在编辑出版教材的过程中发表过论述教材的著述，提出了关于教材问题的看法和认识，内容涉及教材的政策管理、编写审查、出版发行、使用教学或教材本体等诸多领域，其中一些人还形成了较为系统和全面的思想观点。这些思想观点成为我国教材建设和教材学术研究史上的一笔笔宝贵的财富。有鉴于此，在人民教育出版社成立70周年之际，我们启动了“中国教材研究文库”这个大型丛书项目，旨在通过挖掘、收集、辑录、整理百年以来教材领域众多大家的研究成果，分期分批出版，比较系统地展示中国近现代以来教材研究的主要成果，从一个侧面呈现中国近现代以来教材发展的基本脉络，为新时代教材建设和研究事业提供参考和借鉴。这套大型丛书的编辑出版也是我们缅怀和纪念老一辈教材大家的最好方式。

改革开放以来，国内出版了不少教育名家的著作、文集甚至全集，其中涉及一些教材编辑家、出版家的论著，这是我们选编工作的基础。对有的教材大家已出版的文集，我们进行了重新编排、补充和校核，以体现新的特色。对于尚未有文集出版的一些教材大家，其教材文集的收集、整理、选编任务则比较繁重。好在现代信息技术很发达，网络文献查阅很方便，我们将传统方法与现代手段相结合，大大提高了工作效率。本文库入选的人物全都是我国百年以来教材建设，特别是教材研究开发和编辑出版事业的主要参与者、贡献者、引领者。本文库秉持按人设卷、一人一卷的原则，但对于教材史上的一些重要人物，我们也不排斥两人或多人合为一册的情况。我们对每卷文集的篇目都大致进行了分类，并基本按照时间先后顺序或一定专题加以排列，但鉴于作者的经历和作品情况的差异，也为了突出某些重要作品，以满足读者现实需要，每卷目录的编排方式也各具特色。无论哪种编排方式，对每篇文章的出处和时间我们都尽量说明清楚，必要时增加注释。读者阅读之后可以感受到，这些教材文集见证和记录了中国近现代课程教材的成长史、演进史，也是教材大家们辛勤耕耘、笔耕不辍的学术思想的集中体现。可以说，每一卷的文字都曾经为教材建设史的推进铺下过坚实的一砖一瓦，也都曾经拨动过教材人的心弦。我们希望，通过重温教材大家精到的论断、深邃的思考、严密的逻辑、优美的文字，以及字里行间蕴含的学术风范、治学之道和人格魅力，可以为后来者提供学习和传承的典范。

“中国教材研究文库”是一套开放性的丛书，第一辑入选了 12 位人物，主要是新中国教材建设和研究的奠基者和开拓者。接着，我们还将陆续推出第二辑、第三辑。“众人拾柴火焰高。”热诚欢迎国内教育学者特别是课程教材研究者积极参与到这套文库的编辑出版中来。

“闻道有先后，术业有专攻。”教材建设是个专业，也是门学问，教材工作有其自身的特点和规律。当前，教材问题越来越受到重视，从事教材研究开发和编辑出版工作的人也越来越多，如果说有所谓捷径可循的话，那恐怕就是直接阅读和学习以往这些教材大家的有关论著了。了解教材历史，知晓教材大家，汲取和借鉴以往的智慧和经验，继承和发扬他们的思想和观点，可以使我们明理启智、审时度势、推陈出新，对于做好当下教材改革发展工作、提升教材科学化水平大有裨益，对于教材研究和学术创新更是必不可少。

“中国教材研究文库”作为中国近现代教材成长史、演进史的记录和见证，实为百年中国教材研究的缩影和写照，具有较高的文献史料价值，能为教材建设者和教育学者的编辑出版工作和研究工作提供较为完整的基础性材料。我们相信，本文库的出版对于推动教材事业建设、促进教材理论的创新发展会有一份积极的贡献。我们也希望在新时代，教材事业蒸蒸日上、人才辈出，创作出更多扎根中国大地、师生喜爱的各科教材，不断提升教材研究水平，加快构建中国特色、世界一流的教材建设体系和教材理论体系。

本文库由我忝任总主编。教育学界、课程教材界的专家学者以及社会各界人士对本文库给予了热情关注，我社黄强社长以及有关领导、员工和离退休老同志提出了宝贵意见和建议；丛书责任编辑和各分卷编者及责任编辑也付出了辛勤劳动。谨在此一并致谢！

限于水平，本文库的编辑出版工作或有不妥不足甚至错误之处，敬请读者不吝指正！

2020 年 9 月 10 日

前　言

王占春（1930—2013），河北省临榆县大薄荷寨村（现秦皇岛市北戴河区大薄荷寨村）人，我国著名学校体育专家、新中国体育教材的主要领导者和奠基人之一，曾任人民教育出版社（以下简称“人教社”）体育编辑室主任、国家督学、全国中小学教材审查委员会审定委员、中国教育学会体育研究会副理事长等职。

1949 年 9 月至 1954 年 12 月，王占春先生在黑龙江省佳木斯师范学校担任教员。1954 年底调入人教社，历任助理编辑、编辑、体育组组长兼教育部办公厅直属体育指导处处长。1969 年 8 月至 1974 年 6 月，下放到安徽省凤阳县教育部“五七干校”劳动。1974 年 6 月至 1977 年 10 月，从“五七干校”分配至北京市东城师范“五七大学”任教员。1977 年 10 月至 1978 年 8 月，借调到教育部教材会议任体育组负责人。1978 年 9 月再次调入人教社，先后担任中小学教材编辑部体育室主任、体育编辑室主任。1995 年 5 月离休，继续担任人教社咨询委员。

王占春先生对我国学校体育事业的发展和繁荣不懈追求，努力奋斗，奉献一生。早在黑龙江省佳木斯师范学校担任体育教员时，他在教学中就取得了突出成绩，被评为校级、市级、省级优秀教师。调入人教社后成为体育编辑室的创始人之一。在人教社工作的五十余年中，王占春先生主持了中华人民共和国成立以来七套中小学体育教学大纲和体育教材的编写，主持了《中等师范学校体育教学大纲》和《幼儿师范学校体育教学大纲》以及配套教材的编写，为我国学校体育和体育教材建设作出了巨大贡献，是业界公认的中国学校体育的一面旗帜。

鉴于王占春先生在学校体育方面的卓越贡献，我们专门收集了王占春先生关于体育教材研究方面的文章，选编了《王占春论教材》一书。人教社于 2009 年出版的《王占春教育文集：学校体育的实践与研究》一书为我们此次选编工作提供了良好的基础。《王占春论教材》中大部分篇目选自该文集，同时我们还增补了若干篇探讨体育教材建设方面的文章，以期全面呈现王占春先生对体育教材的系统思考。入选本书的所有篇目，按主题划分为“体育教学大纲和课程标准”“体育课程与教材”“体育教材调研与编审”三编，每一编的篇目按发表的时间先后顺序排列。考虑到部分文章发表时间比较久远，我们在选编过程中，对这些文章的文字表述做了适当修正。

本书由郭戈、曹周天选编。选编工作得到了社内外有关领导和专家的关心和支持。胡滨、宗晓雁、陈建峰也付出了辛劳。王占春先生的家人接待了我们的到访，并提供了王占春先生的部分手稿和照片，在此一并表示感谢。

编者

2020 年 9 月

目 录

上　编

体育教学大纲和课程标准

论中小学体育教学大纲的体系*

一、关于体育教学大纲体系的讨论

1978年，教育部颁发《全日制十年制学校小学体育教学大纲（试行草案）》《全日制十年制学校中学体育教学大纲（试行草案）》，在编写原则中提出“以有利于增强学生体质为准则”，并指出：“在安排教材时，要打破以运动竞赛为中心的编排体系。”这两部大纲颁发后，引起了人们对中小学体育教学大纲体系的热烈讨论。有人提问体系的概念是什么，还有人提问为什么要打破“以运动竞赛为中心”的体系？对这些问题的认识很不一致。赞成大纲提法的人，认为学校体育主要是增强学生体质，竞赛只是完成学校体育教学任务的一种手段，因此不能以竞赛为“中心”安排教材，这里说的不是不要竞赛项目，而是指不能以竞赛为中心安排教材。持相反意见的人认为体育离不开竞赛，竞赛是体育的特点，没有竞赛，学生参加体育锻炼的积极性就会受到影响，同时认为

---

* 原载《课程·教材·教法》1983年第2期。选自王占春：《王占春教育文集：学校体育的实践与研究》，人民教育出版社2009年版。

不能把锻炼身体与竞赛对立起来，竞赛也是锻炼身体的手段。还有些同志持第三种意见，这些同志虽然赞成“打破以竞赛为中心的体系”，但是认为现行大纲并未“打破”，体育教材仍以运动项目为主。总之，关于体育教学大纲体系的讨论持续了很久，现在仍在进行。特别是近几年来，国内外体育界学者提出学校体育“科学化”的问题，更促进了这种讨论。

应当正确理解体育教学大纲的体系、概念和内涵。

体系，就一般事物而论，泛指由某种思想指导下若干事物相互联系而构成的一个整体。凡确立一个体系，不管其内容多么错综复杂、纵横交错，其中仍有规律可循，必然有一条主线起主导作用，并由这条主线的指导思想把它们贯穿起来。指导思想不同，构成这一体系的内容、结构也不同。中小学体育教学大纲的体系是由我国社会主义教育制度和方针所确定的，如果把它概括为一句话，即从增强学生体质出发，以身体基本活动为主，兼顾运动技能来编选教材，为实现社会主义现代化培养全面发展的合格人才服务。这一体系的全部内容，应包括大纲的指导思想、教材内容、大纲结构和教材的排列顺序等。

二、我国编订中小学体育教学大纲的指导思想

（一）体育是学校教育的重要组成部分

中小学体育教学大纲体系的指导思想是以我国宪法为依据的。我国宪法第四十六条规定：“国家培养青年、少年、儿童在品德、智力、体质等方面全面发展。”要认真搞好学校体育工作，这是有宪法保证的。

我们综观古今中外教育史，体育与培养人才都是有密切关系的。新中国成立后，历次编订的体育教学大纲都指出：体育是学校教育的组成部分。体育在学校教育中，既是教育的内容，又是教育的手段和途径。体育可以锻炼身体，身体好有利于发展生产，这已是大家的共识。但是，体育对青少年智力的开发、教育的作用，以及个性的发展、意志和优良品质的培养，往往容易被人们所忽视。无产阶级革命导师总是把体育与造就共产主义一代新人相联系。马克思指出，“未来教育对所有已满一定年龄的儿童来说，就是生产劳动同智育和体育相结合，它不仅是提高社会生产的一种方法，而且是造就全面发展的人的唯一方法”（《马克思恩格斯全集》第 23 卷第 529 页），就连资产阶级也都重视体育在培养人才过程中的作用。资产阶级为了竞争，十分重视体育对“强健身体”和培养“忍耐劳苦”等精神的作用。现代发达国家虽然生产自动化程度很高，人们把体育越来越多地作为度过余暇生活的手段，但是，他们从来没有低估体育对培养人才的作用。

我国各级学校的课程都规定体育是必修学科之一，而且是在中小学各年级连续开课的唯一学科。

体育教学不仅要达到增强学生体质的目的，同时对精神文明的建设具有重要的作用。体育教学可以使学生精神焕发，锻炼意志，陶冶情操，发展智力，培养优良品质。体育教学的结果，应当促进学生身心发展。

（二）从增强学生体质出发，为社会主义现代化建设服务

我们的教育工作要为实现祖国现代化培养人才。但是，有的教育工作者或需要人才的部门，往往搞现代化建设只注意要有高度的文化科学

知识，比较重视开发智力，却忽视体育在培养人才中的作用。随着科学技术的发展，生产的机械化和自动化，虽然笨重的体力劳动逐渐减少了，脑力活动增多了，但人体的能量消耗并没有减少，对体质的要求不是降低了，而是提高了。要求身体各器官的灵活性、协调性，以及反应能力都要有很高的水平。实践证明，攻克一道技术难关，不仅要选择智力最佳者，而且要有强健的身体和充沛的精力。学校体育在一定程度上是培养全面发展的人，实现现代化建设的投资。

中小学是基础教育阶段，学校必须像重视德育、智育一样重视体育，切实把学校体育搞上去，为提高中小学生的体质水平做出应有的贡献。中小学体育教学大纲，是体育教师上体育课的依据，要认真贯彻执行。

（三）体育课要面向全体学生

青少年儿童正处在生长发育时期，在中小学阶段打下良好的身体基础将会使他们终身受益。学校体育课必须对每个学生负责，面向全体学生，因此体育教材的编选，也必须贯彻这一重要原则。学生的体质有强弱之分，体育水平也有高低之别，要针对他们的不同情况，有目的、有计划地帮助学生锻炼好身体，促进他们身体的正常发育。不能把工作的重点只放在抓少数“尖子”身上，而放宽对大多数学生的要求，对体弱学生尤其要更加关心。

（四）必须坚持三项基本任务

我国30余年中小学体育教学实践的基本经验之一就是必须坚持三项基本任务：锻炼学生的身体；学习体育的基础知识、基本技能和基本技术；对学生进行社会主义和思想品德教育。这三项基本任务是密切联系的。体育教学要增强学生体质，这反映了体育的本质和特点，如果忽视甚至否定这项任务，体育就失去了它自身的意义。学习和掌握体育知识、技术和提高运动技能，是完成体育教学任务的途径和手段，这不仅是科学锻炼身体的需要，丰富文化知识的需要，也是发展智能的需要。向学生进行社会主义和思想品德教育必须贯穿整个教学过程，这是由我国社会主义教育的性质决定的。任何时候、任何学科都不能忽视对学生进行思想品德教育。同时，应该看到青少年儿童的体育，不同于成年人的体育，更不同于医疗体育。他们参加体育锻炼往往不是追求体育对健身的价值，而是被兴趣、比赛中的胜利和运动能力的提高所吸引。为此，中小学体育教材要反映青少年的特点，要从增强体质出发，全面地贯彻和体现三项基本任务的要求。

三、体育教材的科学性问题

体育教材内容是大纲体系的重要组成部分，是体现大纲体系和指导思想的基础。

（一）现代竞技运动的发展与教材的科学性

教学大纲内容不断更新和改进，是国内外各科教材发展的规律，也是我们应该研究的问题。但是，教材的更新要有个标准，我们认为不能以创造世界纪录的优秀运动员所掌握的高难技术作为评价中小学体育教材是否科学的依据。竞技体育的发展，无疑对整个体育的发展有促进的作用。但是，竞技运动与体育教学的目的、对象均不同。竞技运动是训练极少数的“尖子”运动员，为了使这些“尖子”运动员创造优异的成绩，就要采用高难技术，这是一般学生做不到的。衡量体育教材是否科学，要看这些教材是否可以有效地完成体育教学任务，是否符合青少年儿童生理和心理特点。

（二）体育教材必须与《国家体育锻炼标准》相结合

自20世纪50年代中期推行“劳卫制”起，到现在推行的《国家体育锻炼标准》，我们总结了一条宝贵的经验：体育教学与体育锻炼结合得好，学校体育成绩就明显，结合得不好，甚至各搞一套，学校体育就会蒙受损失。道理很明显，只有在体育教学的基础上才能开展好体育锻炼；体育锻炼开展得好，课外体育活动目标明确，学生的积极性高，可以促进体育教学。因此，体育教材必须与体育锻炼的项目、测验等密切结合。根据以往的经验应做到以下四点。

1. 目的任务一致

体育教学与体育锻炼的目的任务都应当从增强学生体质出发，二者相辅相成。前者是上体育课的形式，后者是开展课外活动的主要形式和内容之一，二者互相促进、共同提高。

2. 教材与锻炼项目统一

体育教学大纲应包括全部《国家体育锻炼标准》的项目，并在各相应的年级列为重点教材。

3. 体育课成绩考核的项目标准，应尽可能与锻炼项目标准统一

体育课考核的成绩和锻炼项目测验的成绩互相承认，避免搞重复测验。

4. 评价学校体育工作应注重教学质量

在评价学校体育工作时，体育教学质量和达到锻炼标准的情况，都

应作为评价的内容，从不同的角度予以鼓励。但是，其中重点应看体育教学的情况，而不能以锻炼标准的测验取代体育课。

（三）关于中小学体育教材的分类方法问题

中小学体育教材分类方法是体育教材科学体系的重要内容之一。表面上看，分类方法只是教材的归纳和概括，实质上它反映了事物的规律性，体现了教材的指导思想。

教材的基本要素是身体练习，其表现形式都是走、跑、跳、投、悬垂、支撑、攀爬等人体的基本动作。把这些动作按照所要达到的目的和完成的任务加以分类，就是按人体基本活动能力分类，按发展身体素质分类，按运动项目分类等分类方法。近些年来又出现了按“运动处方”分类。这些分类方法尽管各有优缺点，但是总结我国中小学体育教材的编写和使用的经验，以人体基本活动为主，兼顾运动项目的分类方法是比较合理的。

走和跑、跳跃、投掷、悬垂、支撑和攀登爬越等，是人体基本的自然活动，也是人们在生活、生产和军事行动中的基本活动能力。因此，中小学体育教学的重点，应当是改善和提高这些能力，并用以锻炼整个身体。但是，体育教材并不是原始的自然活动，更不是简单的实用技能；它是与简单的体育项目相结合，在学生学习体育基本知识、技术（做动作的合理结构和简单的比赛方法）和提高技能的过程中，教会他们运用这些方法锻炼身体。

中小学体育教学是积极地促进身体的全面发展，在身体各种基本活动能力不断完善和提高的基础上，根据实际生活和生产的需要，就可以把这些活动转化为各种实用技能。

中小学体育教材重视按人体活动分类，还因为这种分类方法符合学生的心理特点，由于他们的形象思维比较发达，善于模仿，容易学会动作，便于教师分析研究教材，提高教学质量。同时，学生基本活动能力得到发展和提高，也就提高他们的身体素质，促进内脏机能的发展，使整个身体都得到锻炼。

（四）中小学体育教材科学性的标志

中小学体育教材的科学性问题解决得好，是提高体育教材质量的关键。体育教材是否科学，总结我国中小学体育教材建设的经验，应从以下几个方面进行评价。

1. 教材内容有利于完成教学任务

体育教材的内容应当使学生了解人体，科学地阐述体育对锻炼身体和促进身体生长发育的作用；教材必须对改善学生健康状况，增强学生体质具有良好的效果；教材要有助于向学生进行社会主义和思想品德教育。

2. 教材内容有利于促进学生身心健康

体育教材内容技术动作合理，难度和定量标准（生理生化指标、练习的重复次数、间隔和延续的时间）符合学生的生长发育规律和认识规律，符合学生的生理和心理特点，有益于学生身心健康。

3. 教材的分类科学、合理，能够较好地反映中小学体育的目的任务

教材的排列顺序、教学手段的选择和生理负荷量，适应（包括扬长避短和取长补短）学生生长发育和身体素质发展的最佳期，教材本身的逻辑性和系统性是合理的。

4. 场地、器材有助于顺利教学

教材中使用的场地、器材（主要指器械的规格、重量等）、教具，以及各种图表和影像设备的运用，都有助于顺利地完成体育教学任务。

5. 考核方法能激励学生发展

确定完善的考评制度，考核的内容和方法科学合理，符合学生实际，能够鼓励学生努力上进和比较准确地评价教与学的效果。

体育教材的科学性是体育教学科学化的前提。但由于人体和学生心理变化的复杂性，以及气候、场地设备等客观条件也是不断变化的，体育教学能否取得理想的效果，还决定于体育教师的教学艺术和教学法水平。特别是体育还要借助于现代化的教学手段，以及科学的检查、考核和评价方法。

四、体育教学大纲的结构和体例

中小学体育教学大纲要有一个总说明，其中规定体育教学的目的和任务、编选教材的原则和使用大纲应注意的问题；教材纲要分为基本教材和选用教材，教材内容包括实践和理论两部分；体育成绩考核办法和考核项目标准；等等。大纲中应当附有体育场地、器材设备标准。

根据多年来编订体育教学大纲和教材的经验，在确立大纲的结构和体例时，应处理好以下几个关系。

（一）教学大纲统一性与灵活性的关系

我国幅员辽阔，各地经济发展不平衡，为保证体育教材的社会主义方向和体育教学的质量，全国有一部统一的体育教学大纲是完全必要的。但是，统编的大纲又不能规定过死，应该有适当的灵活性，这样才能使大纲具有广泛的适用性。各地在执行大纲过程中，应该结合本地区的情况和特点编写一些补充教材和可以置换的教材。根据体育教学实践经验，全国统一的大纲要有一定的高度，必须经过努力才能完成。大纲中基本教材和选用教材的比例要适当调整，随着年级的升高，选用教材可逐年增加，保持在30%～50%较为合适。

（二）教材内容“多”与“少”的关系

中小学体育教学内容的“多”与“少”，实际上是教学内容多样化好，还是集中教一两个项目好的问题。根据多年的实践经验和中小学生的生理和心理特点，体育教材搞得过分单调、枯燥，不能满足学生的兴趣和爱好，更不利于促进学生身体的全面锻炼。因此，中小学体育教材内容多样化较为合适。

中小学生的体育课，主要是为他们打好身体基础，应多教会他们一些锻炼身体的方法。有了这样的基础，在以后的生活里，无论是运用已学过的方法，还是根据当时的身体条件新学一种锻炼身体的方法，都是比较容易的。

（三）教材排列的直线式和螺旋式的关系

中小学体育教材采用了“直线式”和“螺旋式”两种排列方法。现在有不少地区认为教材的重复太多，教材的排列都应当改为“直线式”。但是，体育教材不可能都采用“直线式”的排列方法。因为要发展速度，改善跑的姿势，就要反复的跑；为了投篮准确就要反复地练习投篮；为增强臂力、发展力量素质就要反复练习俯卧撑和引体向上。前滚翻之所以逐学段都有一些重复，并不是学习前滚翻的技术，而是为了发展平衡器官和身体的协调性。体育锻炼不可能一劳永逸。当然，体育教材也不应简单、机械地重复，而是在质（动作的难度或技巧）和量（时间、距离、重复次数、延续的时间）方面提高要求。教师要明确大纲中的教材哪些是教的，哪些是要反复锻炼的，哪些是要不断提高的。学生对体育课是否有积极性，根本的是使学生了解锻炼身体的意义、体育在教学中的作用。此外，教师要积极改进教学方法，吸引学生参加体育锻炼。

五、体育课的成绩考核

我国于 20 世纪 50 年代颁发的第一部中小学体育教学大纲，在教学参考书（代教材）中提出一套体育课成绩考核办法。但是，这套办法并没有以正式文件的形式确定下来，许多新参加工作的体育教师无法查找这些资料，因此往往把体育课成绩考核误认为就是大纲中规定的几个测验项目。加上近年来评“三好”学生、考重点学校，各地依据不一，有的根据达到体育锻炼标准，有的“加试体育”，认识上不够明确。现在完全按 20 世纪 50 年代确定的考核办法，已不适应现实的要求，人们感到主要问题是不同地区、不同年龄、不同的身体和水平等条件，同年级全国统一用一个标准评定分数不尽合理，如果完全按年龄评分又不能反映不同年级的学生受教育的效果。所以有的地区试行用绝对评分表和相对评分表双累进的评分方法，用以观察进步的幅度。此外，大部分地区主张改为百分制或 10 级评分法（最后换为百分），把体育课成绩加进各学科总成绩的评定。这些办法有一定的相对合理性，但是双累进评分办法过于麻烦，不易推广。因此，也有人主张把评分的内容改为三部分，即测验运动能力、身体素质和掌握动作的水平，约占70％；进行理论知识的考试，约占20％；对学习态度和出勤情况进行评议，约占10％。这种方法简便易行，容易推广，在一定程度上也反映了学生进步的幅度。总之，体育成绩考核问题亟待认真研究解决。

中小学体育教学大纲修订概述*

1986年9月，全国中小学教材审查委员会体育学科组，对人民教育出版社修订的原教育部颁发的《小学体育教学大纲》（送审稿）和《中学体育教学大纲》（送审稿）进行了审查，送交全国中小学教材审定委员会审定。现在，新修订的中小学体育教学大纲已由国家教育委员会颁发了。

新修订的《小学体育教学大纲》、《中学体育教学大纲》（以下统称大纲），是以1977年至1978年原教育部制订并颁发的中小学体育教学大纲为基础修改而成的。原大纲在当时贯彻执行后，广大体育教师反映，它对“文化大革命”期间造成的动乱，起到了拨乱反正的作用，为恢复体育课，建立新的体育教学秩序，提高体育教学质量，促进中小学生的身心发展，都起到了积极的作用，作出了贡献。

但由于社会的发展和教育改革中提出的各种新的问题，原大纲所确立的指导思想、编选原则以及部分教材内容，已不能完全反映时代的特

* 原载《课程·教材·教法》1987年第3期。

点。此外，中小学体育的目的任务、教材的安排、统一性与灵活性的处理、体育课成绩考核等都需要有新的发展。因此，中小学体育教学大纲必须修订。

新修订的大纲，是以《中共中央关于教育体制改革的决定》和《中华人民共和国义务教育法》为依据，尽可能反映党的十一届三中全会以来，社会发展和教育改革的要求。在此基础上，国家教委对修订大纲又提出具体的指示，即在教材尚不作重大改动的前提下，适当降低难度，减轻学生负担，要求明确、具体，还特别指出要加强体育。根据以上这些指示精神，对中小学体育教学大纲做了如下修订。

一、重新改写了体育教学的目的任务

随着人们对体育观念的转变，对学校体育也要再认识、再提高。近几年，在体育教学实践中，大家感到原大纲关于体育教学的目的任务，反映时代的精神和特点不够。新修订的大纲，在充分阐述体育教学的“三项基本任务”的基础上，贯彻“三个面向”的精神，充实了内容，提高了要求。

（一）明确规定体育教学的目的与“三项基本任务”的联系和区别。原大纲在表述方式上，对目的与任务的提法有含混不清的地方。看不清楚目的与任务的区别。

目的是本学科要实现的最终目标，任务是为了实现这个目标在教学过程中要完成的具体要求。新修订的大纲，在讲清体育在学校教育中的意义与作用后，规定小学体育的目的是：“增进学生健康，增强体质，促进学生在德育、智育、体育、美育等方面都得到生动活泼的发展，为提高全民族的素质奠定基础。”这里提出的“为提高全民族素质奠定基础”的含义，一方面说明小学生正在生长发育时期，这时加强体育，可以为他们锻炼强健的体格打好基础；另一方面每个公民都要接受小学教育，小学体育也是全民的体育，小学生锻炼好身体是全民族的大事。中学体育的目的，强调了“增强学生体质，促进身心发展，使学生在德育、智育、体育、美育等方面得到全面的发展，成为祖国社会主义的建设者和保卫者”。相当多的中学生毕业后将参加工作，中学体育在一定意义上讲，也是一种增强体力的投资，以适应学生未来所担负的重任。

（二）充实和丰富了体育教学任务的内容。大纲中仍保持了“三项基本任务”的提法，并且充实了内容，对学生的要求更加明确、具体，富有新意。

第一项任务：把增强体质改为“全面锻炼学生的身体”。因为原来的提法与目的相混同。增强体质是最终的目的，锻炼身体是促进学生生长发育和改善健康状况的过程。避免了任务与目的之间，下位概念与上位概念的重复。在这项任务中，对小学生提出了要“培养学生正确的身体姿态”的要求，对中学生强调了“培养健美的体格”，这就比以前的提法更实际、更具体了。

第二项任务：充实了许多新的内容，反映了现代生活的需要，提高了要求。在使学生理解体育意义和任务的同时，增加了要求学生“学会锻炼身体和生活的基本实用技能与运动技术和体育娱乐的方法”。这里把体育从单纯作为锻炼身体的手段，扩展为与生活、应用和娱乐相联系，并且明确提出要学会运动技术，这不仅是锻炼身体的需要，也是作为学生应有的文化教养的一部分。关于体育教学与竞技体育的关系，历来认识上就有差异。完全排斥竞技运动是不对的，因为比赛可以激励学生勇敢、顽强、向上的拼搏精神，也是锻炼身体的手段。但是，竞技体育有自己的独立目的，它又与一般的体育教学不同。学生的体育课还是应当贯彻和体现以增强学生体质为主，面向全体学生为主和经常锻炼为主的工作方针。

新修订的大纲，对体育文化教养提出了较高的要求。要求学生懂得锻炼身体的基本原理和科学锻炼身体的方法，以适应终身锻炼身体和生活娱乐的需要。

关于对“终身体育”（也有人称为“生涯体育”）的理解，有的注重于教会学生一些运动技能，有的强调要懂得锻炼身体的原理和教会具有普遍意义的科学方法以及学会对锻炼身体效果的评价。大纲采取了后一种认识，因为它对人生各个年龄层次都是适用的。

体育已成为现代生活和娱乐的一部分，中小学生也要向他们介绍一些欣赏比赛的知识，这也是精神文明的一部分。这与体育教学竞技化是不相同的。

第三项任务：体育的教育意义是不容忽视的。热爱中国共产党，热爱社会主义祖国，是体育教学贯彻始终的主题。在此基础上，把学生积极参加体育锻炼作为“为祖国而锻炼的社会责任”，要培养学生为祖国而“献身的精神”。根据体育的特点，培养学生高度的组织性、纪律性和其他优良品德，仍占有重要地位。同时为了培养具有开拓精神的人才，强调了发展“学生个性”与“创造精神”和培养“良好的社会公德”。

美育作为全面发展教育的组成部分，要体现在人体活动和集体活动的各个方面。严格来说它又属于观念形态，所以没有单独列为一条，而是在思想品德教育中，提出了“培养文明行为”和“陶冶美的情操”，也就是在体育教学的全过程，都必须进行美育。

在阐明三项任务是相辅相成、不可分割的同时，从人对事物的认识和身体锻炼的层次来看，在体育教学中首先要教会动作，学生掌握动作后，才有可能达到体育教学的最终目的。

体育作为学校的教育手段，必须与卫生保健相结合，并把教学、身体锻炼、卫生保健、营养、减轻学生负担、合理安排作息制度等相互配合来完成学校体育的任务。

二、调整和精简了教学内容，补充了新的教材

新修订的大纲，重新制订了确定教材的原则。这些原则是：思想性原则、增强体质的原则、科学性原则、理论与实践相结合的原则、教材的多样性和兴趣性原则、统一性与灵活性相结合原则和教材要与《国家体育锻炼标准》相结合的原则。在这些原则中，有三条原则与过去的提法和所包含的意思相比有一些新意。关于思想性原则，提出教材要反映时代的精神，有利于向学生进行爱国主义教育，培养优良品德。理论与实践相结合的原则，就是把学习体育基础理论知识与身体锻炼紧密地结合起来，使体育教学内容成为文化教养的一部分。教材的多样性和兴趣性原则，明确地指出中小学生体育教材，要用多种多样的教学内容，提高学生的积极性和兴趣性，全面地锻炼学生身体。不提倡体育教材过分单调，也不提倡过早地搞专项化教学。

根据以上这些原则，在原大纲教材分类的基础上，对教材作了如下处理。

（一）教材分类方法的调整。教材的分类一直困扰着体育教材的编选。有人主张按人体基本活动能力、身体素质分类，这不容易体现教材的技术体系；完全按运动项目分类，许多锻炼身体的手段，并不是所有运动项目行得通的。因此，修订大纲时，仍保持了运动项目和人体基本活动能力相结合的分类方法。但是，小学的高年级和中学的体育教材，基本上按运动项目分类。

小学体育教材：一、二年级把教材分为体育理论（体育常识）和实践两大部分。实践部分只有三大类教材，即基本动作、游戏和唱游。把跑、跳、投掷和基本体操，统划分为基本动作。三年级同样分为体育理论（体育常识）部分和实践部分。实践部分包括游戏、韵律活动、基本体操、田径、技巧与器械体操和武术。四至六年级在三年级各项教材的基础上，增加了小球类。此外各年级都有选用教材。

中学体育教材：各年级都采取同样的分类方法，即体育理论部分（体育基础知识）和实践部分。实践部分包括田径、基本体操、技巧与器械体操、球类、武术、舞蹈与韵律体操。此外，各年级都有选用教材。选用教材应是各项基本教材的延伸和其他补充教材。其中强调游泳和本地区及民族的传统教材或乡土教材。

（二）教材的精简与补充。教材的定量化，不仅涉及学生的负担和接受能力，而且决定教学计划规定的上课时数。根据国家教育委员会公布的六三三学制的教学计划（征求意见稿），中小学体育课每周定为3课时。在体育上课时数增加的情况下，田径、体操教材均未增加。这实际上是减少了教材。如果教学计划最后仍定为每周 2 课时，修订大纲中的基本教材，也留有弹性。因为对原有比较复杂的教学手段和辅助教材做了简化，这就减轻了分量。教材中的跑、跳、投等内容，因为既是人体的基本活动，又是发展身体素质的重要手段，也是构成田径运动的主要项目，所以这部分教材的上课时数比重，仍占据首位。基本体操、技巧和器械体操，适当地提高了要求。因为这部分教材内容，对于中小学生身体正确姿势的形成，发展学生的灵巧、柔韧、力量等身体素质，培养健美的体格和顽强的拼搏精神，都具有重要的意义。

武术教材，没有做大的改动。但是，要求各校要认真上好武术课，提高对民族传统的武术和健身术的认识。放宽选用教材的范围，各地区和民族都可根据确立教材的原则，选用适合自己需要的武术教材。

舞蹈和韵律体操，是新增加的教学内容。大纲中没有具体安排教材，各地可总结舞蹈教学的经验，结合本校实际，参考幼儿师范的《舞蹈》教材有关部分进行教学。韵律体操，也称艺术体操。大纲中有意用韵律体操的术语，是因为中小学体育教学时数有限，教学内容较多，很难系统地学习艺术体操的基本动作和成套体操。凡是配上音乐的一些带有律动的体操，都可以叫作韵律体操。小学的同类教材，更为简单，故称韵律活动。

球类教材，比原大纲有更大的灵活性。虽然仍以篮球教材作为基本教材。但是，各校可以从实际出发，更换手球、足球、排球作为基本教材。此外，在确定一种教材以后，仍可再选一种球类（包括乒乓球、羽毛球、垒球）作为选用教材。小学校是否把球类作为一种运动项目教学，近些年来有许多实验，有的赞成，有的反对。修订大纲，从五年级增加了小球类教材。它不是小球，而是大球小球化，用游戏的形式教学，不强调系统学习球类技术，而是在游戏中注意教些基本动作。

（三）正确处理统一性与灵活性的关系。教学大纲是编写教材的依据，是体育教师上课的依据，检查和评估体育教学质量的依据，也是教育行政部门和学校领导对体育教学实施管理的依据。因此，作为大纲，它必须具有权威性、科学性和可行性。要使它有权威性，就必须强化它的统一性，要提高可行性就必须考虑灵活性。修订大纲强调了在基本方面，特别是指导思想和目的任务的统一性，为了照顾我国各地区发展的不平衡现状，从以下四个方面加强了大纲的弹性。第一，加大了选用教材的比重，小学提高到30%，初中40%，高中50%；第二，各项教材的比重，都规定了上下线的浮动范围；第三，教师经过努力，确实因为条件的限制，仍达不到大纲的要求，可以从实际出发逐步达到要求；第四，教师根据确立教材的原则，有权更换某些教材，以乡土教材替代；第五，体育课成绩考核标准修改权放到省、自治区和直辖市一级，这就不会限制太死。

三、改革了体育课成绩考核办法

体育课成绩考核，是对学生德、智、体、美全面发展的评价的重要部分，是学生升留级和评选“三好”学生的重要内容之一。为了提高体育课成绩考核的权威性、科学性和可行性，对体育课成绩考核办法做了重大的改革。改变了以往过分强调达标测验，忽视全面考核的状况。新的体育课成绩考核，采用结构综合考核办法。考核的内容由学生体育课的出勤率和表现（占 10%）、体育基础知识的考试（占 20%，小学一、二年级不考试）、掌握动作的技术考评（占 30%）和运动能力与身体素质的测验（占 40%）等四个部分构成。对于第三、四项考核内容大纲都规定了项目和评分标准，并制订了评分表。最后得分采用四级分制和百分制相结合的评分方法，并规定了具体的换算办法。

新的考核办法，虽然给体育教师增加了负担，但是比以前的办法更科学一些，我们应当力争做好这项工作。

四、修订大纲对课外体育活动和场地设备条件提出新的要求

中小学生正处在生长发育时期，只上体育课不能满足他们的要求。修订大纲强调课内外结合，积极开展课外体育活动，认真组织课余运动训练，对运动基础较好的学生，要充分发挥他们的才能，提高运动技术水平。

目前中小学体育场地有逐渐缩小的趋势，体育器械比较简陋。大纲首先提出教育行政部门和学校领导要积极改善办学条件，以适应上体育课和开展课外体育活动的需要。同时大纲指出要勤俭办事业，从实际出发，创造条件，逐步改善场地设备条件。

五、新修订的大纲是一部过渡性的大纲

修订大纲，虽然汲取了近几年来体育教学改革的经验，并在指导思想、教学目的任务等方面，增加了许多新意，教材也作了改动和补充，

但是从具体的教学内容来看，体系上并没有重大改变。这是因为教材体系的重大改变，不仅涉及理论上的研究和实践方面的论证，而且受教育、教学改革的整体设计的制约。特别是教学大纲的重大改变，在短时间内编出系列教材也有一定困难。因此，这部大纲是九年义务教育教学大纲编订出版前的过渡性大纲。

贯彻执行新修订的中小学体育教学大纲，向体育教师提出了许多新的和更高的要求。体育教师要认真备课，编好教学工作计划，上好体育课，不断提高体育教学质量。

关于编订中师教学大纲的哲学思考*

教育的发展水平是衡量一个国家文明进步的标志之一。为了满足21世纪对人才的需要，世界各国都把教育改革放到相当重要的位置。在教育发展的过程中，培养一支高素质、高水平的教师队伍具有重要意义。新中国成立以来，中等师范教育有较大的发展。特别是近十几年来，在师资队伍建设、办学条件等方面都有了更大的改善。其中特别值得欣喜的是教材建设取得了重大成就，第一次配套编齐了中师各科教学大纲和教材。最近国家教委又颁发了新的《三年制中等师范学校教学方案》（以下简称《教学方案》），并依据这一方案组织专家、学者和优秀的中师教育管理干部、教师，研究讨论和制订中师大纲、教材。新的教学方案，是在总结我国中师教育经验的基础上，根据我国的师范教育现状与发展，并汲取国外先进经验制订的。它既体现了新教学方案的改革精神，又结合了我国的实际。新方案在有的地区和学校试验后，取得了初步成果，反映很好。但是，在依据方案编订大纲和教材时，也遇到许多值得思考

* 原载《课程·教材·教法》1991年第7期。

的问题。例如，当今世界师范教育的学制年限都有延长的趋势，而我们要将四年制改为三年制；对教师的学科水平和文化素质要求越来越高，而我们对各学科的授课时数做了大幅度减少；教育要面向现代化，可是我国的广大农村教育不发达，办学条件很差。所有这些问题，如果只是就事论事，不进行深层次的思考，就难以贯彻新的《教学方案》，或者保证不了中师总体的教育、教学水平。只有从《教学方案》的总体构思，中师教育的全局，运用整体观、发展观和辩证唯物主义思想，从哲学的高度来思考这些问题，才能真正发挥新《教学方案》的优越性。

一、要树立整体观

马克思主义辩证法告诉我们：物质世界是普遍联系的和不断运动变化的统一体。教育工作是一个整体；师范教育既是整个教育的一部分，又是自成体系的一个整体；中师各科教学，既是中师教育、教学的一部分，又有自己独立的体系。以体育为例，它既是师范教育的组成部分之一，又是一个独立的教学科目。因此，在研究和讨论中师体育时，就必须在遵循教育、教学和师范教育一般规律的基础上，研究体育和体育教学的特殊规律。只看到它的一般性，看不到它的特殊性；或者只强调它的特殊性（甚至夸大其特殊性），而违反教育、教学的一般规律性，都是片面的观点，都无助于揭示事物的本质。在编订中师体育教学大纲时，我们思考了如下几个问题。

（一）中师体育目标与功能的整体性

中师体育，历来都没有人说不重要，但实际上又往往被人们忽视。

过去在中师把音、体、美称为“小三门”，体育授课时数比重，大于许多学科，但它不能称“大”，只能称“小”。“小三门”不会再见于正式的文件，但是变相贬低体育的价值仍有所见。例如，不少中师把学科划分成思想政治教育类、文化知识类、技能技巧类，体育则划分到“技能技巧”课一类。把体育只看成一种技艺，只要会打篮球或练单杠就是学会了体育。体育的功能虽然包括健身，或者是其主要的功能，但是，体育高层次的目标是育人。它既是教育的目标，教育的内容，又是教育的手段与方法。因此，必须全面地理解和发挥体育在中师教育中的整体目标、功能与作用。

1. 增进健康，增强体质。因为体育既是教育的目标，又是教学科目，承担着学生自身的教育任务和职业训练的任务。发展学生身体，增强体质，是青年身体发展的需要，也成为未来从事小学教育工作的体力投资。

2. 提高学生体育的文化素养。体育作为一个教学科目，具有社会科学和自然科学的双重属性。体育既是教育又是文化的组成部分，同其他文化的内容形式一样，是不断发展的。我们要培养有文化的中师生，文化的内容就包括体育的文化。他们要与各级、各类学校的学生一样，有享受这种文化的权利。现代的生活也越来越离不开体育，学习和掌握体育的文化科学知识，是他们未来生活的需要，工作的需要，做一个现代人的需要。

3. 发展学生的运动能力。体育的特点之一是它的实践性。国外学者认为，20 世纪 80 年代以前，体育运动项目还只是被看作体育的手段，而如今却成为体育的目标，意思是以往从事田径、体操、球类运动，作为自己追求健身、娱乐目标的手段，而今天充分利用空闲时间，从事这种活动就是目的。尽管对于这种主张和认识，我们并不完全赞成，我们国家有我们自己的国情。但是，青少年对运动能力的追求，作为手段或作为目标，都越来越成为他们学习、生活内容的一部分。

4. 小学教育的职业训练。那种把小学教师视为只要会教学生识字、算术，就是好教师的人虽然大为减少，但是把体育看成小学教育必不可少的，小学教师必须懂体育、会体育（掌握一定的体育知识技能），要掌握最基本的小学体育的组织、教法，能教体育课，并不是所有人都有这样的认识。一定要改变观念，整个中师生教育的全过程，都要从贯彻德、智、体全面发展教育方针的高度，把中师的体育，作为小学教师训练的内容和手段之一。

5. 把体育作为对师范生进行教育的内容与手段。通过体育教育学生，个人身体好是提高全民族素质，培养合格人才的社会义务，进而向学生进行爱国主义教育和热爱小学教育事业的专业思想教育。培养群体意识和优良品德，陶冶美的情操，拼搏进取和勇敢顽强的精神，以及生动活泼的作风。

中师体育功能的整体性，目标之间的相互联系性，反映了中师体育的规律和特点。过分强调其中某一项目标，夸大某一功能，都会产生片面性，不利于有机配合，全面地实现中师教育的总目标。

（二）以必修课为中心，发挥“四大块”综合效益

《三年制中等师范学校教学方案》改革的核心问题，是把中师的教育活动分成必修课、选修课、课外活动和社会与教育实践活动，即简称“四大块”。这一方案与现行四年制中师教学计划相比，学制缩短一年，

必修课授课时数大幅度减少。这种变化能否完成中师的教育任务和培养小学教师的目标？如果孤立地只从必修课课时减少去理解新方案，那就只好降低要求。但是，我们从改革的精神实质去认识这一方案的优越性，扩大视野，把选修课、课外活动、社会与教育实践，看成必修课的补充、延续、扩展；把“四大块”看成是一个整体（整体功能的发挥，大于各局部功能的简单相加），从过去只限定在教室里的教学模式解脱出来，充分发挥“四大块”的综合效益，它的教育效果就会超过原有的水平。这种密切结合，并不是混同课内、课外、校外教育活动的性质，而是发挥各自的长处和特点，在保证对师范生基本要求（以必修课为中心）的基础上，又可根据学生的实际情况安排选修课（发挥学生特长），使教材内容具有灵活性、弹性，解决教育、教学中的区别对待。同时通过课外活动（课堂教学的补充、延伸、扩大）和教育、教学实践（主要参加社会实践、教育实习，理论联系实际，将学到的知识技能在实践中应用），把学校教育活动与社会的发展和教育改革相适应。

现行四年制中师教学计划，一、二年级每周 2 课时体育，三、四年级增加 1 节小学体育教学法课，四年总授课时数为 335 课时。新的《教学方案》三个年级总授课时数为 199 课时，比四年制教学计划少 130 课时。新编体育教学大纲，应体现对体育是加强了，而不是削弱了。在必修课减少的情况下，不仅不会影响体育的目标，而且能在体育的理论与实践两个方面，特别是发展学生能力和体现师范性方面有所提高。要培养出合格的小学教师，就不能再走浓缩必修课、不切实际地加大教材容量的老路，只能在加强“四大块”及其联系上下功夫，调整“四大块”的关系，使其各尽其职，提高总体效益。

1. 精选必修课的教学内容。体育运动项目和健身活动内容，越来越丰富，不能都编入教材。根据教材要有利于教育，对发展身体和增强体质有利，结合我国中师的体育设施、教师水平、学生生理与心理特点，在199课时可能教授的条件下，从大量可供教学内容中精选、配伍，组合成切实可行的教材。这部分教材，以锻炼学生身体为主要目标。

2. 选修课分必选和任选两部分内容。选修课是在必修课的基础上拓宽和加深体育学科知识的广度、深度，提高学习兴趣，发展学生特长，提高学生能力。对部分喜欢体育又有志将来到小学担任体育课的学生，增开小学体育的理论与方法课程。新的教学方案，把体育列为必选科目，在可选的各科教学法课中，也应包括体育的内容。因此中师体育教学大纲将选修课分为必选和任选两部分。

（1）必选教材。必选教材面对全体学生，要求每个师范生都要学习和掌握，它是做一位小学教师所必备的小学体育理论知识与方法。

（2）任选教材。这部分教材分两种性质：一是适应一部分学生对某项运动的兴趣和爱好，在必修课的基础上对个别运动项目的提高；二是对将来有志担任小学专职或兼职体育教师的学生，专门开设小学体育教材教法课，从二年级开始选修。

3. 课外体育活动。它是中师体育的重要组织形式之一。通过课外体育活动，增强身体锻炼的效果，提高师范生自我管理和组织工作能力，发展学生兴趣和特长，补充课堂教学之不足，丰富和活跃学生的文化生活。课外活动的含义，不仅包括一般的课外体育锻炼小组的活动，而且要继承发展中师组织多种多样小型运动竞赛的经验，组织运动队或校代表队的运动训练，以及远足、体育节表演等。

4. 体育的社会实践和教育实践。它是新方案中“四大块”十分重要的教育、教学组织形式。根据中师的实习大纲，认真组织学生到小学去见习、参观，领导实习学校的早操、课间操，指导课外体育活动。与教育实习整体计划相配合，从二年级开始要求学生到小学实行一日值日制度，与小学生共同参加教学活动和学校生活。三年级时，利用课外活动时间，可到附小指导小学生的课余训练，帮助小学举办运动会，担任裁判工作等。

有条件的学校组织学生积极参加社会活动，参加生产劳动，参观工厂、矿山、农村和革命博物馆、烈士陵园，以及提供社会服务等。这些活动最好结合远足进行。

通过“四大块”的教育、教学活动，加强理论联系实际，提高学生总体的学科能力，在体育总授课时数减少的情况下，能够较好地完成和达到体育的总目标。

（三）加强学科之间的联系

各学科课程是一个整体，学科之间有区别也有联系。联系、结合得好，其总体效益可大于各学科相加的教育效果；联系、结合得不好，各自孤立或相互简单的重复，不衔接，其效益小于各科相加应有的教育效益。中师体育教学大纲与各学科及其他教育活动的联系，可分为以下三个层次。

1. 德、智、体之间教育活动的联系与结合。各校安排工作时，要德、智、体全面照顾，把体育摆到应有的位置，改变体育排不上位置的现象。同样在体育工作中，特别是体育教师在教学和组织各种体育活动中，都必须重视思想政治工作，对学生全面负责。在体育教学和体育活动中，忽视思想品德教育，不重视文化教育的现象应当得到克服。

2. 体育课程与教育学、心理学的密切联系。体育课程的设置、教学目标、教材内容的确定和教学方法的选择，都要遵循教育学、心理学原则，符合学生的生理和心理特点。特别是有关小学体育理论与方法的课程，是在遵循一般教育学原则和教学论原理的基础上，结合体育学科特点，解释体育教学与教育活动的现象与本质。

3. 体育课程的内容与相关文化课、工具课的联系。体育是综合科学，它与卫生保健，生理卫生，人体发展与形成，生态环境，营养以及安全教育都有密切关系。体育锻炼不是促进人体发展的唯一要求，而且控制条件不合理，甚至可能产生与人体健康相反的效果。与体育相关的学科要讲该学科如何促进体育的发展；而从事体育的教育工作者，在讲述体育和组织学生锻炼时，要懂得人体的发展与形成，除遗传基因外，必须配合和联系优生、优育，把学生的身体锻炼与生理卫生学、营养学、生态环境学、合理的生活保健制度和科学锻炼的方法相结合。离开这些与人体发展和形成的诸因素，孤立地强调体育活动的数量，不仅无助于人体的正常生长发育，而且会损害身体。体育教学大纲必须反映这些思想观点。

二、辩证地处理好教材的知识性与师范性的关系

编订中师体育教学大纲时，比较集中地论证了教材的知识性（也称学术性）和师范性的问题。只有把这两者的关系摆正，才能正确地建立

学科体系，明确教育教学目标，确定教材的容量（数量、深度、广度）和教材的组合与配伍。知识性与师范性是对立统一的，过分强调一个方面，必然导致忽视另一个方面。只强调知识性，就削弱了师范教育的特点；忽视学科的知识性，就失去了做一位教师的最基本的条件。关于这两个方面关系的争论，至今尚无定论。例如，20 世纪 50 年代苏联卫星上天，美国感到教育落后，强调要改革教育，建立高水平教师队伍，教师必须读完普通大学课程，重视教师学科知识的现代化，甚至取消了师范（教育）大学。但是，尽管如此他们也不得不考虑教师的教育、教学能力的培养。读完大学后，仍需补读若干学分的教育学课程。我们新编三年制师范各科教学大纲，不能简单地与普通高中比高低。中师就是中师，它既非普通高中，也非其他中专，要建立具有中国特色的师范教育体制和学科体系。任何事物都存在或包含着互相排斥又相互联系，也就是对立统一的趋势、倾向和方面。中师教学大纲，如果只注意学科知识，片面地强调教材的深度、广度的现代化，而忽视师范性，脱离我国小学教育实际，即使师范生学到一些知识，却不能把他们掌握的知识传授给学生，也不利于对师范生进行专业思想教育。但是，如果不认真向学生传授系统的学科知识，只是片面地强调师范性，在教学的组织与方法上绕圈子，怎么能做到教师要有“一桶水”才能给学生“一碗水”的要求？又如何适应科学技术的飞速发展？师范生自身不能掌握基础的知识，将来他们自身的发展与提高也将受到限制。学科的知识性和师范性也同任何事物一样，都存在着矛盾的现象，而在一对矛盾中又都存在着矛盾的主要方面。中师的学科教学，应在明确师范教育培养目标的前提下，首先应学好学科知识，以便将来当一名合格的小学教师。也就是学知识要与未来的应用相联系，有针对性；同时充分地体现教育、教学的师范性。体育教学大纲是从以下几个方面解决这两者关系的。

1. 加强体育基础知识、基本技术和技能的教学与训练。通过体育锻炼身体，增强体质，提高学生体育的文化教养，向学生进行思想品德教育，这是各级各类学校共性的任务。中师体育教材，除要解决学生自身锻炼外，更加重视对体育的术语、概念、锻炼身体的一般原理的传授，要求学生准确地掌握体育的基本技术和运动技能，培养匀称、健美的体格。做动作要准确、优美，在举止、言行、仪表等方面成为学生的楷模。

2. 重视发展人体基本活动能力，面向全体学生，要求达到《国家体育锻炼标准》，这是师范生未来生活的需要，也是教师应具备的条件。

3. 大纲中精选的教材，包括一部分小学大纲中的典型教材。体育的许多手段，带有工具性，任何人都可用来锻炼身体，但在活动的时间、距离、高度、远度和使用的器材大小、轻重，以及练习的次数各不相同。小学体育教材中，凡是可以用来作为师范生锻炼身体手段的，尽可能编入中师教材，使他们在锻炼身体的同时，熟悉小学体育教材。

4. 中师体育课，要重视教师的教法和学生的学法，发展学生的表现力和组织能力。中师体育教师，要认真研究教材和教学法，上课要有充分准备，讲解要清楚，教法步骤要明确，教法手段与方法运用得当，给学生以正确的示范。上课时，要求学生轮流担任体育干部，都要学会带操、喊口令、做示范，并能组织部分环节（准备活动、整理活动、单项测验、教学比赛裁判等）的教学等，发展学生教与学的能力。学生通过体育教师的耳濡目染学到教学本领。

5. 多使用小学常用的体育教具。在中师体育器材目录中，应包括一部分小学体育器材，其中特别是游戏用的各种小器材，在教学中可以多使用，并借以熟悉小学教材，熟悉儿童。

三、课程教材既要从我国实际出发，又要促进教育的发展

课程教材如何结合实际，面向农村，是编订各科大纲遇到的共同课题，但怎样结合实际却又有不同的看法。一种是把事物看成是静止的、孤立的，只是消极地去适应和结合目前还不发达的农村或条件落后的地区；另一种是把事物看成是发展的、变化的，并通过教材促进一些地区从落后变先进，从条件差向条件好的方向转化。教育事业是未来的事业，我们现在培养的中师生，要几年后才能去担任小学教师，他们培养的小学生要到下一个世纪才能走上建设祖国的岗位。因此，我们现在编订的大纲、教材，既要考虑我国教育发展的不平衡性，面向近 80 万所小学有 90%以上在农村的现实。许多农村小学设施十分简陋，一位教师几十位学生，甚至只有几个学生，所有的课程都由一位教师教。这种状况在短期内是不可能改变的。如果我们不考虑这样的实际，而一味片面地强调设备的现代化，内容的“科学化”，追求“高水平”，不管主观上想得如何美好，都是不可行的。以体育设施为例，发达国家中小学有 400 米跑道的运动场、有游泳池，我们不仅近期难以赶上，即使几十年后我国经济很发达了，也赶不上。因为我们没有可供建设大运动场的土地，这就是我们的国情。但是，只看到农村小学设备简陋，经费困难，认为体育课只领孩子做游戏，打打拳就行了，甚至可以不用编正规的教

材，现代的体育项目和手段都可以不学，这种观点也是不可取的。第一，农村的孩子同样是祖国的儿女，应当满怀热情，创造条件，尽可能使他们与城里的孩子一样享有体育的权利，得到体育的乐趣。例如，山西省临汾市虽然地处黄土高坡，贫困落后，但是他们因陋就简，土法上马，使最边远的山村小学都能开设体育课。江苏省江宁县全县利用竹制和水泥土器材，少花钱多办事，小学体育教学质量达到了相当于城市的水平。从中我们可以得到启示，有些事不是不能，而是思想不解放，缺乏开拓和创业的思想。第二，应当把农村和边远落后地区的状态看成了正在发展的动态，而不是静止不变的。要与农村的燎原计划、星火计划和脱贫计划相结合，走科教兴农的道路。我们所设计和编制的课程教材，使其既能适应当前的实际，又能适应未来的发展，而且更重要的是促进这种发展。中师体育教学大纲，依据这样的指导思想，采取了如下措施。

1. 加强教材的灵活性。各项教材，规定70%左右的必修课教材，30%的乡土教材，此外还根据学生各种不同的情况，安排适当选修教材。中师生在体育方面受到基本训练的同时，还要熟悉和学习本地区的乡土教材，使其既能就低，也能就高，只有这样才能适应事业的发展。

2. 使用替代教材。学校体育与竞技体育不同，体育教学的教具、器材与比赛用的标准器材也不同。因此，在大纲中都要明确指出，有的运动项目在形式和结构上虽然与竞技体育相同，但是，把它选作教材的目的是锻炼身体。所以在没有标准场地、器材时，同样可以用其他教材和器材代替。例如，双杠、单杠是锻炼上肢力量的，没有单双杠就可以用举起重物、俯卧撑等代替。没有标准的篮架、垫子，就可用手球、端线篮球和用草填塞的简易小垫子等代替。目前不可能使每所小学都有“洋器材”，但是大纲中必须编进这些内容，同时编出代用器材，使学生知道发展的方向，能在原有的基础上不断前进。

3. 帮助学生树立变革的思想，培养创业精神。编写大纲、教材时可以提出各种各样的办法，教会学生制作某样器材，学会某种方法，但是更重要的是培养他们具有开拓、进取的精神，使他们既能适应环境，又不能满足体育课只是让学生玩“老鹰捉小鸡”游戏。只要学生树立热爱小学教育事业，热爱儿童，满腔热情地去努力工作，就能把教会他们的知识、技能创造性地应用，举一反三，亲自动手，逐渐改善办学条件，在原有的基础上得到升华。

九年义务教育小学、初级中学体育教学大纲审查说明*

《九年义务教育中小学体育教学大纲》（以下简称新大纲），经国家教委中小学体育教材审查委员会审查并通过，将在明年秋季试行。新大纲比历次体育教学大纲有些新意，建立起新的体系，新大纲具有以下一些特点。

（一）新大纲的性质和指导思想较明确

根据我国幅员辽阔、民族众多的特点，以及经济、文化发展不平衡的现状，在中小学是否要由国家制订一部通用的体育教学大纲？近些年来对此一直争论不休。根据国家教委的统一规定和广大学校体育理论工作者意见，在中小学必须保留由国家统一制订的通用大纲。“大纲”应反映国家对中小学体育课程的基本要求。学生完成这些基本要求，既是学生的义务，也是他们的权利。新大纲指出了体育课程的目标、基本的内容、应达到的标准和规范。基本上做到了从我国的实际出发，不脱离

---

* 原载《学科教育》1992 年第 4 期。

广大学校的实际，但也不迁就落后，经过努力可以达到“大纲”的要求。新大纲是编写教材的依据、上体育课的依据、管理教学的依据和评估教学质量的依据，因此，它具有权威性，是指导性的文件；它指出了大纲的社会主义的方向性，反映了社会主义祖国对学生的要求和育人的目标；教材内容具有科学性，内容符合学生生理和心理的特征及教材内容的内在规律性。

1. 改变传统教育观、教学观，把体育放到应有的位置。

传统的教育观念，把教育看成是消费事业，不重视教育。党中央提出“科学技术是第一生产力”，教育是发展生产力的基础事业，人们开始重视教育。但是，有的人把重视教育只理解为“智力投资”。而我们的认识是要通过教育提高全民族的素质，其中不仅包括思想品德素质、科学文化素质，而且包括身体素质。学生的体育，是以增强学生体质为基本特征，同时可以促进德、智的发展。新大纲必须反映促进德、智、体全面发展的要求。

2. 树立学校体育应把育人作为出发点和归宿的观点。

随着人们对体育的理解和认识不断地拓宽和深化，体育对人的培养和影响的功能也不断地被开发出来。因此，学校体育的功能也就不断地扩大。但是，在繁杂的事物中，总是有主要的矛盾和矛盾的主要方面。功能是潜在的，只有有意识地去开发、诱导，才能得以实现。因此，人们提出体育教学有许多“为主”，如应以增强体质为主、以提高运动技术水平为主、以终生体育为主、以快乐体育为主。有的人虽然未提“为主”，但认为目标中应有重点，像发展学生的学科能力，形成锻炼身体的习惯，发展学生个性，培养意志品格，加强竞技教育，为国家培养竞技的后备人才等。这些主张从一个侧面，或者针对当前体育教学中的某些时弊，提出一些改革的措施，应当说是可取的。但是，学校体育应以育人为学校体育的出发点和归宿，把育人作为最高的目标，育人才是学校体育的本质特征，是学校体育的本质功能。孤立地夸大其中任何一个方面，而忽视另一些内容都是不准确的。新大纲不同程度地吸收了这些观点和主张，在总体设计上，提出了以身体活动为主要手段，使身体锻炼与卫生保健教育相结合，以改善学生的健康状况，增强学生体质为主要的学科特征，提高学生体育的文化教养，促进学生身心的健康发展，达到使学生德、智、体全面发展的育人目标。

3. 正确处理好继承与创新和国内与国外经验的关系。

体育课程、教材必须改革和创新。但也要正确地分析和研究，哪些是我们成功的经验必须继承发展，哪些是过时和落后的东西一定要摒弃。国外的东西要学习，但不能生搬硬套，不考虑我国的国情。简单地提出“向传统开战”的口号是不适宜的。从新大纲编订的指导思想看，主要考虑到如何克服“教师中心主义”和体育教学的自由化，以及教学的形式主义，过分重视运动技术细节，忽视锻炼身体提高学生能力实效性的倾向。能使“大纲”反映出时代进步的气息，剔除陈腐落后的东西，整个大纲体系必须贯彻改革的精神。

（二）建立了新的体系

新大纲新在哪里？新中国有40年课程教材建设的经验，对过去的不可能一概否定，割断历史是不可能的。社会是发展的，教育事业是发展的，人们对客观事物和教育规律的认识是发展的，不能永远停留在一点上。新大纲，新就新在，在继承的基础上发展的那一部分。

1. 新大纲建立了完整的目标体系。

体育教材的特点是不断地重复练习，技术动作的完美、运动能力的提高是无止境的。有些运动项目与竞技体育在动作结构和方法上是相似的。体育教学大纲，为什么选择这些教材，需要有自己的选材标准。同样的教材，由于指导思想不同，控制条件不同，最终所实现的目标也不相同。新大纲与过去大纲的不同点，是建立了不同层次的目标体系（见图 1)，以保证教学总目标的实现。

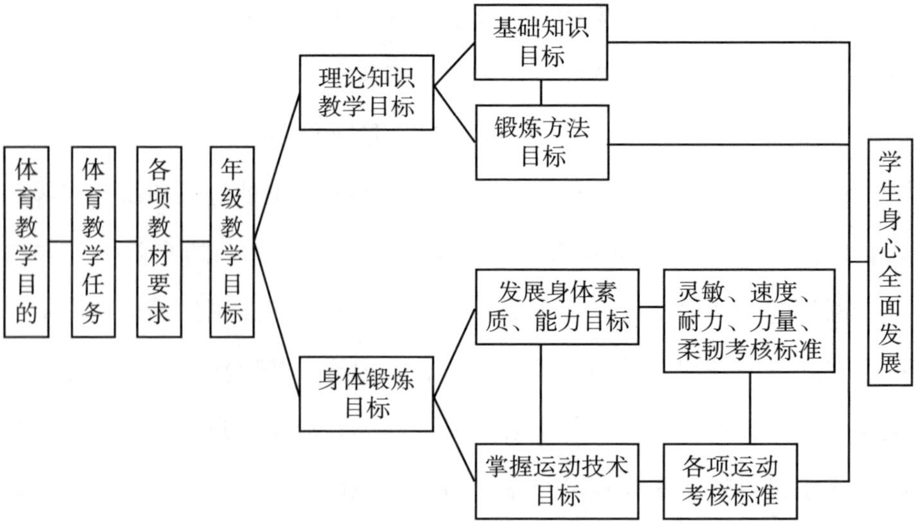

图 1　体育教学目标体系

2. 身体锻炼与卫生保健教育相结合。

在许多人看来（包括相当一部分体育工作者)，体育只是运动技艺和身体活动。在国外一部分学者甚至认为运动项目不是学校体育的手段，而是学生追求的目标。在国内把学校体育单纯视为身体锻炼，而忽视相应的理论知识、思想教育和心理素质的培养。新大纲强化了理论知识，把理论知识作为达到体育目的的主要教学内容之一，也是指导学生体育实践，培养终身体育能力的理论武器，因此增加了理论知识的授课时数，改变了讲授知识课的随意性，建立了体育基础理论知识的新体系。小学二年级以前，由于学生受识字的限制，主要由教师以讲故事的形式，向学生介绍简单的而又是日常生活和体育活动中必须懂得的卫生保健常识，着重实践和习惯的培养，不进行考核。一、二年级各安排 4 个讲课题目；三到六年级，每年级 5 个题目；初中各年级7～8 个题目。9 个年级共有 49 个题目，其中包括：中小学体育的特点和目标，体育文化常识，卫生保健常识，青春期与体育锻炼，体育锻炼对身心发展的好处，简单的体育生理与生化的关系，科学锻炼身体的方法，运动技术原理等。高年级要进行体育价值观的教育。这些内容，分为讲解、介绍、自己阅读 3 个档次。第一个档次的内容必须学懂、学会，认真实践，并进行考核。身体锻炼实践与体育理论和卫生保健教育相结合，贯穿了整个教学大纲，形成理论与实践相结合的新体系。

3. 弘扬民族传统体育，具有社会主义中国的特色。

文化教育是不断发展的。体育的内容（不论是运动项目和健身手段），同样不断地提高层次，丰富内容。如何把复杂多样的内容，通过研究、论证、比较，选择最优的手段与方法，作为中小学的体育教材，它是我们现在要研究的重要课题，而且这种研究和探索永远也不会停止。有些体育项目，并非绝对的非此即彼，有些活动方式不同的内容，也可以达到相同的目的。例如，篮球、足球、排球，虽然各自活动方式不同，锻炼的价值也不尽相同，但也不可能只允许其中一种作为必修教材。新大纲对国外的东西尽可能汲取其精华，但必须以育人为目标和符合学生的年龄特点。同时更加重视我们自己的民族传统体育。这里强调社会主义中国的特色，建立我们自己的教材体系，并不是排斥外来的文化，我们反对的是生搬硬套。

民族传统体育教材内容，是以武术为基础拓宽、加强，增加了“八段锦”“五禽戏”及其他养生、健身的方法和理论知识。此外，还增加了民间体育的内容。

新大纲的结构、语言、格式等，在尊重体育科学术语的前提下，尽可能体现自己的特色。

4. 教材内容强调基础，发展学科能力，反映时代特点，克服以竞技体育为中心的倾向。

体育教学内容，如何反映时代特点，怎样从大量的体育项目和动作中，精选、配伍、组合成为中小学体育教材，这是编订体育课程的难点。这就需要根据我国的文化背景、社会要求、教育和学校体育目标、学生的年龄特点和教学的条件而定。作为一门教学的科目，体育教学是不能由学生自行选定的，也不可能什么都教。单一教材，所谓学好一样本领终身受益不尽的项目是不存在的，它是随着学生生理和心理的变化与需要，在不同年龄阶段有所不同的，所有的体育项目都作为教学内容也是不可能的。根据课程论、教学论和多年的经验，新大纲是按下列程序编订的。（见图 2）

新大纲的制订工作，就是如何科学地从第一道程序中，优选配伍成第二道程序，形成一本具有社会主义方向，反映我国的特色，较为科学和可行的新大纲。

舞蹈教材曾经编入 20 世纪 50 年代我国第一部大纲，由于教学效果不甚理想，在第二部大纲中删去，这次制订新大纲时，增加了韵律操和

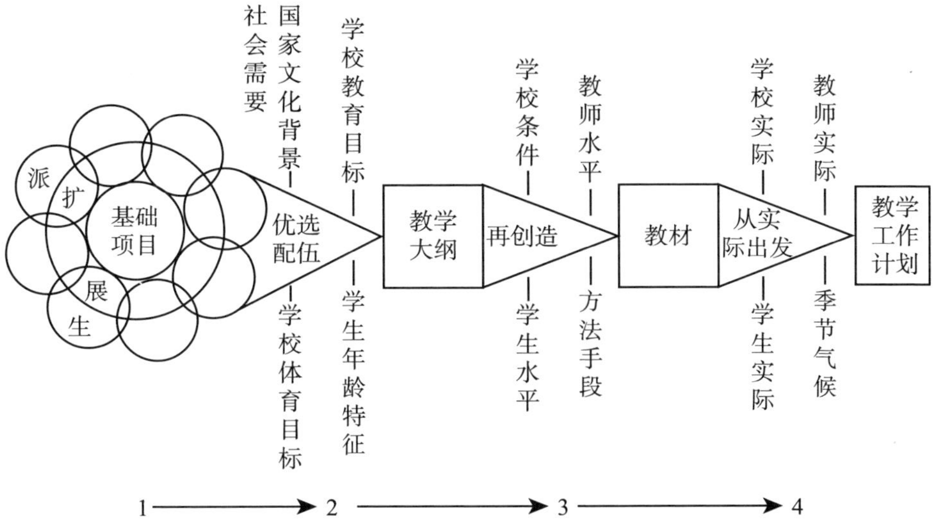

图 2　新大纲的编定程序

舞蹈，并丰富了教学的内容，采用了我国各民族中具有代表性的表现形式，在总体构思、情节和音乐设计等方面，反映了我国改革开放的时代气息。

5. 教材内容的实践部分，采用了综合分类方法，同时照顾到体育运动项目的特点，增加了新大纲的灵活性。

体育教材内容的分类，是制订体育教学大纲的难点之一。体育教材的分类不仅要把各种体育动作、运动项目、锻炼身体的手段，以及游戏、舞蹈等，用同一指导思想和教学的总目标，按教材内容的性质，进行逻辑划分、归类，而且要反映教育目标、学生的生理和心理的要求，方便体育教师学习、理解和使用“大纲”。关于体育教材内容的分类，在历史上和现代的国内外学校体育教学内容，曾有以人体解剖部位分类、以人体基本活动能力分类、以竞赛项目分类、以发展身体素质的效应分类、以发展人体机能的动作分类和从养生、健身、防病目的出发，选择健身手段的“运动处方”分类法等。这些分类方法都各有优缺点，可能从一个侧面分析是优越的，而从另一些角度去分析又有缺点。例如，现在有些地区自编教材，采用了以人体基本活动能力或以构成身体活动基础的几大素质作为分类方法，这对于通过体育教学发展学生身体能力和身体素质，以便有目的地增强学生体质可能是有优点的。但是，这对于实现中小学生体育教学的综合目标，以及方便教师的体育教学，却存在不少的问题。1978 年教育部制订的“大纲”，曾经明确指出“打破以竞赛为中心”的体系，这种精神至今仍有现实意义。但是，人们对这句话理解的差异，往往造成不必要的误解。我们反对把学校体育都与参加运动会比赛连起来，并以此为中心安排教材，这绝不等于在中小学体育教学内容中完全取消运动项目。这部新大纲精选的运动项目，是从学校教育和体育教学目标出发，把简单的运动项目作为实现教育、教学目标的内容和手段，并不是脱离目标，单纯追求只有比赛才用得上的技术动作、规则方法和战术。新大纲继承和发展以往的经验，根据分类必须反映体育教学目标，符合教材内容本身的规律和特点，方便教学和排列组合的逻辑顺序等原则，采用综合分类的方法，具体包括以下几点。

（1）学校体育作为一门理论和实践相结合的教学科目，包括理论和实践两个方面，将全部教材内容划分理论和实践两部分；（2）为了使教学大纲加大覆盖面和可行性，要做到统一性和灵活性相结合，将教材划分为通用和选用两部分；（3）具体教材内容，分类结构如下。

①小学一、二年级，强调以基本动作为主，教材内容不宜划分过细，分类结构简化（如图 3 所示），强调游戏和基本动作为教学的重点。

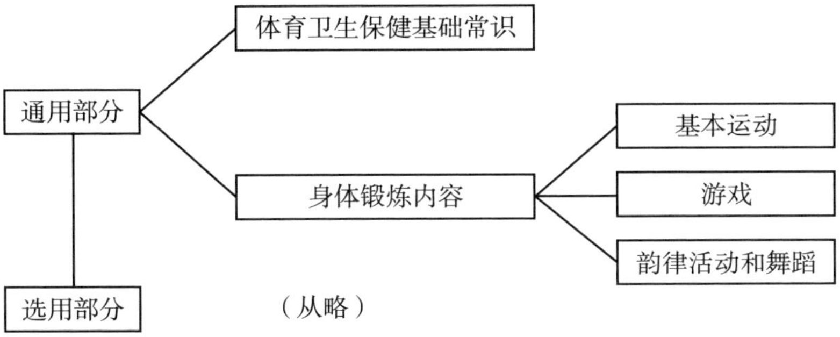

图 3　小学一、二年级体育教材内容划分

②小学三至六年级，身体锻炼部分的内容，基本上按运动项目排列。但明确球类教材是以小球类为主（小球类指的是三大球的小型化，不是乒乓球等“小球”）。田径只是项目的名称与竞技体育相同，具体内容都不强调典型化。体操从内容到形式，都是以身体锻炼为目标编选极简单的动作，与竞技体育相距甚远。将发展身体素质的动作单独划分一类，与运动项目相配合，实现体育教学目标。分类结构如图 4 所示。

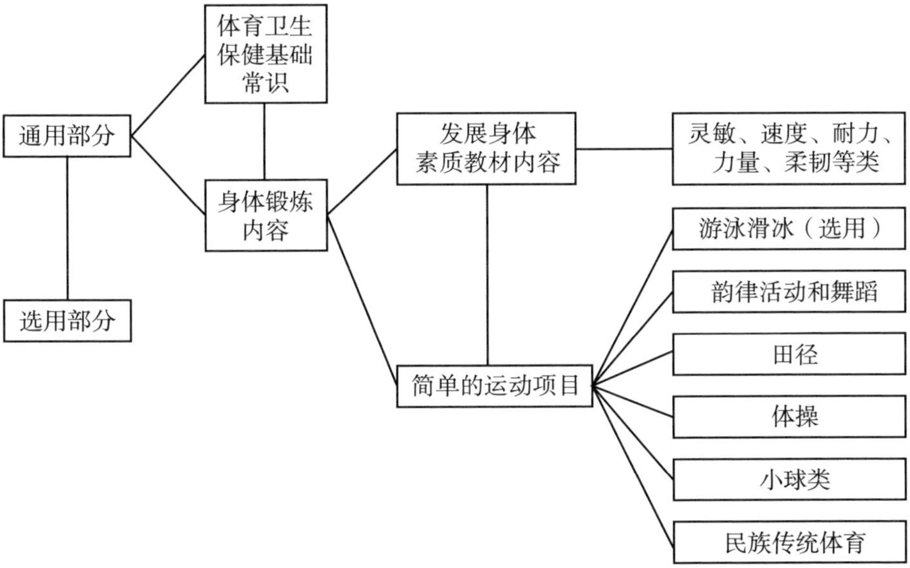

图 4　小学三至六年级体育教材内容划分

③初中各年级的体育教学，加大了选用教材内容的比重，拓宽了选用教材的幅度。特别强调发展学生的身体素质，并将发展身体素质的教材，单独作为一大类，强调“课课练”。在通用教学内容部分，又分为必修和必选。所以用“必选”一词是因为大类必选，在大类里的具体小项可任选。如把三大球作为必选教材，选哪一种球可以灵活。任选教材内容，主要考虑到地区、气候、民族等差异，内容的选择性可以更宽一些。其分类结构如图 5 所示。

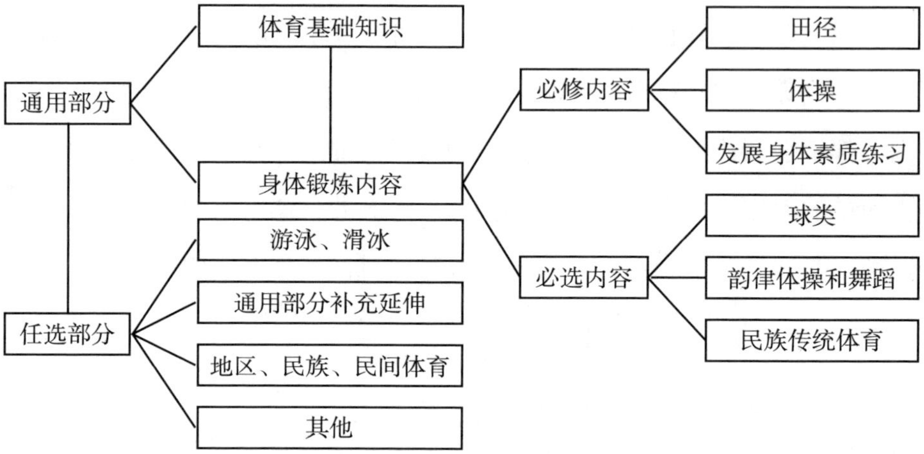

图 5　初中各年级体育教材内容划分

（4）为了解决授课时数少、教材内容多的矛盾，在教材排列上，采取了以下三项措施。

①对部分教材间隔排列。如跳高和跳远教材，小学三年级以后每年级只出现一种教材。

②体操教材分组配伍，几种教材搭配一组，各年级不尽相同。

③技术比较简单的动作，不强调教材的辅助性，以发展身体素质为

目的，用“课课练”反复练习，避免过分追求技术细节。例如，田径、体操中的辅助练习不再作为主要教材出现。

6. 新大纲制订了结构考核办法，对学生体育课成绩进行综合评价。

以往的体育课成绩，只是对几个主要体育项目进行测验、评分。使教师和学生都忽视体育教学的综合效益，甚至制约体育教学内容，造成考什么教什么，学生学什么的现象。对体育水平高的学生起不到鼓励的作用，他们不需要刻苦锻炼，即可达到标准；对体育成绩差的学生又容易使他们丧失信心。新大纲规定的考核办法，采用结构考核和用田径记分表的评分方法，使各种不同水平的学生都能在原有基础上，不断地追求进步。

考核是将理论和实践相结合；技术与能力相结合；学习成绩与学习态度相结合；强调帮助学生达到最基本的要求，有利于达到《体育合格标准》，考核项目、标准尽可能与《国家体育锻炼标准》相结合。学生经过刻苦锻炼都可以达到合格，并且使学生不仅要积极锻炼身体，而且要知道和懂得科学锻炼身体的方法，提高体育的文化教养。

考核的内容结构如表 1 所示。

表 1　考核的内容结构

年级		出勤与表现	基础知识	身体素质运动能力	技能技巧
小学	1—2	10%		40%	50%
	3—6	10%	20%	40%	30%
初中		10%	20%	40%	30%

体育课成绩考核项目和评分标准，强调基本教材（即通用部分），

全国统一要求。如果经过调查研究，新大纲中的标准，与本地区相差较大，省一级教育行政部门还可自行调整部分项目标准。这样既可以改变统一性要求过于严格的情况，又不至于学校随意改动标准。

关于起草普通高中体育与健康教学大纲的总说明*

体育，传统的说法是“身体的教育”，是身体的锻炼，是增进健康的教育过程。当今体育已成为现代社会、现代人、现代文明和现代生活的一部分。高中体育教学大纲的内容，必须放在体育的大范畴之中，同时又是学校教育教学的一部分。因此，体育教学大纲是从学校体育，或者体育在学校的特性来研制编订。

体育是学校全面贯彻教育方针，全面推进素质教育的重要组成部分，它是学校教学科目中必修的一门基础学科。健康是人类生存、文明生活、高效率的学习与工作的前提。体育是促进人身心健康发展不可替代的手段。在学校构建“体育与健康”新的学科课程，它的教育教学目标是综合性的，它促进青少年身体的正常生长发育，强健体魄，锻炼培养竞争意识。体育课是学校教育中具有独特价值的教学科目。

高中是普通教育中高层次的基础教育。高中学生身心的发展，与国

* 选自王占春：《王占春教育文集：学校体育的实践与研究》，人民教育出版社 2009 年版。

家的现代化建设、科学技术的发展、综合国力的提高以及他们自身的发展是密切相关的。学校体育与健康课程的目标与功能，既有现实意义，又有长远意义，必须面向现代化，面向世界，面向未来，把健康第一作为指导思想，通过体育锻炼和健康教育，使学生身心得到和谐发展。

高中体育与健康教育大纲是依据《全日制普通高级中学课程计划（试验修订稿）》（以下简称《课程计划》），结合学生的生理和心理特点以及体育学科的特殊要求制订的。

普通高级中学体育教学大纲是由国家教育行政部门颁发的指导性文件。它是国家对高中学生体育与健康素质的基本要求，是编写高中体育与健康学科教材的依据，是进行学科教学、评估教学质量和对学校有关工作进行管理与督导的依据。

一、教学总目标

学校体育与健康学科教育的目的是以育人为本，配合德育、智育和美育，促进高中学生身心全面发展，为培养祖国的社会主义建设者和接班人做好准备。

（一）全面锻炼学生身体

培养强壮健美的体魄，发展身体素质，增强体力，促进学生身心健康和谐地发展；

提高学生的生理机能，和对自然、社会的适应性及应变能力；

远离危险，抵御疾病，保护健康；

促进学生身心健康发展，提高承受生理和心理压力的能力。

（二）掌握高中生应具有的体育与健康知识、能力和方法

满足高中学生对体育知识的需要，懂得体育在个人发展中的意义与作用，以及体育文化对现代生活的价值；

提高学生对健康在人的生存与发展中意义的认识，学会自我保护，掌握青春期卫生知识和卫生保健的方法；

在主动参与体育学习和锻炼中，学会锻炼身体的知识与方法，掌握一项或几项运动技术，并提高运动技能，积极参与团队比赛；

促进学生能力的发展，能够运用已学过的体育与健康知识设计锻炼计划，进行自我锻炼、自我调控、自我检测和自我评价。

（三）结合体育与健康课教学的特点，培养学生健康的心理素质，进行思想品德教育

明确体育的价值观，在理论和实践的学习中，受到爱国主义、社会主义、集体主义教育，养成良好的社会公德；

提高现代体育意识，树立健康第一的思想，能够把健康与生存、学习、生活和自身的可持续发展联系起来，提高对体育的兴趣，积极主动地参与体育活动和竞争，提高体育欣赏水平，养成良好的体育习惯；

发挥学生的主体意识和创造性，在体育活动中，为学生的个性发展，提供表现自己才能的机会，针对体育的特点，培养活泼愉快、顽强拼搏精神，发展主动向困难挑战的心理素质和意志品格；

体育与健康的实践活动都与不同的人群发生密切关系，要加强人际交往，处理好人际关系，正确地对待个人和集体以及成功与失败，胜不骄、败不馁，能与同伴和睦相处。

二、构建体育与健康课程内容的依据

学科内容是从相关的科学内容中，根据教育对象及教育教学目标优选的。体育与健康作为一门课程，是从广博的体育和健康教育的内容中，经过筛选和配伍构建的。各门学科都有自己的特殊性，体育与健康课程内容是根据以下原则制订的。

（一）构建本学科内容的指导思想

全面贯彻教育方针，以“健康第一”作为指导思想，要体现改革精神，以学生为主体，充分发挥体育与健康学科教育的综合功能，落实素质教育，提高学生的总体素质，增强学生体质，促进学生的身心全面发展。

（二）构建体育与健康课程内容的原则

1. 教育性和发展性原则。教学内容的优选，要以马克思列宁主义、毛泽东思想和邓小平理论为指导，体现为我国社会主义建设培养接班人的要求，切实反映现代化教育和教育教学改革的要求，为学生的自身发展，特别是个性发展优选最佳内容和途径。课程的具体内容，有利于促进学生的学习，充实愉快的生活，锻炼健壮的体魄。教材的内容能反映时代性、先进性和创造性，能够激励学生生动、活泼、主动地学习，发挥学生的主体作用。

2. 理论与实践相结合原则。体育与健康课程是理论与实践相结合的学科课程之一，其中应包括体育与健康的基础知识和技术以及身体锻炼的实践内容与方法。

3. 科学性与可行性原则。这里讲的科学性，是指体育与健康课程的内容，要符合高中学生的生长发育，从发育高峰向平稳发展的过渡阶段身心发展的需要。理论知识内容在科学上是有定论的；实践内容的定量，有益于促进学生的发展。体育与健康的教育内容与方法，受许多客观条件的制约，既要改革创新，体现时代精神和学科的新发展，又要考虑到实际的可行性，不能脱离目前的实际，要从实际出发，实事求是，能够落到实处。

4. 健身性和文化性原则。高中学生的体育与健康教育教学内容，应有益于丰富和拓宽体育与健康知识，保护和锻炼身体，增强体质，不能有损于学生的健康。体育与健康课的教学内容，既不能“竞技化”，又要积极吸纳符合选材原则的运动项目与技术，并充分地发挥运动项目对锻炼身体，提高能力，培养竞争意识和意志品质的作用，促进学生身心的发展。

5. 统一性和选择性原则。统一性是指体育与健康课的目标，体育与健康课对高中学生最基本的教学内容与要求以及身心发展评价的最低指标。选择性是根据学生自身发展和兴趣爱好与需要来提供可选修的教材内容。为了加强教材内容的选择性，教材内容构建要有弹性（纵向的缩短或延长）和选择性（横向的减少或增加项目）。新修订的大纲，改变了以往过于详细列出教材提纲的表达方式，有的教材内容间隔排列，或只排列内容，不具体划分年级，为学生的学和教师的教留有余地。

三、教学内容与要求

体育与健康课的教学内容，分为基础理论知识和身体锻炼的实践两部分。

高中学生的体育与健康课程，要贯彻理论与实践相结合的原则，在内容的构建上要克服理论与实践脱节的现象。用理论知识指导实践，要强化学生体育意识，明了和掌握有关体育与健康的知识，学好体育与健康的技术，提高运动技能，积极参加体育锻炼和卫生保健的实践活动。

体育与健康课的内容是按年级综合编制的。

以一年级为例，其年级教学目标如下。

1. 在初中的基础上，继续发展身体素质，加强耐力训练，提高跑、跳跃、投掷等身体基本活动能力，注意学生身高、体重的协调增长，生理机能的改善与提高，为高中阶段的身体发展打下良好的基础。

2. 培养学生积极主动的学习精神，要求学生掌握的体育知识、技术、技能与初中相比有明显提高。向学生介绍和传授他们喜欢和需要的体育文化知识，使其了解和能够运用体育比赛的规则与要求，并积极参加体育比赛和欣赏。

3. 加强学生自我体育意识的教育，遵守社会公德，在体育活动和比赛中，能够自我调控并做到孜孜以求，拼搏进取，朝气蓬勃，培养勇敢顽强的精神。

四、教材内容的分类结构和授课时数比重

（一）根据普通高级中学《课程计划》的规定，本学科的名称定为“体育与健康”，用以体现“健康第一”和课程的综合性。体育与健康课包含体育和健康方面的基础理论知识，身体锻炼和卫生保健的实践内容。

（二）本学科的授课时数，每周 2 课时，高中三年期间共授课 216 课时。

（三）高中体育与健康课的教材内容分为必修和选修两大类，扩大了选修教材内容比重，选修教材内容又分为限制性选修（简称限选）和任意性选修（简称任选）两种，选修教材内容占 60％。

必修教材内容，包括体育与健康基础知识、田径、体操、武术；限选教材内容包括足球、篮球、排球、韵律操和舞蹈；任意性选修，不列出具体内容，可由学生和教师共同研讨，根据学生的兴趣及学校的条件任选。

（四）必修和选修体育教材内容，如何组织教学，根据现有的经验，可以采用多种教学模式。一般是在一堂体育课中，必修和选修教材内容统一安排，并不严格划分选修课还是必修课。也有的每周两课时体育与健康课，必修和选修各上一课时，由学校体育教师制订计划；相当一部分学校采用一年级上必修课，二、三年级上选修课，或者一、二年级上必修课，三年级上选修课。

单独上选修课有困难的学校，也可以用教材内容划分，在课堂教学中，必修和选修教材内容相互搭配或者采用其他形式的教学。

（五）关于教材的分类结构的问题，为了避免学校体育“竞技化”，

把教材内容按其自身的功能，分为健身类、娱乐类、休闲类。这种方法对各类教材内容之间难以区分界定。而且学校体育不同于社会体育和成人体育，一切应从育人出发，根据体育教学目标构建体育教材体系。根据以往的经验和大多数教育工作者、体育教师以及学生的兴趣和爱好，比较一致的意见是新编高中体育教学大纲仍按田径、体操、球类、武术、韵律体操和舞蹈等项目分类再配伍教材内容时，在各项内容中都包括和强化了各种各样的健身内容与方法。即使是田径项目也都被简化，不存在“竞技化”问题。

各项教材内容的授课时数比重见表1。

表1　普通高级中学各项教学内容授课时数参考比重

<table>
<tr><th colspan="3" rowspan="3">教学内容</th><th colspan="6">年级与参考比重</th></tr>
<tr><th colspan="2">（一）</th><th colspan="2">（二）</th><th colspan="2">（三）</th></tr>
<tr><th>课时</th><th>%</th><th>课时</th><th>%</th><th>课时</th><th>%</th></tr>
<tr><td rowspan="5">必修</td><td colspan="2">基础知识</td><td>6</td><td>8</td><td>6</td><td>8</td><td>4</td><td>8</td></tr>
<tr><td rowspan="3">实践内容</td><td>田径</td><td>9</td><td>13</td><td>9</td><td>13</td><td>7</td><td>14</td></tr>
<tr><td>体操</td><td>8</td><td>11</td><td>8</td><td>11</td><td>6</td><td>11</td></tr>
<tr><td>武术</td><td>6</td><td>8</td><td>6</td><td>8</td><td>4</td><td>7</td></tr>
<tr><td colspan="2">身体素质练习</td><td colspan="6">结合本年级教学内容，结合学生健身需要选择</td></tr>
<tr><td rowspan="4">选修</td><td rowspan="3">限选</td><td>球类</td><td colspan="6">足球、篮球、排球，每学期或学年选1～2项</td></tr>
<tr><td>韵律体操和舞蹈</td><td colspan="6">可占用课时，也可利用准备活动和放松活动时间</td></tr>
<tr><td>游泳</td><td colspan="6">凡有条件的地区均应选用</td></tr>
<tr><td>任选</td><td colspan="7">1. 民族、民间传统体育项目
2. 现代科学的健身方法
3. 新兴体育项目
4. 必修内容的提高与拓宽
5. 由学校置换的其他内容</td></tr>
</table>

五、教学内容的功能与说明

（一）体育与健康基础知识

体育与健康课是以身体锻炼的实践活动为基本特征，理论和实践相结合的教学科目。体育与健康课的理论知识，可用以指导学生的身体锻炼实践，培养文明行为和形成良好的体育卫生习惯，提高学生的体育和卫生保健的文化素养。

大纲中对体育与健康课程基础知识内容的要求，要具有前瞻性，易懂、实用，编写的教材学生可以自行阅读。教学内容是在初中基础上进一步学习生理和心理健康的知识，体育文化方面的知识，科学锻炼身体的方法和自我锻炼、自我调节与评价的方法，以及向学生传授体育对促进身心发展作用的基础理论知识。

（二）田径

田径是高级中学重点教学内容之一，包括走和跑、跳跃、投掷等人体的基本活动，比较容易用量表来表示身体素质和能力，如走和跑的距离、跳的高度和远度以及投掷的远度等，与竞技项目有相似之处。但与竞技体育不同的是，大纲中除田径项目外，还安排了多种多样的走、跑、跳跃、投掷等内容，有的根本不是田径项目，有的只是借用了田径的规则和部分方法。学校体育主要是用田径的手段和文化内涵教育学生，锻炼身体，促进学生身心健康发展。

田径教学内容主要是学习田径项目的初步技术，动作要求不高，不必过分追求技术细节。但是要求学生掌握简单的技术是必要的，因为掌握必要的技术是发展能力所必需的，也是学生自身发展所需要的。

为了精简教学内容和突出重点，跳高和跳远每年级只选择一项作为必修内容。

跑、跳跃、投掷是人们生产、生活和参加各项体育活动不可缺少的内容。通过田径教学培养学生的竞争意识，以及不怕苦、不怕累、顽强拼搏、锲而不舍、战胜自我和对手的精神。

（三）体操

体操是高级中学重点教学内容之一，包括队列和徒手操、技巧、单杠和支撑跳跃、双杠。

队列和体操队形是对身体姿态和群体的协同动作、时空知觉、组织纪律性的基本训练；徒手操和轻器械体操内容丰富多样，易教易学，是全面锻炼身体，培养健美身体姿态，发展柔韧性、协调性，增强大小肌肉群力量的有效锻炼手段。高中教材内容与初中同类教材相比要加强动作的力度，增大动作的幅度以及动作的组合和变化等。

技巧和器械体操（支撑跳跃、单杠、双杠）对促进学生灵敏、协调、柔韧、平衡等身体素质的发展，增强骨骼和肌肉力量都具有重要的意义。技巧和器械体操对改善和提高我国青少年的身体健康状况，促进正常的生长发育具有实际作用。针对目前我国学生器械体操水平有相对降低的趋势，在体育教学中要适当增加身体素质训练的课时，特别要培养学生刻苦锻炼的良好心理素质和顽强的意志，迎接困难的挑战，发扬主动精神和创造性。

器械体操有一定的难度，应充分挖掘学生的潜能，改进教学方法，提高学生对器械体操的兴趣。教学中应加强保护帮助和安全措施，避免发生伤害事故。

技巧、支撑跳跃、低单杠、低双杠需要有相应的器材，在有限的授课时数如果全部教授这些内容有一定的困难，大纲规定每个年级可重点教两项内容。将技巧和支撑跳跃分为一组，单杠、双杠分为一组，每学年从中各选一组进行教学。一、二年级将四项内容教完，三年级由教师和学生从四项内容中选两项进行教学。

（四）武术

武术是中华民族、民间体育中具有代表性的体育项目。本大纲只将民族、民间传统体育中的武术列为必修内容，其他民族、民间传统体育项目中的养生、健身方法列入选修教学内容。

武术是我国各族人民在长期生产、生活的实践中积累起来的民族文化的瑰宝。它以独特的技艺和攻防自卫动作等特点，强筋骨，防病祛病，锻炼意志。中国武术崇尚武德，以礼待人。

武术教学内容要加强基本功的练习，高中阶段以器械套路为主，男生学刀术，女生学剑术，强调武术的结构和特点，以强身健体为本，并有自卫的功能。在教学过程中，要加强爱国主义、民族自豪感和文明礼貌教育，严防打斗和伤害事故发生。

（五）球类

球类是学生最喜欢的体育活动，在学校开展较为普遍。球类活动的特点是集体性和竞争性强，学生兴趣浓厚，锻炼身体的综合效果好，对树立群体意识，培养应变能力，团结合作，充分发挥集体力量，以及思维的灵活性和创造性，具有积极的作用。

限选的球类教学内容是特指足球、篮球和排球，学校也可将乒乓球、短式网球或羽毛球列为教学内容，可占用任选教学授课时数。为了集中学习一种或两种球类技术，每年只选其中 1～2 项球类教学内容。因此球类教学内容没有按年级排列，而是划分成三个层次，根据学生选修的具体情况，学习不同层次的教学内容。例如，如果篮球是从一年级开始学习，教学内容就从第一层次学起，如果二年级开始学篮球，也是从第一层次开始学习，学习的速度和进程结合教学实际自行安排。

（六）韵律体操和舞蹈

韵律体操和舞蹈是学生比较喜欢的体育项目，尤其是女学生很喜欢这个项目。因为授课时数的限制，大纲中只创编了范例，具体的时间安排可由学校自行调节。高中各年级在学习韵律体操基本动作的基础上，学习动作组合和成套的韵律体操。

舞蹈，在学习基本动作的基础上，学习组合动作、集体舞和具有民族、民间形式的创作舞蹈，适当介绍外国的民族、民间舞蹈。

韵律体操和舞蹈内容既要有健美的形式和风格，能够反映时代的精神风貌，又要有民族的形式和特点。通过教学发展灵敏、柔韧、协调等身体素质，培养韵律感、表现力、想象力和创造精神。

（七）发展身体素质练习

发展身体素质练习是全面发展学生身体素质，锻炼身体，增强体力，简便易行，实效性强的教学内容。特别是作为“课课练”的内容，是我国体育教学改革的成功经验。在教学中，应结合各项教材内容和学生锻炼身体的需要，加强发展身体素质的练习，融合在其他教材内容之中。为了拓宽教学内容的选择性，高中大纲不再将发展身体素质练习单独列为一项教学内容。

六、高中体育与健康课教学的考核与评价

体育与健康课是高中学生的必修课程之一，其教与学的成绩是衡量本学科教学质量的标志，是检查和评估全面贯彻教育方针及素质教育结果的组成部分。

体育与健康课的成绩考核，以往那种把学习结果作为考核的主要依据，并且过分强调结果或阶段考试的办法必须进行改革。改革的指导思想是贯彻“健康第一”的思想，重视学生综合素质的提高，并以学生为主体，把学习态度、学习积极性、刻苦锻炼、最佳学习方法和创造性作为评价的重点。教师通过教和学生学的过程，对学生进行认真观察和记录，单元教学小结，对主要教材内容进行检查和记录。特别是要及时发现学生学习的主动性和创造性。考核与评价目的是鼓励学生积极上进，提高学习的兴趣和热情，掌握必要的知识、技术，发展能力，提高学习的信心，养成良好的体育锻炼习惯。

高中学生体育与健康课的考核与评价的重点，应强调学生的自我体育意识、学习态度、学习方法的创造性以及掌握体育文化知识、技术和能力的发展。

考核与评价的具体办法如下。

（一）严格考勤制度，学生要遵守体育与健康课的教学常规，教师根据学生遵守制度与常规和课堂上的学习态度与表现，评定学生的成绩。

（二）必修教学内容中的体操、武术和限选教学内容中的球类（当

年选修的项目)、韵律体操和舞蹈（已教授过的成套韵律体操或舞蹈），在教学过程中通过教师认真观察学生的学习状况，根据学生掌握动作的质量，评定成绩。

（三）田径、游泳（指有条件上游泳课，并选作教学内容），应进行阶段性的测验，认真记录成绩（速度、远度、高度），并根据学生学习的情况评定学习成绩。

（四）任选教学内容不评定成绩，学生的表现和学习的结果仅供综合评定成绩时参考。

（五）体育与健康课是理论与实践相结合并以身体活动为主要特征的必修课程。体育与健康课的基础知识是指导体育锻炼和必须掌握的文化内容，是学生应具有的文化素养，应认真教与学。教师可以通过多种方法了解学生的学习情况，作为综合评定成绩的参考。

（六）考核评定成绩的方法，主要通过教师对学生的观察、测验，并参考学生自我评价和同学间的互相评价的意见，对学生进行综合评价。采用优秀、良好、及格、不及格的等级评分方法。

教学内容中，凡可进行定量测验的（主要是跑、跳、投等身体基本活动能力），应进行阶段性的测验，认真记录成绩。这些记录的成绩是判断学生身体素质和运动能力发展的依据，也是了解和评价学生身体健康状况以及身体综合素质的参考数据。

（七）强调综合评价，使每个学生都能充分发挥自己的特长，补其所短，激励进步。每学期评定一次成绩，每学年进行一次综合等级评定。

七、贯彻执行本大纲的要求

（一）正确地认识体育的功能和体育与健康课的教学目标

改善学生健康状况、增强体质、促进学生身心和谐地发展是高中学生体育与健康课的主要目标。但是，所有的学科教育教学目标，都必须重视学生的思想品德教育。根据体育与健康课的学科特点，学习和掌握体育与健康课的知识、技术，以及提高运动能力、锻炼和保护身体的手段与方法，是本学科的特殊目标。在体育与健康课的教学中，在整体观的指导下，充分发挥体育与健康课的综合功能，不仅是促进学生身心健康的手段，而且要与德育、智育、美育互相配合，互相促进，使学生在德、智、体等方面得到全面的发展。

体育与智育。通过体育锻炼，增强体质。强健的体魄是获得知识的物质基础。科学研究证明，人体大脑和神经系统的发育，是受身体的活动特别是受双手活动的影响和制约。身心发展是统一的、不可分割的，这为身体活动对开发人的智力的影响提供了理论依据。体育本身就是科学、文化发展的结晶。

体育与德育。体育活动对学生思想品德、意志品质和健康心理的培育，具有不可替代的重要作用。它可以培养学生战胜自我、战胜对手和拼搏进取的精神，形成良好的人际关系和胜不骄、败不馁的优良品质，对培养集体和社会的责任感、荣誉感，树立克服困难和取得成功的信心以及规范自己的行为等都具有重要的作用。体育活动中，学生能够充分地表现和发挥自己的主观能动性、创造性。

体育与美育。人体的健美是人类审美的要求，而体育是塑造健美体形的基本途径。体育所能表现的美，不仅有形体美、动作美，而且要做到心灵美，身心统一。

（二）正确处理好教育中的统一性与选择性的关系

体育与健康课的教学目标是统一的，国家制定的课程目标不能任意改变，都要全面地贯彻教育方针，体现素质教育的要求，把健康第一作为指导思想。但是，我国各地区和学校的条件差异很大，教育教学改革的发展不平衡，其中特别是城乡差别在短期内不能拉平。因此，在课程的内容上不能强求统一，必须允许根据实际情况灵活使用。这是我国学校体育教材建设的一条基本经验。

高中体育与健康课教学大纲，将以往的“统一性与灵活性”，改为“统一性与选择性”，这是在原来基础上的发展。因为只考虑到有的地区、学校因条件关系达不到要求，只好灵活一些，这是不得已而为之。这次修订高中大纲，除此之外，更重要的是从学生自身的发展和需要出发，在学生与教师目标相统一的情况下，教学内容加大了弹性和选择性，这是主动的、积极的选择，而不是被动的适应。

（三）以学生为主体，正确处理好教与学的关系

以学生为主体，在构建体育与健康课教学内容时，不仅要从教师想要教学生什么，或者要求学生达到何种标准等方面进行考虑，更要从学生自身发展和需要出发，体现学生的主动性、积极性和创造性的角度来选择教学内容。特别是应为学生的发展和创造留有时间和空间。在教学中充分发挥学生的主体性，并不是降低教师的作用，更不是教师可以放任不管，而是对教师要求更高了。教学过程的特点，就是教与学、教师

与学生的双边关系。只有教师的积极性而没有学生的积极性，不能构成完整的教学过程；相反只有学生的积极性而无教师的积极性，教学也不会成功。教师要具有敬业精神，热爱学生，努力学习和钻研教材，在教学中发挥教的主导作用。正确地处理好学生、教师、教材和教学手段与方法的关系，特别是在加强教学方法研究的同时更好地研究学生的学法。提高学生的主动性和积极性，是提高体育教学质量的关键。

（四）全面地安排学校体育卫生工作与体育与健康课的教学

体育卫生工作是学校教育的重要组成部分。体育与健康课是学校的一门教学科目，是向学生进行素质教育的主渠道和向学生进行体育与健康教育教学的基本组织形式。教学要面向全体学生，按照教学大纲有计划地向学生传授相关的基础知识和基本技术、技能，以全面地实施和完成教学目标任务。为了巩固和提高教学效果，有效地增进学生的健康、增强体质，丰富学生的课余生活，养成锻炼身体和良好的卫生习惯及文明行为，必须把各方面的教育教学工作很好地配合起来。在上好体育与健康课的同时，还要上好早操、课间操，积极地开展课外体育活动。要重视对部分运动成绩好的特长生进行课余训练，提高他们的运动技术水平，活跃学生的课余生活。

体育与健康课要与有关青春期卫生教育、生物课、人口教育、可持续性发展教育等教育教学活动密切配合起来。

（五）加强教育教学改革，提高教学质量

新修订的普通高中体育与健康课教学大纲，在教育思想、学科目标、教学内容、评估体系和大纲结构等都有较大的改革与变化，特别是将体育改为体育与健康。体育与健康教育是两个密切相关又各自相对独立的学科体系。体育的目标与功能之一是健康，而为使人们达到健康的目标，体育是不可替代的内容和重要手段。青少年正处于生长发育的关键时期，如何把体育与健康结合起来，构建一个新的学科，共同促进学生身心的发展，是学校体育教学改革的重要课题。新修订的体育与健康教学大纲是为建立一个新的学科体系的过渡性大纲。

体育与健康课必须针对不同年龄段学生的身心发展特点，经过教育教学实现其目标。所以在教学中必须认真研究初中生的生理、心理特点，有针对性地进行教学和改革，不断提高教育教学质量。学校体育与健康课要面向全体学生。面向全体不是强求一致，而是包含区别对待，对不同健康状况和运动能力的学生，都要关心他们，使全体学生健康地成长。

贯彻体育与健康教学大纲，要更新观念，加强改革意识，理论联系实际，从实际出发，把改革的成果落到实处。

1. 以学生为主体，充分发挥教师的主导作用

在教学中，正确处理教师与学生、教与学、学习与锻炼的关系，不断改革教与学的方法。结合不同年龄阶段学生的特点，体育课要生动活泼、饶有兴趣，让学生能充分地发挥主动性和积极性。同时要严格要求，教育学生刻苦锻炼，团结互助，遵守纪律。教师的主导作用是教书育人，对学生全面负责，认真实现本学科的教育教学目标。特别是要启发和调动学生的主动性、积极性和创造性，重视学生的个性发展。

2. 正确处理好学习知识、技术与发展能力的关系

只有学生学好知识、技术，才能在反复练习中巩固、提高，并升华为能力。不懂知识，不会技术，既不能发展能力，也不可能锻炼好身

体。高中学生在能力方面要提高要求，高中是基础教育的最后阶段，在身心发展方面都要为学生将要升入高一级学校或走向社会做好准备。

3. 上课前要有充分准备，深入了解学生，认真备课，课时计划要有针对性

教学过程中应充分利用上课的时间和空间，使能力强的学生有充分发展和提高的机会：对身体和能力稍差的学生要在原有的基础上发展和提高。要特别关心和照顾有心理障碍和体弱或身体有缺陷的学生。

4. 要重视学生的自我调控和评估

体育与健康课教学重要的目标之一是培养学生自我锻炼、自我调控、自我检测和自我评价的能力。把教师的点评和学生自己的评价作为一种促进发展和进步的激励机制。

（六）改善办学条件，在各自的基础上提高

体育场地、器材和班级人数，是制约提高体育教学质量的重要因素。近年来，国家对教育投资的不断增加，学校办学条件有了很大的改善，但各地的办学条件差异仍然很大，在短时间内都达到规定的标准尚有困难。要认识到改善体育场地设备条件是加强素质教育、提高体育教学质量、增强学生体质、体现“健康第一”思想的物质保证，都应在本地区和学校原有基础上逐步提高。国家已制定了各级学校体育器材设施配备目录，各地学校应争取有计划、有步骤地逐步配齐，并在原有的基础上逐步提高。有条件的学校，应与各科教学一致，充分利用现代化教学设备和手段改进体育教学。

从现行体育教学大纲看我国学校体育课程建设*

《九年义务教育体育教学大纲》(以下简称《义教大纲》)，是 1986—1987 年国家教委教材审定委员会审查通过的“过渡性”大纲，试行 4 年后，于 1992 年正式颁布实施。今天看来，其在指导思想和一些基本理论、内容方面，还不能说已经过时。但是，与国家和社会发展、科学技术的进步、教育改革的要求相比，还有差距，特别是经过研究和制定高中体育教学大纲和编写高中教材，再回过头来审视现行的《义教大纲》和教材，就感到必须有新的发展。因此，有必要对现行《义教大纲》乃至 50 年中小学体育教材建设的基本经验进行系统的总结。

一、《义教大纲》施行 8 年的基本经验

(一) 坚持育人的总目标

课程教材的内容和教学改革，必须反映我国社会主义建设的需要，

---

* 原载《体育学刊》2001 年 6 期。选自王占春：《王占春教育文集：学校体育的实践与研究》，人民教育出版社 2009 年版。

为国家培养合格人才，服务于我国社会的发展与进步。

（二）以健康第一为指导思想

体育教材内容和体育教学改革，必须以健康第一作为指导思想，适应学生不同年龄层次身心发展的需要，以提高我国全民族的素质。根据体育学科的特点，把育人作为最高目标，通过体育教学活动，改善学生的健康状况，增强学生体质，重视培养学生的健康心理和顽强、勇敢、朝气蓬勃的精神及优良的思想品德。

（三）加强基础，发展能力

加强基础，在体育教材的编写和体育教学改革中，应重视体育基础知识、基本技术，发展能力。体育作为一个教学科目，应与卫生保健教育结合起来，建立理论与实践相结合的新的学科体系，提高学生的体育文化素养。

对中小学生来讲，加强基础，主要表现在：促进学生的正常生长发育，打下良好的体质基础；身体素质和运动能力得到全面发展，体育知识、技能学得扎实；培养对体育的兴趣和爱好，养成经常锻炼身体的习惯。

（四）教材内容的时代性

教材内容，要反映现代社会的发展、科学文化的进步和时代的特征，并有利于促进学生的智力发展，培养学生积极的思维和开拓进取的精神。教材内容要现代化，要反映科学技术的进步，但不是简单地把一切科学成果都放进中小学教材。基础教育的“基础”，就是根据中小学教育、教学目标，精选最基本的内容。

体育的科学成果日新月异，不断进步、更新，但是，必须注意学校体育与竞技体育既有联系又不等同的特点。把体育教学“竞技化”不行，把运动项目排除在体育教材、教学之外，同样是不正确的。运动项目作为一种体育文化现象，在体育教学中完全可以有选择地使用，以达到体育教学的目的。从理论上讲，任何体育单个动作，都不具有固定的思想、目标和属性，而是教育者确定目标后，把它作为达到目标的一种素材。田径或其他运动项目，特别是球类项目，可以用来培养运动员，用它作为竞技项目获取冠军；也可以用来锻炼学生的身体，愉悦身心，成为一种文化内涵，作为进行素质教育的手段和方法。为研究教学目标和内容的全部内涵，就把中小学体育教学大纲、教材出现的运动项目，简单地视为“竞技化”是缺乏根据的。

（五）树立终身体育思想

使每个学生都能体验成功和参加体育的乐趣，养成积极参加体育锻炼的习惯，为终身体育打下良好的基础。

学生体验体育的成功和乐趣，既是体育学科的目标，又是激励学生的手段。成功和乐趣、失败与挫折，甚至痛苦是相伴而生的。成功和快乐是经过磨难、并在克服困难中产生的。只追求表面的、一时的快乐是不会长久的，没有磨难的乐趣，不可能培养出为事业而坚韧不拔的国家栋梁之材。有的体育技术是体育目标要求的，而为了掌握一定的技术，教师必须认真教学，学生要刻苦锻炼，只肤浅地追求快乐的形式是不可能提高的。

终身体育不能只理解为“学会一种运动手段可以终身受用不尽”，因为这种手段是不存在的。对于初中以下的学生，应当用多种多样的体育内容（包括运动项目）锻炼身体，使学生得到身体的全面锻炼，体验多方面的体育内容，诱发他们的兴趣。即使高中学生，也不宜只用一种内容与方法进行教学。体育的内容与方法是与学生年龄层次和整个人生不同阶段的不同需要相适应的。终身体育是从终身教育引申来的，但终身体育与终身教育有不同之处。终身教育是给每个人的一生都有学习的权利和机会，在转换自己的职业时，有接受培训的机会。它打破所谓正规教育和非正规教育的界限，在任何年龄段，只要需要都可以通过各种不同的形式，学习自己喜欢学习的东西。终身体育，就是终身锻炼，在国家和社会提供必要的条件下，很大程度上是依靠自学、自练、自我调控和自我评价来实现的。做到这一切，关键是打好基础，掌握有关的理论与方法，在不同的年龄阶段、不同的健康状况下，选择相应的锻炼手段与方法。在成年，特别是中老年以后，就不适宜用青少年锻炼的内容，这就要根据发展变化，选用适合自己现阶段的锻炼内容。

终身体育着眼于现在，也着眼于未来，但首先是现在，要对学生现在负责，对青少年的健康成长负责。对于未来，也并非简单的理解，只学会一两个项目，可以终身锻炼。实际上掌握一两种锻炼手段固然十分重要，但能够终身用以锻炼的手段与内容，并不多见。最主要的是打好基础，这些基础可包括：

1. 身体正常发育（包括形体和机能）的基础；

2. 体育与健康的知识、技能、方法的基础；

3. 体育意识、价值观和良好的锻炼、卫生保健习惯的基础；

4. 自学、自练、自调、自控、自我检测与评价的知识与能力的基础；

5. 自我保护、避害、不发生伤害事故的知识与能力的基础；

6. 抵御疾病和适应自然与社会环境的知识与能力；

7. 对体育的兴趣和体育文化的关注，具有一定的体育欣赏水平。

（六）面向全体学生，因材施教

体育教材内容和体育教学，必须面向全体学生，使每个学生积极地参与教学，都得到发展。

在面向全体学生的同时，使学生个性得到发展，因材施教，发挥特长。由于体育的特殊性，许多体育项目要从小抓起，为国家培养后备人才。但是，任何一个教学科目，都不可能通过一般的教学课，在课堂上直接培养出专业人才。体育的“尖子”（这里所说的尖子，不是相对的优秀者，而是与一般相对的超常人才）也是一样，要从全校学生出发，但这不是齐步走，更不是限制学生的发展。因材施教，就要在全体学生都得到发展的基础上，根据不同条件的学生，满足不同的要求，发挥学生的特长，但绝对不能为了少数人的提高，而丢掉了大多数人。体育课只能是打好基础，发现人才，为继续提高创造条件。对体育基础好又有运动才能的学生，还要通过校内外专门的运动训练，发展其特长，提高他们的运动水平，使这部分学生同样得到发展。

（七）教材内容的统一性与灵活性相结合

体育教材的内容必须统一性（主要指思想观点和普遍的要求）与灵活性（弹性和选择性）相结合。

有一种观点认为，我们国家大，发展不平衡，全国没有必要编通用大纲。经验证明，国家大，各地条件、水平不同，更有必要由国家制定和颁发全国通用的大纲，以起到正确的导向和指导作用，促进全国各地的共同发展和提高。一个国家、一个民族要有共同的方向、统一的意志，共同建设我们伟大的国家。因为每个人都必须接受义务教育，有了统一的通用指导大纲，对于提高全国人民的身心素质具有重要意义。但是，统一绝对不是不区分条件，强求一律。有统一性还要有灵活性，统一与灵活是对立的统一，是不矛盾的。要求是统一的，为了以适应各地区不同的发展水平和学生的各种不同差异，正是如此才要求实现指导思想的统一性。因此，除大纲规定的内容与要求外，各地有一定的选择性，还可以编写乡土教材、补充教材，调整教学要求与考核标准，加强教材内容的选择性和弹性。课程教材要实行三级管理，即国家、地方和学校，也可以根据“一纲多本”的精神，编写不同类型的教材。但是，“一纲多本”的“多本”，并不都是简单的重复，应当各具特色，如果没有特色，无须多本。

（八）要正确处理好继承与发展，本国经验与学习外国经验的关系

我们不能妄自菲薄，我们有几千年的光辉历史和古代文明，必须继承与发扬；我们有新中国成立后半个世纪的社会主义革命和建设的经验；我们的教育和体育教学改革取得了很大的成就，特别是改革开放以来积累了丰富的经验；我们有一支为人民服务，忠诚于教育事业，热爱学生，艰苦奋斗的教师队伍；我们有积极主动，生动活泼，勤奋好学，为建设祖国、保卫祖国而锻炼的学生。因此，那种忽视本国经验，甚至把优良传统一概视为“落后”是不正确的。关键是继承什么，如果对于已经落后了的东西，仍不肯否定，这就是保守。例如，体育教学，在班级人数比发达国家多一倍，而场地器材比较差的条件下，经过半个世纪的努力，不断地改革前进，我们已经有一套成功的经验，这些宝贵的财富，绝对不能轻而易举地被否定掉。当然，必须承认我们的缺点和问

题，特别是各地区和学校发展的不平衡问题。如果使我国的学校体育都能与发达地区和较高水平的学校一样，我们国家的学校体育将是何等的辉煌。

我们也不能妄自尊大，故步自封，要不断汲取外国先进的东西，丰富自己，加强自己，不断进步。盲目崇洋，认为只要是外国的一切都好，不研究外国的历史和现状，不分析事物的真伪，照搬一个口号或方法，不经研究试验，就强行推广，这在历史上的教训也不少。不学习外国先进的东西，我们就会故步自封，永远停留在一个基点上，不能前进也就是落后。

（九）体育教材和教学改革的相对稳定性和开创性

体育教材和教学改革，都应当把相对的稳定性和开创性结合起来，一切改革都应经过试验，总结经验再行推广。一哄而起，朝三暮四，不断提出“新”口号，不经试验就在全国强行推广，其结果都是欲速则不达，反而推迟了改革的进程。学校体育与健康的教材、教学改革必须按教育、体育与健康的规律办事，急于求成，用短期突击的办法，强制达标，不仅达不到预期效果，还会损害学生健康。中小学生的体育必须提倡经常锻炼，量力而行，循序渐进，逐步提高。

（十）教学和教材内容必须反映民族性

我们所说的民族性，就是中华民族的民族性。我们不提民族化，因为不可能把所有的体育与健康的教学都“化”成民族的形式。在民族体育形式中，武术具有代表性，并且具备体育项目的一切特征。但是，制订《义教大纲》时，正式启用了民族传统体育这个词，因为这个总题目可以涵盖以武术为基本内容的民族传统体育健身手段与方法，同时可包括中国民族传统的养生知识与方法。体育教材内容和教学必须充实这些内容。将教材内容直接称为武术，还是民族传统体育，或者民族、民间体育，对此最初意见不甚一致。最后大家达成共识：必修教材因为主要是武术，就直接定为武术；在选用教材内容中包括武术以外的民族传统体育内容，称为民族、民间体育。

体现教材的民族性，还应包括文字表述、体例、插图等方面，全面反映我国历史悠久的民族文化底蕴。

以上10条经验是我国50年学校体育课程建设的经验，也大致反映了《义教大纲》及相应体育教材的成功基调。

二、《义教大纲》的不足

时代在发展，教育改革不断深化，全国都在积极地、全面地推进素质教育，学校体育理论与实践大踏步前进，都需要学校体育进行改革，其中特别是课程教材的改革。我们要改革，首先是思想观念的改变，思想观念的改变是根本的改变。用改革的思想、新的教育观和价值观，审视现行《义教大纲》存在的问题。

（一）在大纲中“健康第一”的思想不够鲜明

《中共中央国务院关于深化教育改革，全面推进素质教育的决定》指出：“健康体魄是青少年为祖国和人民服务的基本前提，是中华民族旺盛生命力的体现。学校体育要树立健康第一的指导思想，切实加强体育工作……”现行体育教学大纲，虽然在学校体育目标以什么为主的争论中，坚持了以增强学生体质为主要目标的思想。但是，把健康第一作为指导思想构建大纲，在各个方面体现这一思想，旗帜并不特别鲜明。健康体魄是为祖国和人民服务的前提，表明健康素质在素质教育中的地位。对于如何把体育、健康与为祖国、为人民服务联系起来，教师和学生都没有给予足够的重视。

（二）大纲的总体设计，反映以学生为主体不够

以学生为主体的这一新的教育思想，不是一下子就可以认识到位的。受历史条件的限制，在8年前，教育、教学中没有明确地把学生看作主体，比较重视教师的主导作用。以学生为主体，不是简单的方法，也不是教材的目标阐述中的一句话，而是整个体系都要反映以学生为主的思想，是教育思想的体现。大纲的各个方面都要从学生的发展需要来考虑问题，作为构建教学目标、教材内容和实施方法的出发点和归宿。

主体性的内涵就是在教学中要发挥学生的主动性、创造性和独立性。现行大纲具有法规性质，更多的作用是上级对下级，要求学生应当做什么和怎样做，这往往会使学生处于被动地接受知识的地位，而削弱了学生主动、积极、创造性地去学习的动力，在一定程度上影响了学生充分发挥创造性。以学生为主体并不一定在具体教材内容上都加以注明，更多的是要在教学过程中体现这一思想。

（三）大纲确定教材内容时，只考虑到体系的完整性，对开放性和现代性重视不够

教材内容要不要体系，是否一提体系就是传统落后的东西？对于教材内容要不要体系，至今仍有分歧意见。什么是体系？体系就是在一定的思想指导下，或者在一种思想、理论的指导下，将若干有关或相关的事物互相联系起来，构成的一个整体。换句话说，即将相关的事物、原

则、内容与方法，都要反映或为了实现一种思想而整合在一起。以体育教学大纲为例，其教学目标、教学内容、考评办法、实施方案都要符合一种思想或理论。因此，不是简单地说要不要体系，而是建立一个什么样的体系。有人说现行的大纲是“竞技体育”体系，这一点，还没有得到完全认定。不能认为教材内容中有了田径、体操、球类就是竞技体育，关键是用这些教材内容达到什么目标。但是，现行大纲的体系，追求“理想”的系统性，如技术的系统性，过分考虑先教什么后教什么的难易系统；在分析的指标方面把远度、高度、速度从低向高排列，必须是学习基本动作后才能学习联合动作，先学习基本技术才能进行教学比赛；教材内容的起止点固定化，某一教材一定从某年级开始等。正是这些思想限制了教材的弹性和开放性，很难吸纳更多的、学生喜欢的内容放进教材。特别是不断涌现的各种健身和娱乐的内容，而由于受到以上所列举的各种条条框框的限制，就难以被选进教材。

（四）关于确定大纲内容时，如何贯彻统一性和灵活性的原则问题

现行大纲虽然规定了基本教材和选用教材，但在构建教材内容时，选修教材的内涵过分强调不同地区差异的选择性，而未能把学生作为主体，从学生自身出发，对学生自身有一定的选择性考虑得不多，规定得也有些过死，选择性的幅度也不够。

关于基本教材和选用教材的提法，早就有人提出异议，认为这样的命题，在逻辑分类方面是有问题的，基本教材的概念不清，特别是与选用教材不是一对矛盾，选修应对必修。因为现行大纲的基本教材是一般性的意思，或主要的意思，并不具有必修的意思。最主要的是解决统一性（要求）和发展不平衡性的问题，即使大纲具有较广泛的可行性，但

并不能完全反映从学生自身发展需要出发。选修教材内容所占的比重也偏少。

（五）大纲规定的教学内容偏多，在规定的授课时数内很难教完

大纲虽然没有规定必须把全部内容教完，但整个大纲的体系，特别是考核评定的办法，都有“都要教完”的意思。因此，此大纲经常受到“蜻蜓点水”和教材内容太多的批评。反复只教一两项不行，内容偏多偏杂也不行。

（六）大纲对教材内容规定得过死

教材内容如何在大纲中体现？新中国成立后，我国的各种教学大纲的写法都是一致的，即大纲规定的内容基本上就是编写教材的提纲。因为大纲规定得过细，编出的教材仍然是一副面孔，不容易真正做到一纲多本，教师也只能照章办事，不容易发挥创造性。

（七）大纲中的教材内容，没有很好地体现教学目标

大纲中的教学目标，写得比较完整，有思想品德教育目标、增强体质的目标、意志品质的目标以及有关健康的目标。但是在具体的教材内容方面比较单一，更多的是身体锻炼和运动技术的内容，有关心理健康、体育文化、娱乐体育的内容很少。

（八）考核与评价比较强调指标和结果的评价，对过程评价重视不够。

体育与健康课程标准、教材的试验与教学研究*

体育课程教材和体育教学，都面临改革的重大课题。新的《全日制义务教育　普通高级中学　体育（1～6 年级）体育与健康（7～12 年级）课程标准（实验稿）》（以下简称《课程标准》）以及根据《课程标准》编写的教材，正在 10 个省市的部分区县进行试验。《课程标准》的特点是改革、开放、创新，这就要求我们必须改变观念。《基础教育课程改革纲要（试行）》对课程改革的目标提出要做到“六个改变”，这六个改变同样适用于体育教学的改革。

课程的改革涵盖了教学的改革，新中国成立以来的经验说明，每次课程教材的改革，都是与教学的改革同步进行的。教学改革必然影响教材的改革，教材的改革必然推动教学的改革。《课程标准》和依据课程标准编订的小学的《体育》和初高中的《体育与健康》教材，必然推动我国学校体育与健康课教学改革。

---

* 原载《课程·教材·教法》2002 年第 3 期。选自王占春：《王占春教育文集：学校体育的实践与研究》，人民教育出版社 2009 年版。

一、《课程标准》、教材和教学

（一）转变观念，教学的概念是发展的

“教学”一词，或者说教学的概念是不断发展的。就教学的传统含义而言，教学就是由教师向学生传授知识、技能，而且把教学局限于上课，更有甚者把教学只看成是智育；传统的教学论者，把教学只看成是教师的教，而且过分强调教师的主导作用，只研究教法，而不研究、不重视学生的学法。

究竟什么是教学？这是由教学活动的结构、任务和地位决定的，要把以知识为中心，以教师为中心，转向以学生为主体。这是个重大的转变，我们必须在思想观念上进行这种转变。如果强调学生本位，以学生为主体，是否在教学过程中，就忽视了教师的作用？答案为不是。教师在教学中的作用是不容忽视的，问题是教师的作用是什么，怎样发挥教师的作用，如何处理教师、学生与教学的关系，对这些问题都必须认真地重新认识、研究。

应当如何给教学定义呢？教学是教师根据一定社会的教育目的，按照课程计划中规定的教学科目引导学生积极主动地学习的双边活动。在这一活动中，学生掌握一定的知识和技能，同时身心得到发展，并形成一定的优良品德，它是实现教育目的的基本途径。这里说明了教学三个方面的问题：一是教学是实现教育目的的途径，而且是基本的途径；二是教师要引导学生积极主动地学习，并得到发展；三是教学是教师与学生、教与学的双边活动。

现代的教育观，由于课程内涵、外延的扩大，突破了原来意义上的课堂教学，所以不能拘泥于以课堂教学为中心。

（二）构成教学的要素及相互关系

教学的要素或者说教学的基本要素，涉及的方面较多。在完成教学过程的诸多要素中，其中主要的是教师、学生、教学目标、教学内容、教学手段（物质手段和方法手段）和教学环境。

在教学的这些要素中，教师和学生是最活跃的要素，在教育教学中，要以人为本，以学生为主体，教师在教学中要起主导作用。

1. 教学中的学生

《课程标准》强调了以学生为主体。在教育史上关于在教育教学中谁应是主体的问题，一直是有争议的：一种观点认为教育者主要是指教师，应是教学的主体；另一种观点认为教学过程中学生应是主体；还有一种观点认为教学过程中的教师和学生都应是主体。相对其他要素而言，应当说教师与学生都应是教学活动中的主体。这是从弘扬人的作用，唤起人的主体意识的角度来讨论的，这反映了我们时代的精神。弘扬学生在教学中的主体作用，主要是学生从被动地接受教育的客体变为主动积极学习的主体；从教师施教的对象变为学习活动的主人；从消极地接受知识，变为积极、主动、创造性地进行开拓性、研究性学习。

发挥学生的主体性表现在：学生应该是学习的主体，认知的主体，发展的主体。

2. 教学中的教师

教学中强调了学生本位，以学生为主体，不是削弱更不是否定教师在教学中的作用和地位。《课程标准》在强调学生在教学中主体作用的同时，对教师的要求更高了。

教师的职能是什么？其根本的职能是教书育人。这里所说的“书”不能只理解为书本知识，而是通过教书（包括书本以外的知识、技能和思想品德教育）做儿童知识的启蒙者，儿童智慧的开拓者，儿童心灵的陶冶者和儿童健康的监护人，为培养我国社会主义事业的建设者和接班人打下坚实的基础。教师工作的对象是人，这就决定了其劳动特点的复杂性、创造性和长期性。教师是人类文化的传播者，其作用是不可替代的。但是，我们必须改变教师包打天下的观点，教师的作用不是向学生灌输知识，把学生作为接受知识的容器；教师的责任中更重要的是启发、引导、帮助学生主动、积极、创造性的学习。

3. 教学中的课程与教材

不论哪一个国家，课程都反映了国家对培养人才提高公民素质的要求。《课程标准》强调了国家行为，在《课程标准》的前面贯以“国家”二字。国家课程标准，反映了国家对体育与健康课程的要求，是编写本学科教材的依据，教师上课的依据，国家管理教材的依据和评估教学质量的依据。依据课程标准编写的小学体育（1～6 年级）三册教师教学用书，初中三个年级合编一本体育与健康教科书，尽可能做到全面、准确地体现课程标准的精神，反映体育与健康课程的目标体系，以全新的观念构建新的教材体系。

（1）体现了小学体育和初中体育与健康课的综合目标要求，以健康第一作为指导思想，以身体锻炼的实践活动为主要特征，强调了生理、心理和社会的三维目标。

（2）克服过分强调运动技术的系统性，把学习和掌握简单的运动技术作为载体，充分发挥本学科课程的功能，促进学生的身心发展。既要重视学习和掌握技术，又要克服为技术而技术，要在学习技术的实践中培养学生的参与意识，扩展和达成五个领域的学习目标。

（3）教材内容是进行教与学的中介或媒体，教材中所编入的内容是为目标服务的，因此不是一成不变的。在教学中要结合学生实际，灵活地利用，加大教材内容的弹性和选择性。

（4）课程的内容都具有一定的文化性，《体育与健康》教材，吸纳田径、体操、球类、武术、健美操等符合学生年龄特征的文化内涵，有益于完成课程标准目标要求的内容。

（5）新的体育教材（初中以上为体育与健康），小学按低（1～2 年级）、中（3～4 年级）、高（5～6 年级）编写三册体育教师用书，初中三个年级的教材内容未划分年级，这有利于教师处理教材的衔接性和选择性，克服以往教材内容规定过死的弊端，由教师确立年级之间的衔接点，处理好教材的重复问题（重复是必要的，但主要用于锻炼）。

（6）《课程标准》建立了完整的目标体系，并没有规定详细的教学内容，根据《课程标准》编的教材，构建了具体的教材内容，这些内容既避免教材内容过于老化和繁多，又适应学生的兴趣、爱好，反映时代精神的特点，为教师和学生的选择性留有较大的空间。

教材内容是达成教学目标、教师进行教学的媒体。教师要研究如何教，如何指导学生学习，这就需要设计新的教学方法，选择新的教学手段。教材要使教师特别是学生看得懂，知道如何运用教材，新编教材为教师和学生提供了这样的条件。

在教学过程中，要实现教育、教学目标，实现学生的认知过程，其主要的中介和媒体是教材。

4. 教学目标

教学目标是教学过程中师生要达到的预期结果，它是进行教学的出发点和归宿。教学目标与教学的其他要素相比，起着导向作用和激励作用，并对教学的结果和效应，起到检查和评估的作用。

《课程标准》所确立的目标体系，是按课程的总目标、五个领域目标和水平目标（相当于年级目标）三个层次构建的。

第一个层次，课程标准的总目标，提出了五个方面：

(1) 增强体能，掌握基本的体育与健康知识和运动技能；

(2) 培养运动的兴趣和爱好，形成坚持锻炼的习惯；

(3) 具有良好的心理素质，表现出良好的交往能力和合作精神；

(4) 提高对个人健康和群体健康的责任感，形成健康的生活方式；

(5) 发扬体育精神，形成积极进取、乐观开朗的生活态度。

第二个层次，在总目标下面，又分别设定五个领域目标，这五个领域是：运动参与、运动技能、身体健康、心理健康和社会适应。这五个领域分别提出各自的目标。

第三个层次，根据学生的年级、年龄不同，分为六个水平目标，即水平一（1～2 年级）、水平二（3～4 年级）、水平三（5～6 年级）、水平四（初中）、水平五（高中）、水平六（对学有余力学生的发展供选择的目标）。

教学时要了解总目标、领域目标和水平目标。体育与健康课教学目标不仅包含了学科的知识、技能、能力的培养，而且包括参与意识和态度、情感和价值观等方面的综合目标，在思想品德目标方面，要对学生进行爱国主义、社会主义和集体主义的教育。这些教学目标是累积达成的，在各阶段和每堂课都应设定切实可行的具体行为目标。

5. 教学手段与方法

教学手段是教学过程中师生传递信息的工具。这与以往体育术语中，为了教一项较复杂的技术动作，所采用的教学手段是有一定区别的。这里讲的手段是指语言（口头和文字）、教具（黑板、标图、标本、模型等）和多媒体（幻灯片、电影、电视、录音、录像、计算机）已在长期的教学实践中总结出的教会学生掌握运动技术和锻炼身体的方法。

教学方法方面的研究以往只涉及教师传授知识技能的方法、向学生进行教育的方法。新的教学论的观点认为，教学方法包括教法和学法。学生的学法在教学过程中也是十分重要的。同样的教学目标、教学内容，采用不同的方法或者采用同一方法而运用的技巧不同，会产生不同的教学效果，甚至产生相差极大的教学效果。

在学生的学法方面，各学科都有不同的学习方法，体育学习同样有自己的学法，要帮助学生学会体育的学习方法。

6. 教学环境

也有人认为教学环境包括在教学手段之中，这里指的是影响教学过程的外部条件，如物质条件（优良的环境、图书设备、场地、器材、教具等）、社会条件（学校的管理水平、班级组织状况、教师的素质、家长的文化教养等特别是参加社会的实践活动）和心理条件（指教师的心理状况），影响教学的因素很多，其中还包括天气等自然条件，这里讲的是最基本的要素。

二、体育与健康课的教学要实现综合目标

《课程标准》构建的目标体系，如何在教学中实现？特别是依据《课程标准》编写的教材，在构建教材体系时，应转变教学观念，充分体现学生的主体性，使学生掌握和形成知识、技能、能力、情感、态度、价值观和社会适应的综合目标，使教材准确反映身体、心理和社会的三维健康观。如何实现这些目标？

（一）教材把学生的运动实践活动作为实现综合目标的载体

在长期的体育教学实践中，常常遇到在一堂课的教学中，先有教材还是先有教学目标的问题？体育教材内容根据教学目标来选择与确定，这是正确的，但这是从这门课程总的教学内容构建来说的，就一堂课而言，因为不可能每堂课的教学内容都是临时设计的，教材不论按学年、学期安排教学进度，还是按大单元、小单元安排教学顺序，在设计一堂课时，总是先有教学内容，再结合学生当时的实际，根据内容确定一堂课的目标。运动技术的教材内容，本身具有一定的锻炼价值和通过锻炼能够实现的目标，而且具有潜在的思想性和教育因素。教师要充分利用教学内容的资源，赋予它所预期的目标，师生在教与学的实践活动中去实现这些目标。

（二）学生积极地参与，生动活泼、自觉的学习态度，是完成教学目标的核心

教材的设计，把重点放在培养学生参与意识和积极自觉的学习态度上。在进行教学时，真正能做到对学生进行学习的教育是必要的。而选

材适当，生动活泼的课堂气氛，师生的合作和默契，同伴之间的团结合作，和谐与民主都是很重要的。要做到学生生动活泼、兴趣盎然，这是积极参与的“兴奋剂”。但是，只考虑兴趣，而不进行情感、态度、价值观的教育，也不可能唤起学生积极的参与意识和自觉的学习态度。

三、面向全体学生，发展学生个性

体育与健康课不是竞技训练课，必须在确定教学内容的基础上设定教育教学目标、选择适宜的教学方法，面向全体学生。面向“全体”也包含了因材施教，两者是辩证的，没有因材施教，就做不到面向全体。我们过去和现在采用的分班分组教学，就是想解决因材施教的问题，这在一定程度上也是有效的。但是，由于班级人数多，场地器材不足，这种复式班式的教学并不十分理想。问题的关键在哪里？主要是没有把学生的被动学习变为主动学习，没有把学生看成是主体并给学生发展个性的时间和空间。教师要起主导作用，就要善于启发学生的主动性，充分发展他们的个性。

分组教学以及在分组教学的基础上，在一堂课内还实行学习内容的轮换，有人把这种轮换“教学法”批评为“花架子”，因为每轮换一次时间很短，学习效果较差，就否定这种办法，这是不公正的。这是因为人多，器材场地不足“逼出来”的办法，这种办法对我们在比较困难的条件下改进教学法、提高教学质量起过很好的作用。

四、教材重视自我设计教学目标和教学过程的能力培养

能力是构成素质教育的重要内容。新的教育观不再把教学仅仅局限在教会学生知识，体育也不只是教会学生技术动作。体育与健康课要求学生在学习和掌握知识技能的同时，实现五个领域的综合目标，其中发展体育能力，是学科教育、教学目标的要求，也是发展学生综合素质，进行素质教育的需要。

国际21世纪教育委员会1996年向联合国教科文组织提交的一份报告指出，面对未来社会的发展，教育必须围绕四种基本的学习能力重新设计、重新组织。这四种能力也可以称为教育的四大支柱。

（1）学会求知的能力，也就是掌握认识世界的工具；

（2）学会做事的能力，也就是学会在一定环境中工作的能力，善于应付各种可能出现的情况；

特别强调了“从技能到能力的转变”，不仅要学会操作技能，而且要具备综合能力，包括处理人际关系能力、社会行为、集体合作的态度，主观能动性，管理能力和解决矛盾的能力以及承担责任的精神……

（3）学会共处的能力，也就是在人类活动中，要学会与他人一起参与，在现代社会充满着竞争，也离不开合作；

（4）学会发展的能力，也就是要学会适应环境求生存，改造环境求发展的能力。

每个人为实现其有价值的生存与发展，就必须逐步适应和改造自然和社会，充分地发展个性，提高素质，增强自主性、能动性、创造性和

责任感。

这些能力不是从哪一节课、哪一学科中能够获得的，而是在整个教育和教学中共同达成的。教材改变了把教会动作作为认知的终结，而是让学生知道为什么学，怎样学，如何运用学过的知识、技能促进自身的发展。

五、体育与健康课是向学生进行素质教育的主渠道

体育与健康是学生综合素质的重要组成部分，体育与健康课是向学生进行有关达成体育与健康素质教育的主渠道。

（一）体育与健康课是国家规定的必修课，是全体学生都必须参加的

关于把体育与健康课规定为必修课的必要性，这里无须加以论证。它担负着对学生进行素质教育的任务。在时间、活动的场地器材、教师的指导方面都有保证，这是其他体育活动方式不能相比的。

（二）体育与健康课是以身体锻炼的实践活动为主要特征

它有助于改善学生的健康状况，增强体质，产生直接效益，这也是本学科区别于其他学科的特征之一。

（三）身体实践活动是本学科的主要特征

体育与健康课是理论与实践相结合的课程，教给学生一些体育知识是必要的，但是作为学科的核心是身体实践，学科的教学目标主要是通过身体锻炼实现的。在素质教育中它是提高学生身心健康素质的基本组织形式。

（四）要用新的观点认识和理解课的概念

它不只是以课堂上课的形式呈现，也包括综合实践活动和与课有关的其他活动。

六、教材内容的弹性、选择性和重复性

（一）没有按年级排列教材，目的是加强教材的弹性

小学教材（教师用书）为每两个年级编一本，共编三本，减少了教材内容的年级层次。实际上，以游戏为主的教材内容很难严格地划分年级。初中教材三个年级合编一本，这有利于教师和学生的选择性和使用时的弹性。教材内容的起止点，教学进度的快慢，都要从学生的实际出发。这种教材的结构，改变了过去把教材按年级规定得过于死板，把教材内容分割得过于琐碎的问题。实际上许多体育内容是无法精细地划分年级的。

（二）关于教材内容的授课时数和重复问题

《课程标准》和小学的体育教材（教师教学用书）及初中学生课本，与以往的教学大纲、教材不同，没有具体规定教学内容和授课时数比例，教师和学生根据实际情况有选择地进行教学。绝大多数时间应用于身体锻炼的实践。《课程标准》和教材，强调在学生参与学习动作技术和身体锻炼实践活动中，渗透和有针对性地进行五个领域目标的教育。

教材简明扼要，突出重点，力求精练，减少教材内容的数量。以初中为例，三个年级的教材内容，与过渡性体育教材相比，仅从数量上看，大体上比一个年级的教材稍多一些。按三个年级授课时数分配教材

内容，必然会发生教材内容的重复问题。体育锻炼内容特点，必须不断地重复才能收到促进学生身心健康发展的效果，练习的次数与锻炼效果一般成正比。但是，重复不是原样地继续，每次重复都是一次身心发展的提高。

授课时数比重，是教材编者通过对教材在教学中施教的意义和作用，其中包括对不同年级学生的接受能力等确定教材的数量、质量、重复次数等参考的。这种比重的确定，对编教材具有一定的参考价值。

七、适应新的课程标准，改革教学方法

《课程标准》和教材，提出了新的教学目标，选择了新的教学内容，与之相适应的教学方法也必须进行改革。教学中一般方法的继承性和连续性，是不能摒弃的，但是由于目标、内容的变化，相应的方法也必须改变。因此，必须研究新的方法。有的教育家对传统教育与现代教育作了如下的比较（见表 1）。

表 1　传统教育与现代教育目标及对应方法比较

项目	传统教育	现代教育
目标	应试教育→重结果	素质教育→重过程
方法	灌输式	探究式
形式	封闭式	开放式
学生	被动、负担重、视学习为痛苦、缺乏创造力	主动、轻松、视学习为乐趣、富有创造精神

这里讲的要用新的教学方法，不是指那些与传统的讲解、示范、练习等方法相对应的具体方法，而是思想观念的转变，讲解、示范、练习

是体育教学特有的方法，是不能否定的。考核评价既要重视过程，同时不能否定对结果的考核。

（一）摆正教师与学生，教与学的关系

我们以往只研究和强调教师的教法，而忽视学生的学法，而且把体育学习只理解为根据教师的讲解示范，模仿教师的动作。教师与学生在教学中都是主体，教师的主体表现为引导性的主体，教与导的主体；学生的主体表现为发展性的主体。他们都是主体，而作用不同。根据体育教学的特点，充分发挥学生教学中的主体作用，教师启发、引导学生主动学习、自尊、自信，学会自学、自练、自检、自我调控，做学习的主人。要克服那种过分强调以教师为主体，把受教育者视为客体，处于被动的局面。

（二）充分发挥学生在教学中的创造性

创造性来源于对学习的兴趣、对知识的渴求、教学环境的宽松、师生的平等、课堂教学活动的民主气氛等。教师给学生思考、想象、发现问题和研究问题的机会。在体育教学中，改变那种千篇一律就是教师的讲解、示范，让学生模仿，而也应该向他们提出要求，提供条件，有的内容让学生自己去尝试，在关键的地方，教师予以适当点拨、提示，帮助学生解决他们暂时解决不了的问题。

（三）竞争与合作是体育教学活动中的特点

竞争与合作是体育活动的特点，教学中应充分体现这一特点，不断地挑战自我，迎接挑战。战胜自我，战胜对手，并不只表现在跑多快、跳多高、投多远上，而是要强化自己的毅力，形成克服困难的决心，培养胜不骄、败不馁的精神，培养锲而不舍的坚强意志和优良的习惯，这同样也是战胜自我、战胜对手的重要表现。

体育与健康课是集体进行的，校内外的体育活动大部分是在群体中进行的。同伴间的交往、合作，相互激励，互相帮助，共同提高，这是培养良好的人际关系，发扬群体意识与合作精神的好时机，在教学过程中，要给学生进行相互研究，小组讨论的时间和空间，并逐渐养成习惯。

（四）兴趣是激发学生学习动机和欲望的良方

这里所讲的兴趣，并不是“一切从兴趣出发”，或者把兴趣作为评价课堂教学好坏的唯一标准。我们这里也不讨论兴趣到底是教学的手段还是目的。体育与健康课的教学许多内容是游戏，或者把游戏作为方法或手段，在游戏中可以达到锻炼身体、愉悦身心的目的，兴趣有利于心理健康，兴趣也可以引导学生的学习实现预期的目标。但是，学生参加体育活动，虽然是有兴趣的，但也不可能总会有兴趣。学习、锻炼的过程是一种愉快，但这种愉快是在克服困难中产生的，我们应当鼓励和要求学生，通过体验学习的结果给自己带来兴趣。

（五）体育与健康课要体现健康第一的指导思想，学习动作技术是达到目标的手段

长期以来，对运动技术是体育教学的目的还是手段存在不同的认识，特别是常把学习技术与竞技体育相联系。中小学的体育与健康课的技术动作本身并不具有教育性，而是根据课程的目标，选作教材内容，赋予它的教育性意义和内涵。因此，离开课程的综合目标，单纯追求技术动作，而且把它作为主要的目的，就会产生偏颇。但是，学习体育动作技术，要达到《课程标准》的要求，这是体育课的特点。相反，学习必要的运动文化，在体育锻炼中运用合理的运动技术，在体育活动中培

养学生的竞争意识、积极向上的精神，生动活泼的作风和体育道德作风，这是体育的学科特点之一，我们不能回避这些问题。

八、体育与健康课的评价

（一）改变“考核”的观念，研究新的评价方法

1. 改变对学生学习的“考核”观念

我们已经延续了多年的体育课的考核方法，即强调测验学生运动能力和身体素质的量化指标，这在一定程度上对学生产生一定的激励作用，但有时也会产生一些消极影响。因为学生的运动水平，受遗传和自身因素的影响很大，有的人不用努力就可以达到标准，有的人不管怎样努力都难以达到标准。因此，《课程标准》不把量化指标作为评价学生学习成绩的唯一指标。

2. 既重视学习的结果，更看重学习过程

以往把阶段性的测验与考核，作为体育课成绩评定的主要依据。根据体育的特点，必要的测验还是需要的，但是更要看重学习过程，主要看学生的参与情况与学习态度，重视过程评价，重视学生的主动参与态度，与阶段性的考核测验是不矛盾的。也不能重视了过程评价就反对或否定了阶段性的测验和评价。

3. 绝对成绩与相对进步幅度的比较更看重学生的进步和发展

评价的目的是激励学生努力学习，学生在原有基础上的进步，比一次绝对性的“好成绩”更重要。

4. 评价的标准是依据体育与健康目标的综合化，而不只是身体能

力的一个方面。

以往的结构考核，虽然也重视了学生体育课的出勤情况、学习态度与表现的考核与评价，但是评价的内容仍有些狭窄，对学生的情意表现有所忽视。新标准评价的内容，包括四个方面：体能，知识与技能，学习态度，情意表现与合作精神。

评价总的精神是强调综合效应：学生的参与和表现、学习和认知能力、科学合理的操作方法以及知识和技术的运用。

（二）评价方法

1. 改变选拔和甄别性的考核、考试、测验评分排序的方法，总评时不使用百分制。

2. 小学 1～2 年级采用评语，不评等级，小学 3 年级到高中 3 年级采用优、良、中、及格、不及格等级评分制。

3. 改变学习成绩只由体育教师评定的方法，采用三种评定方式。

（1）学生自我评定：根据五项评定内容，教会学生积极主动地进行自我评定，充分发挥学生的主动性、积极性和自我价值的肯定。

（2）小组评定：以友好的态度，和谐公正地对自己的同班、同一组同伴的学习表现作出公正的评定。

（3）教师根据平日的观察和必要的测试，参照学生自我评价和小组评估由教师最后作出综合性的评价。

实施《课程标准》，使用新的体育与健康教材，对教师的要求高了，必须不断提高教师的素质，不断适应教学改革的要求。《课程标准》对教师的评价也都提出具体的评价标准，其中包括教师专业素质的评价和课堂教学的评价，涉及的内容十分丰富，这里不一一介绍了。

中　编

体育课程与教材

论体育课的三项基本任务*

粉碎“四人帮”后，体育界的学术讨论十分活跃，学校体育理论的研究有很大进展。特别是关于体育课任务的讨论，逐渐深入。到目前为止关于体育课任务的讨论，归纳起来大体有以下几种见解：第一，认为体育课应以身体锻炼为主，体育教学内容宜少宜简，不主张用竞技项目作为锻炼身体的教材；第二，认为体育课主要的任务是传授体育知识技能，学生在学习技术动作的过程中身体自然地就会得到锻炼；第三，从增强学生体质出发，把增强学生体质和教授知识技能、进行思想品德教育统一起来（或称结合起来）。另外还有人主张把提高运动技术水平单独列为一项任务。本文仅就体育课三项基本任务的意义及其相互关系，谈谈自己粗浅的看法。

---

* 原载《学校体育》1981年第1期。选自王占春：《王占春教育文集：学校体育的实践与研究》，人民教育出版社2009年版。

一、体育教学大纲一贯主张增进学生健康、增强学生体质，促进学生全面发展

体育课顾名思义，是身体教育课，是学校锻炼学生身体的主要形式，其目的在于增强学生体质，培养全面发展的人。为此，体育课的主要任务是直接锻炼学生的身体，追求直接锻炼学生身体的效果，这是由党的全面发展的教育方针和体育课本身的特点所决定的。

回顾我国学校体育的发展，我们对体育课的任务和教学内容的认识与实践，是曲折的、不断发展的。我国自从1903年仿照外国兴办新式学堂，开设“体操科”，1923年以后逐渐改为体育课才有了近代的学校体育。当时的体育课，虽然也提出了“尚武”“强筋骨”的任务，但是，其内容开始是仿照外国的，以“兵式体操”，即以队列操练为主。后来随着竞技运动的发展，竞技运动项目逐渐成为教学内容。尽管当时参加比赛的人很少，而对那些只有参加比赛才用得上的技术细节，却让每个学生都学习，因此逐渐形成了一套以教竞技运动为主要内容的体育教学制度。这些思想和内容有的一直延续至今。由于教授的竞技运动项目很多，而体育课的时数有限，因此每个项目只能学习几次，甚至是一次课学习几个技术动作，结果是样样都学，样样都没有学会。此外，用于讲解示范的时间多，实际锻炼的时间少，所以往往流于形式，达不到锻炼身体的效果。

20世纪50年代初，在“锻炼身体，建设祖国和保卫祖国”的口号下，学校体育贯彻“健康性、全面性、科学性和实用性”的原则，对体

育教学进行了改革，曾出现了生机勃勃的景象。1956年，我国颁布了第一部通用体育教学大纲，强调“锻炼身体，增进健康，促进身体的正常发育”。在体育课的组织教法方面，重视课的密度和运动量，并把合理的密度和运动量作为评价体育课的重要标准。这对以往以运动技术教学为主，或不负责任的“放羊式”的体育教学，无疑是一个否定，因而使我国的体育教学向前迈进了一大步。但是，到了1958年，当时“高指标”“教育革命”的急躁浮夸风也波及体育课，片面地强调体育也要高指标。后来又大搞劳动代替体育，造成了思想和工作的混乱，对体育的教学改革危害不浅。1960年，在总结经验教训的基础上，重新修订了体育教学大纲，并明确提出了学校体育教学的基本任务是增强学生体质。并且，在我国学校体育领域里，第一次阐明了体质的概念，其内涵为：身体的正常发育，身体机能、身体基本活动能力和身体素质的全面发展，以及身体对环境的适应能力。当前对体质的概念，尽管有各种不同的意见和提法，但基本内容变化不大。1960年，修订的大纲基本精神，突出了增强学生体质的任务，同时在教材内容和结构上也采取了相应的措施。例如，简化了内容，剔除了难度大和学生不易掌握的技术项目，批驳了“劳动代替体育”的观点。为了贯彻教材的统一性与灵活性相结合的原则，把全部内容分为基本教材和选用教材两部分。但是，由于当时的条件所限，教材在如何直接有效地锻炼学生身体方面，还没有取得重大的突破。

在“文化大革命”中，强调学校体育与军事训练合并，教学内容以军事训练为主，把体育课改为“军体课”，最后导致了体育课被取消。因而，中华人民共和国成立以来学校体育的一切建树，几乎荡然无存，使一代青少年不仅在思想上，而且在身体上也受到了摧残。

粉碎“四人帮”后，中共中央于1977年指示要编出反映世界现代科学水平，符合我国实际的全国通用教材。为此，当时曾向全国征求了制订体育教学大纲的意见，从所征得的意见来看，大致可分为两类：一种意见要求体育教学大纲应包括和反映现代竞技运动新出现的项目、技术；另一种意见认为反映现代科学技术水平，应当体现在选用科学的手段和方法上，有效地增强学生的体质。新大纲把后一种意见作为指导思想，提出学校体育的三项基本任务：锻炼身体，增强体质；学习和掌握体育的基本知识和技能；向学生进行优良品德教育。为了贯彻从增强学生体质出发的指导思想，发展身体素质的教材单独列为一项，形成自己的体系。新大纲强调选择的教材必须对增强体质具有直接的实际效果。在教法上，新大纲提出对锻炼身体效果较大，而且较为简易的内容，要“课课练”，把体育课的教与学，扩展为教、学、练，提出了每堂课都要有适当的密度和生理负荷量，并且把发展素质和基本活动能力的教材列为考核项目。新大纲经过几年的试行证明，虽然有些地方为了适应学校体育中断十年的具体情况，尚须加以改进，但是“从增强体质出发”的思想已深入人心。很多体育教师，在体育课上直接锻炼学生身体方面有很多创新，取得了可喜的成果。

当前应予重视和急待解决的问题，第一，在体育教学思想上，还应进一步明确把增强学生体质放在重要位置上，要从我国社会主义现代化和增强中华民族体质的战略目标，来认识增强学生体质的重要意义。第二，体育教学要解决有效地直接锻炼学生身体，增强他们体质的任务，急需根据学生的生长发育规律和各年级学生的身心特点，应用现代人体生物学的知识，制定出我国青少年体质的考评办法和标准，建立起一套身体考查评定制度，使体育课做到有的放矢，有效果可查，克服工作上的盲目性。第三，改进体育教材和教法，学习、研究并推广应用现代科学体育方法学，以逐步适应体育的科学化和现代化的需要。但是，要解决这些问题，不能脱离现实，应在批判继承历史遗产的基础上，逐步学会新的更加有效的体育方法。我们既不能因循守旧，裹足不前；也不能对自己的历史经验抱虚无主义的态度，不加分析地模仿或照搬外国的东西，应当从实际出发，学以致用。

二、体育教学应重视基础知识、基本技术和基本技能的学习

我国十分重视体育课有效地直接锻炼身体，增强体质的任务，而且今后还要更加坚实地向着这个目标前进。但是，这并不意味着摒弃体育的知识技能，也不是把体育课的任务仅限于锻炼学生的身体。为了培养学生成为有社会主义觉悟的、有文化的和身体健壮的劳动者，体育课除了要直接锻炼身体，增强体质外，还应当使学生对体育有正确的认识，具有一定的知识（包括锻炼身体的知识），掌握一定的体育运动技能，并学会运用这些技能锻炼身体。因此，应当在增强体质的总目标指导下，选择一些适合学生身心特点和方便教学的运动项目作为教材，把直接锻炼身体、增强体质与学习体育知识技能正确地结合起来。例如，把发展跑、跳、投掷等身体基本活动能力和田径竞技运动的形式结合起来，既能使竞技运动项目为锻炼身体所用，又能在身体锻炼中培养一些参加竞技活动的能力。我们不能用单一的竞技模式，使学校体育只适应竞技的需要，而把增强体质视为竞技运动教学的“副产品”；同时，也

不能把体育教学只看作是能量的消耗，把教材搞得过于简单、枯燥。我们需要用丰富多彩的体育手段，来直接地全面锻炼青少年的身体。科学实验证明，用综合手段锻炼身体效果较好。为了锻炼出高质量的身体，需要全面地应用身体教育的一系列的原则和方法。青少年正处于长身体时期，要很好地抓住这一大好时机来发展他们的身体。有的同志提倡体育教材要“少而精”。如果这指的是去粗（对锻炼身体意义不大的）取精（对锻炼身体效果好的）是完全正确的，因为体育课授课时数有限，不可能学得太多。但是，不能认为教材越少越好，越简单越好，也不能像运动员那样搞单项竞技运动，因为这不符合青少年儿童的身心发展特点。有些运动项目，可能对学生的身体产生有益的影响，但在心理上却不一定适合他们的特点，不能激起他们锻炼的积极性，因而也难以达到预期的效果。例如，科学已证明，慢跑对发展心肺功能，肌肉耐力、力量、柔韧，以及控制体重，增强代谢等具有很高的锻炼价值。其锻炼身体效果的指数也大于篮球运动。但是，从向学生征求意见来看，中学生对体育运动的爱好，游泳占第一位，篮球占第二位。当然我们不会由此得出结论，在选择教材时，要单纯以兴趣为主，把锻炼身体的最佳手段排斥在外。但是，我们必须认识到，在增强青少年儿童体质的过程中，还要使他们感到有兴趣，受到教育，使他们的身心得到全面的发展。因此，在学校体育工作中我们既要教育学生参加体育锻炼不能单从兴趣出发，又要十分重视激发和培养学生参加各项体育活动的兴趣，让学生自觉积极地、兴高采烈地上好体育课。从体育活动对人体各器官的刺激和影响来分析，单调地重复动作，难以达到促进学生身心全面发展的目的。像慢跑这样具有很高锻炼价值的运动项目，就不如双杠等项目对增强臂力和腰腹肌的效果好，也难以替代具有多种活动内容和浓厚乐趣的球类运动项目。因此，多种多样的锻炼手段，是青少年进行身体全面锻炼的需要，也是青少年的心理要求和培养优良品质的需要。现在的问题是，各种体育运动项目不断增多，在有限的时间内，体育课的内容不可能包罗万象。这就要根据体育课的任务和要求，学生的特点，以及学校的条件精选一些项目。至于究竟哪些项目较好，还需进行大量的理论研究和科学实验，在总结经验的基础上，制订出符合我国实际情况的、科学的体育教学大纲。

三、结合体育学科特点对学生进行思想教育，是体育教学的基本任务之一

向学生进行思想、道德、意志，以及审美等多方面的教育，这是学校各学科的共同任务。体育课，同其他课程一样必须结合本学科的内容和特点，对学生进行思想教育和优良品质的培育。特别是在当前精神文明建设、振兴中华的重要历史时期，向学生进行“五讲”“四美”的教育，是我们面临的重大任务。关于如何进行各方面的教育，各学科都有不同的特点。如果说其他学科主要是通过阅读、书写、计算和生动的讲述来教育和感染学生，而体育课则主要是通过身体锻炼的实践，在指导学生的实际行动的同时，来进行一般的和有针对性的教育。在体育教学过程中，有大量的集体活动，有许多道德和意志的行为表现，可以说比其他学科有更多的机会向学生进行实际教育。因此，体育课在锻炼身体、增强体质、教授体育知识技能的同时，必须重视对学生进行思想教

育，充分发挥体育课的有利条件，不断提高教育效果，使体育课与其他学科密切配合，教育学生热爱共产党，热爱社会主义祖国，培养学生具有集体主义思想和机智、果断、勇敢、顽强等优良品质。通过体育课还要振奋学生的精神，培养他们有纪律、有礼貌、举止端庄、整洁、健美，让学生充分地表现出新时代的精神风貌。

总之，增强学生体质，传授必要的体育知识技能，向学生进行思想品德教育，体育课的这三项基本任务是相互联系的整体。但是，任何事物的发展不可能完全处于相同的地位。由于情况不同、条件不同，以及课的类型不同，就某一次或某几次体育课的具体任务来说，可以有所侧重。但就长期的、整体的、全面的体育教学过程而论，体育课首先要从直接锻炼学生的身体，增强学生体质的实际效果出发，全面地完成体育课的任务。为此还应认真教好，并使学生掌握必要的体育知识技能。唯知识技能论是错误的，忽视必要的体育知识技能的教学也是错误的。体育知识技能的教学，不能理解为仅仅是运动技术的教学，而更重要的是教会学生锻炼身体的知识、技能和方法。向学生进行思想品德教育，使学生明确体育的目的和意义，调动学生锻炼身体的积极性，培养学生具有优良的思想品德，这也是体育课必须贯彻始终的重要任务。

目前在体育教学理论方面的争论较多，在体育教学实践中尚无完整的科学方法和客观的考评标准，如何使我国的体育课向科学化前进一步，在我们面前尚有不少困难，这就需要我们不断地探讨和脚踏实地地进行科学实验。我们要鼓足勇气，坚定信心，通过研究和实验，建立我国自己的现代科学体育方法学，克服身体教育中的盲目性，使我国学校体育沿着科学化的道路胜利前进。

论中小学体育教学中的爱国主义教育*

中小学体育教学同各科教学一样，既有向学生进行共产主义思想品德教育的神圣使命，又有进行爱国主义教育的丰富内容。每一位体育教师都应当把向学生进行爱国主义教育作为自己光荣的职责。

一、体育教学中爱国主义教育的内容

（一）教育学生为祖国而锻炼身体

体育课与其他学科的特点不同，体育教学内容是各种体育项目，教学方法是以身体锻炼的实践为主，而体育课程的教育教学目标，主要是通过教学过程中体育学习的实践活动来实现的。体育教学中的爱国主义教育，首先要向学生进行体育目的任务的教育。

身体既是个人的，又是属于国家的，身体是革命的本钱，每个有志的青少年都应为祖国而锻炼身体。

---

* 原载《课程·教材·教法》1983 年第 6 期。选自王占春：《王占春教育文集：学校体育的实践与研究》，人民教育出版社 2009 年版。

中小学生正处在长身体、长知识的时期，普通教育工作要为培养德、智、体、美全面发展的合格人才打好基础。不论他们将来升入高一级学校，还是当工人、农民、解放军战士，或从事各行各业的知识分子，都要有一副健壮的体格。一个国家的兴旺发达，首先是民族的兴旺发达；个人事业的成败，对社会的贡献大小，虽然主要取决于为人民服务的思想、专业的知识技能，但与一个人的身体条件也有密切关系。如果一个人的身体很弱，即使有理想、有抱负，由于身体不行也会力不从心。旧中国任列强宰割，中国人被称为“东亚病夫”。新中国成立后受凌辱的时代不复存在，为青少年的健康成长提供了优越的条件。中小学体育的基本任务就是增强学生体质，并配合其他学科唤起青少年民族自尊心、自豪感，培养他们在德、智、体、美几个方面得到全面的发展。

总结我国学校体育教学向学生进行爱国主义教育的丰富经验是十分有益的。20 世纪 50 年代初，小学生的体育课结合各种游戏，中学生的体育课结合开展“体育锻炼标准”“劳动卫国制”都是以爱国主义教育为思想教育核心。广大青少年在“锻炼身体，建设祖国、保卫祖国”的口号下把参加体育锻炼，增强体质与国家的命运联系在一起。特别是结合“抗美援朝”的时事教育，学生自觉地锻炼身体，情绪高昂，积极向上。学校在考核学生思想表现、讨论积极分子入团，都把是否积极参加体育锻炼作为评价条件之一。学生上体育课、参加体育比赛、列队行进，到处可以听到“锻炼身体，建设祖国、保卫祖国”的口号声。“为祖国而锻炼”的思想深入人心。今天我们要继承和发扬这些好的经验，通过体育教学把学生引向为实现把我国建设成具有中国特色的社会主义强国而自觉地锻炼身体。现在的中小学生到 20 世纪末，都将是祖国社会主义建设的骨干力量，我们要把“锻炼身体，建设祖国、保卫祖国”的口号提得更加响亮，让“为祖国而锻炼”的思想更加深入人心。

（二）结合具体教材加强保卫祖国的教育

我国宪法规定，保卫祖国、抵抗侵略是中华人民共和国每一个公民的神圣职责。

现代军事科学证明，尽管科学技术已高度发展，军队的战斗力仍然需要战士具有强健的体格和勇敢顽强的精神。早在抗日战争时期，毛泽东同志就号召“锻炼体魄，好打日本”。

中小学体育教学大纲的指导思想是增强学生体质，为建设祖国和保卫祖国服务。编写教材的原则要与国防体育和民兵训练相结合。小学的游戏教材有一定的情节，如“攻关”“冲过战壕”“救护战友”“越过岗哨”等，结合游戏的情节，向学生进行打击敌人、保卫祖国的教育。中学生结合队列操练、投掷手榴弹、翻越障碍等教材，直接学习国防体育项目，教会他们攻防能力，锻炼身体，培养勇敢顽强的精神，为将来服兵役保卫祖国打下良好的基础。

（三）用“运动员精神”教育学生为国争光

新中国运动员具有爱国主义的光荣传统，并且逐渐形成了“运动员精神”。早在20世纪50年代，爱国华侨运动员吴传玉，向往社会主义祖国，毅然告别双亲回到祖国。经过勤学苦练，他终于为新中国夺得第一块国际比赛的金牌。继吴传玉之后，又兴起了容国团的“拼搏”精神，为我国夺得了第一个世界冠军。接着，乒乓球队的“拼搏”精神二十年不衰，创造了辉煌的成就。20世纪80年代又有女排的兴起，女篮也紧紧跟上，冲出亚洲走向世界。为祖国争光而“拼搏”的“运动员精神”，激发了中华民族的爱国热潮，并凝结成“团结起来，振兴中华”的口号。体育教学中要用“运动员精神”教育学生为祖国拼搏，为“振兴中华”而锻炼，努力使自己成为有社会主义觉悟的、有文化的、体魄健壮的合格人才。

二、体育教学中爱国主义教育的方法和途径

（一）结合青少年特点进行教育

中小学生活泼好动，进取心强，善于模仿，容易羡慕和崇敬英雄模范人物。但是，他们辨别是非的能力不够强，容易受社会上的不良影响。例如，他们看了电影《少林寺》，就想去深山学艺，幻想学了武艺能“治人”或“长生不老”，也有的人单纯为了追求形体美或个人兴趣参加体育活动。要针对学生的思想，循循善诱，用老一辈无产阶级革命家和英雄模范人物为革命而锻炼身体的事迹教育和感染学生。毛泽东同志、周恩来同志、朱德同志在青少年时代都十分重视体育锻炼，把身体视为革命的本钱，为革命而锻炼身体直到晚年从未间断。

共产主义战士雷锋由于身体矮小，入伍时手榴弹投不远。他怀着保卫祖国苦练杀敌本领的决心，刻苦训练，增强了体质，最终取得了投弹的好成绩。战斗英雄岩龙是部队的军体运动员，他在保卫边疆的战斗中，先后两次灵巧地躲过敌人手榴弹和火焰喷射器的袭击，化险为夷，狠狠地打击了敌人。他们的英雄行为和为祖国而锻炼身体的爱国主义思想，都是向学生进行爱国主义教育的好典型，是青少年学生学习的好榜样。

中小学生特别关心我国运动员在国际比赛中的胜负。体育教师应充分利用时机，结合当时的国际比赛情况，向学生介绍优秀运动员的事迹，教育学生发愤图强，为振兴中华，为建设伟大的社会主义祖国而顽强拼搏。

（二）钻研教材，有针对性地进行教育

体育教材是具体的动作，学生学习和练习这些动作是在操场上或体育馆里进行的。为了给学生更多的实际练习的机会，不允许长篇大论地讲解、说教。因此，体育教师要认真钻研教材，结合教材的特点，有意识地向学生进行爱国主义教育。例如，“体育基础知识”教材，应结合讲述党和国家对青少年体育的重视和关怀，学校体育的目的任务，以及无产阶级革命家和英雄模范人物的体育实践，向学生进行为祖国而锻炼的教育。对有情节的游戏要结合教材的含义，在活动中结合讲解进行教育。例如，组织小学生做“长江·黄河”游戏，就可以向学生进行热爱祖国锦绣河山的教育；做“冲过敌人火力网”的游戏，就可以向学生进行为保卫祖国英勇而顽强拼搏精神的教育。中学生要直接教会他们军事体育项目，通过投弹、行军、翻越障碍的锻炼，说明这些体育项目在国防上的重要意义。总之，中小学生体育教学中的爱国主义教育要结合教材的特点，分阶段、分层次，不间断地进行。

（三）通过新旧对比向学生进行热爱社会主义祖国的教育

新旧社会对比的教育方法，在今天仍有普遍的意义。我国青少年在党和国家的关怀教育下健康地成长。但是，有的学生不知道旧中国的腐朽与黑暗，他们对今天的幸福也就体会不深。新旧对比使学生明了旧中国的黑暗和新中国的光明，引导他们热爱新中国。

旧中国只有极少数人能上学念书，穷人念不起书。学校的体育就成为少数富人子弟的独享。而穷人的孩子生活得不到温饱，又缺少体育锻炼，身体普遍瘦弱。新中国成立后，广大群众的子女有了上学的机会。毛泽东同志早在1951年就提出“健康第一”的教育方针，我国青少年儿童在党和人民政府的关怀下，相同年龄的青少年儿童，身体的发育水平比旧中国有了很大提高。根据十一省市体质测试的材料，1955年至1979年，7～18岁各年龄组男子身高平均提高了5.60厘米，体重增加了3.20公斤；女子身高提高了5.10厘米，体重增加2.20公斤。即每十年男子身高平均增长2.30厘米，体重增加1.35公斤；女子身高平均增长2.10厘米，体重增加0.90公斤。国际上，如英国学者泰纳，根据美国、英国、瑞典等国的资料综合研究指出：1880年至1970年的少年儿童，每十年身高提高数是1.5厘米，体重为0.5公斤。可见新中国成立后，我国青少年儿童发育水平的提高速度是很可观的。

1949年以前，社会体育设施很少，而且都是商业性质的并由少数资本家把持。例如，上海的所谓“中央体育场”，帝国主义利用那里的“回力球场”做赌场，残酷地剥削中国人民。其他仅有的一些体育场馆一般人也很难享用。旧中国的体育成绩也极端低下，没有资格参加重大的国际比赛。少数有才华的运动员由于得不到培养也无法发展，有数的几个人为了参加世界比赛，甚至要向华侨乞讨路费。

新中国成立后，党和国家十分重视青少年的成长，积极发展体育事业。1954年党中央指出，改善人民健康状况，增强人民体质，是党的一项政治任务。我国宪法也明文规定“国家发展体育事业，开展群众性体育活动，增强人民体质”。体育是学校的必修课，各项现代化的体育设施不断增建，我国运动员创造了许多世界纪录。我国体育事业的发展从一个侧面反映了新中国的繁荣和富强，也振奋了民族精神。在我国乒乓球健儿战胜英国、瑞典代表队后，华侨用“威震四海”四个大字予以鼓励，他们说：“我们活了这么大年纪，第一次感到做一个中国人的光荣与自豪。”

通过新旧社会体育事业发展的对比，教育青少年要珍惜我们今天的幸福生活，更加热爱伟大的社会主义新中国。

爱国主义教育要求讲实效，不能追求表面上的轰轰烈烈，更不能搞形式主义或庸俗化。例如，有的体育教学搞成活报剧，结果是适得其反，学生不仅思想上受不到深刻的教育，而且应掌握的动作也没有学会，身体也得不到应有的锻炼，应当注意避免。

中小学武术教材的发展变化*

一

中华人民共和国成立后，我国编订出版的第一部中小学体育教学大纲，对美、欧和日本的文化持批判态度，学校体育效仿苏联，并曾提出编写我国中小学体育教学大纲，应以苏联教材为蓝本。加之中华人民共和国初期对如何批判和继承祖国武术遗产尚无稳定的政策，因此未将武术列入教材。

20 世纪 50 年代后期，在总结中小学体育教学改革经验中，突出感到我国中小学体育教材将武术排斥在外，这是很大的缺陷。因此，对如何将武术列入教材的问题，我们进行了广泛的调查研究，并对武术的各种流派进行“采风”。结果遇到了很大的难题，即几乎所有的武术流派都以传统的套路（徒手的或使用器械的）为特征，偏难、偏长，不好教，不好学。此外，教师本身不具备教武术的条件，多数体育教师不喜

* 选自王占春：《王占春教育文集：学校体育的实践与研究》，人民教育出版社 2009 年版。

欢教武术。经过反复研究，设法跳出流派的圈子，找出共性的特点和大家都能接受的套路，我们邀请了我国著名武术教育家温敬铭、张文广和蔡龙云先生共同商讨，请北京体育学院武术教研室整理和编写了基本功、基本动作和国家体委颁发的拳术套路。其中特别值得提出的是创编了“武术操”，以人体解剖部位分类的办法，以四拍或八拍一组的结构编成中国式的徒手操，反复重复基本手型、基本步型、基本动作，练习武术的基本功法。在调查研究中，许多学过武术的体育教师，都推荐把张文广先生 1949 年以前在天津教过的“青年拳”“三合剑”等套路编进教材，征得张先生同意放在高中作为选用教材。

1961 年颁发的我国第二部体育教学大纲、教材，将武术正式列为中小学体育教材，从此打破了主要来自外国的体育运动项目的教材体系。这套教材出版后，在广大体育教师和学生中，产生了巨大的影响。许多地区举办了体育教师武术学习班，把武术编入教学工作计划，推行武术教学，这对学生的强身健体，提高民族自豪感，以及激发一部分学生对体育课的兴趣，都起了积极的作用。

这套教材在试行过程中，曾对武术教学进行了专门的调查。总的说其方向正确，其中武术操比较容易推广。有一部分教师和学生对武术产生了浓厚的兴趣，积累了不少教学经验，武术教材在体育教学中站住了脚。特别是较普遍地反映，学生的体育课有点儿中国“味”了。但是，在推行武术教材时也遇到了不少问题。

（一）普遍认为武术授课时数与教材分量严重失调。教材偏多、偏难，很少能教完，系统性较差。

（二）教师水平低，打不出武术风格，引不起学生兴趣，对武术有厌学情绪，小学比初中好些，初中比高中好些，男生比女生好些。

（三）学生中普遍存在急于求成思想，想在短时间内就能“学一手”，在攻防中应用。一时达不到这种要求就降低对学习武术的信心。

（四）许多体育教师提出：什么是武术的精华？各学段的武术教材的难易层次如何确立？武术与其他运动项目的关系如何？有许多疑问尚不清楚，影响了武术教学。

二

在“文化大革命”中，学校体育遭受极大地摧残，绝大多数学校的体育课完全停止了。几次“复课闹革命”，体育课也未正常实施，特别是武术教材很少用于教学。粉碎“四人帮”后，重新编写了体育教学大纲，武术教材是编写教材的难点。在向中小学的校领导、体育教师、学生进行调查时，许多人都主张取消武术，或把武术作为选用教材。总之，20世纪60年代初好不容易推行和开展起来的武术项目，在“文化大革命”中被“扼杀”了。这里有社会影响和师资等客观问题，而更多的是对体育教材内容的民族性和继承中华民族传统文化的认识问题。同时，武术教材本身的科学性和可行性也是个大问题。因为我们看到许多这样的现象，在学校上武术课学生不愿意学，可是回家后却每月要花费10多元学费去拜师学艺。学生常常向教师表示：“要学习真功夫。”因此，针对以上情况在1978年重新编写中小学体育教学大纲时，关于武术教材确定了以下几条原则。

（一）巩固武术教学的成果，保留原有较好的教材，武术操的形式仍然保留。

（二）简化教材，减少数量，降低难度，要适合学生的生理和心理特点。

（三）强调武术风格，加强教材中的攻防因素，增加双人对练和格斗的素材。

（四）高中毕业后，男生能学会一套棍术，女生学会一套剑术。

（五）大力宣传武术的真谛，继承民族文化遗产。

在教材的编法上，接受以往的经验教训，尽可能插图清晰，文字说明清楚、明白，简化武术套路运行的路线，方便教师教学。教材编出后，还进行了小规模的试验，反映较好。

1978 年，教育部颁发的中小学体育教学大纲，经过十年的教学实验，总的来说是成功的。特别是对武术教材的编写指导思想和新编的教材内容是符合学生实际的。学生对武术教材中的攻防意识、攻防动作都十分感兴趣，使我国中小学的武术教学、教材，向新的高度迈了一大步。据有的地区抽样调查，1961 年的武术教材，开始时有 80％的学校都能上武术课，到了后期逐渐降低，到“文化大革命”期间全不教了。1978 年颁发的体育教材，在小学绝大部分学校都教了武术操，中学也有 80％～90％的学校不同程度地教了武术。但是，进入 20 世纪 80 年代，特别是近几年开展武术教学的学校不是增加了，而是在不断减少。甚至有将近二分之一的学校不教武术了。造成这种现象的原因是多方面的，其中主要有以下几点。

1. 受竞技体育的冲击很大。社会上宣传的都是竞技体育，学校里讲的是为竞技体育培养人才。在学校体育教材中，与各级比赛对口的项目就重视，比赛中没有的项目就不重视。体育越来越“洋化”，反映民族文化的内容不被重视。

2. 受国内外功夫片的影响。影片《少林寺》放映后，在我国青少年中产生了武术热。但是，由于传播的失当，故事中的情节及武功中被夸张的部分被视为追求的目标，而学生对教材中的内容却感到“没劲”，太简单，不能满足学生的心理要求，学生有急于求成的思想。因此，出现了这样的奇怪现象：一方面有不少学生从学校、家庭出去，到嵩山少林寺求师学艺，或到社会上拜师父；另一方面学生对学校教的武术操和套路，越来越感到厌倦。

3. 体育教学改革，批判了规定过死的缺点，使教学的内容、形式多样化了，各地区、学校、体育教师可以灵活地选用教材了，不少学校把武术遗忘了。

4. 近几年体育院系毕业生，武术的素养越来越差，教不了武术，或者只能“依葫芦画瓢”，打不出武术风格，学生不愿意学。其中也包括武术未列入测验项目，是否教学武术，不妨碍学生体育课的成绩，更使学生不重视武术。

5. 武术在理论上尚未讲清楚，教材的内容也未得到教师和学生的认可，不能引起教师和学生的兴趣。

三

1987 年开始编写的九年义务教育体育教学大纲，于 1988 年编完并经国家教委中小学教材审查、审定委员会初审，仍为试验大纲。这部大纲总的目标是从育人出发，为提高全民族素质，培养德、智、体、美全面发展的建设人才奠定基础。

在制订大纲过程中，国家教委的领导多次提出体育教材必须反映我国的民族特点，要把中华民族的传统体育列入教材。其中特别提出应当像日本把柔道列为必修教材一样，把中国传统的养生、健身术等强身健体行之有效的内容列入教材。在调查研究和征求制订九年义务教育教学大纲的意见时，有的人赞成将武术列为必修的基本教材，也有的人主张取消武术教材。赞成者的理由是：

1. 继承民族文化遗产有利于建设中国特色的体育教材体系；

2. 武术是强身健体的有效手段和方法；

3. 不需要特殊的场地和器材；

4. 学会攻防动作，有益于防身健体和保卫祖国；

5. 可以加强爱国主义和民族自豪感的教育。

不赞成把武术列为教材的理由是：

1. 武术不是国际比赛项目，与培养夺金牌的“人才”关系不大；

2. 体育教师不会教，大多数学生无兴趣；

3. 内容和形式没有时代感；

4. 教学时数少，体育教材内容多，要学出真功夫难以做到，学一点皮毛不如不学，或作为选用教材。

体育教学大纲编写组总结了多年来武术教学的经验，根据国家教委领导坚定而明确的指示，结合大多数教师和学生的意见，确立了加强而不是削弱，更不是取消武术教材的指导思想。为此，相关工作如下。

（一）弄清概念，确立中国民族传统体育在中小学体育教材中的

地位

《中国大百科全书（体育卷）》给武术下了这样的定义：又称国术或武艺，中国传统体育项目。其内容是把踢、打、摔、拿、跌、击、劈、刺等动作按照一定的规律组成徒手的和器械的各种攻防格斗功夫、套路和单势练习。《辞海》给武术下的定义是：我国民族体育的主要内容之一，是几千年来我国人民用以锻炼身体和自卫的一种方法。运动形式有套路和对抗等。从以上的定义中可以得出两点结论：

1. 武术只是民族传统体育内容之一；

2. 还有许多项目，如摔跤、射箭，以及各种养生术、健身术都不包括在武术之内。

因此，九年义务教育体育教学大纲，要将原大纲中的武术改为民族传统体育，包括可以在武术的基础上，扩大和增加有利于学生身心健康的民族传统体育项目，同时明确武术是所有民族体育项目中最主要的项目和内容。

（二）如何传承和发展我国各少数民族传统体育的关系

我国是统一的多民族国家，民族的文化既有统一的、具有代表性的民族文化，也有各少数民族自己的文化。民族传统体育同样存在这样的问题。因此，在选材原则和教材结构中确定的“必选”教材和“任选”教材中，具有中华民族共性特点，或经过长期实践考验，确实是行之有效的优秀内容，精选后作为“必选”教材；各少数民族自己独有的传统体育形式，可作为“任选”教材内容。

（三）如何对待国内气功热的问题

当前许多中小学把气功列为体育教学的内容。在征求对武术教材的意见时，许多学校建议把气功列为体育教材。北京体育学院编了一套供儿童练的气功，送到教育部审查，希望在小学中推广。国家教委有的领导也建议对气功进行研究，是否可以列入体育教材。在学校中练的气功，中小学多为“益智功”，高等学校多在体弱学生中开展。经过广泛征求意见和考察，大多数人的意见如下。

1. 气功的特点是讲意念，以静为主。作为锻炼身体的手段，要达到育人的目的，要强身、健体、发展个性、生动活泼和培养学生勇敢、顽强、奋发向上的精神，气功并不十分适合中小学生的年龄特点。

2. 气功虽有悠久的历史，但在科学上，对气功的生理和心理机制方面的理论研究，还处在开拓阶段。不能把未经严格科学论证的内容列为中小学教材。

3. 根据动静结合的原理，把气功中调整呼吸，具有养生、健身作用的个别动作，结合其他教材内容进行，在高中可试行。

（四）民族传统体育的层次、系统性问题

民族传统体育包括的内容很多，在探求纵向系统和横向联系时，遇到许多难以解决的问题。例如，基本功虽然有自己从易到难的系统，但是有些并不是按年龄排列的，像柔韧性练习，年龄小的低年级学生可能比高年级好学，横向联系只武术一项就不好比较，基本动作并不比套路简单，一个“飞脚”学生学很长时间也学不会，这是因为基本功差。有的强调从娃娃抓起，在幼儿园强化武术训练，由于缺乏科学训练方法，练完后有的儿童体型发育得不够正常。究竟教材的系统性如何确定？应当进行科学研究。特别是民族传统体育项目很多，各自都有自己的体系，横向相关关系的研究也十分必要。

（五）关于教学大纲民族传统体育的目标问题

在九年义务教育体育教学大纲编写组讨论时，大家认为具体的教材是根据目标所确立的。学校体育的目标是育人，是强体、健身、弘扬武德，而不能单纯强调“质量高、难度大、形象美”或“高、难、新、美”的方针。大纲的武术教材具体的要求如下。

小学：从三年级开始，重点学习传统的“五禽戏”，以及武术基本功、动作组合和武术套路，并要求教材内容要活泼而富有兴趣，教学应以集体练习形式为主，注重基本知识的教学和锻炼身体的效果，激发儿童民族自豪感。强调武术特点，使儿童体验练功的乐趣。

初中：要在继承武术教学经验的基础上，去粗取精，优选我国传统的养生和健身术。以基本功、动作组合和少年拳为主，通过增加攻防意识和实用技能的培养与训练。在教学中要强调强身健体，严防打斗和伤害事故，向学生进行爱国主义和民族自豪感教育。

高中：以基本功、动作组合为主，通过增加攻防动作和实用技能，注重学习初步的功法，如创编一个“太极十二功”和简单的调息动作，以调整运动节奏和呼吸，加强爱国主义、民族自豪感和武德教育。严防打斗和伤害事故发生。

这些教材是必选教材，要求学校教师要教好，学生要学好。各地区还可以根据自己的特点，任选一部分教材进行教学。此外，喜欢武术或武术水平较高的学校，在课外体育活动中可以增加武术内容，使学生学会几套拳术或使用器械的套路。

四

目前还有些问题没有很好地解决。第一，简单的气功是否可以列入中小学体育课堂教学的内容？如果说武术在科研方面落后于实践，许多问题尚不十分清楚，气功是更不清楚的领域，新教材是否列入气功各种意见不一。此外武术与气功在哪些方面是一致的？为什么太极拳用在气功方面又成了气功的高级功法？练太极拳能否配以气功的练法？第二，民族传统体育是否能整理出一些基本的健身养生的方法，并将武术教材结合为一体，找出一些规律编在教材里。第三，推行武术教材有许多问题，其中最重要的是研究整理工作。我们所看到的武术科研讨论会，重点是放在走向世界，“高、难、精、新”，说白了就是为了在国际比赛中获金牌，没有把如何研究整理遗产，在人民群众中推广，为提高全民族素质服务。我们在人、财、物和武术专业知识方面都有限，教材编写队伍不可能完成这一重任。第四，学校体育同整个教育一样，受社会制约性很大，有时甚至是一种干扰。近些年来主要受竞技运动的冲击，如果说学校注重升学率，让千百万学生挤升学的独木桥，而学校体育是去夺金牌的独木桥。有的省领导提出全省以田径为重点，有的市提出要办足球市，而对于教学大纲，全面锻炼，民族传统体育都可以不搞。这就需要我们下决心，强行推行民族传统体育。第五，要大力做好宣传工作。第六，认真培训体育教师，其中包括为体育师范院系学生开设的课程和在职教师的进修。应当办一所以武术为重点的体育师范学院，对于不同专业的学生，在上体育课时都要加强武术教学。

新中国中小学体育教材的建设与发展*

体育作为一门课，早在18世纪末19世纪初在欧洲许多国家的学校先后开设。我国从1904年开始正式规定学校设体操课，到1923年改称体育课。但是，体育课真正成为一门完整的教学科目和系统的学科体系，是新中国成立后逐渐完善和形成的。

关于课程一词的概念，虽然有各种解释，但一般认为课程是为实现各级学校的教育目标而规定的教学科目，以及各科目的、内容、范围、分量和进程的总和。

一、体育在学校课程中的位置

体育，是学校德、智、体、美、劳全面发展教育中的一个组成部分。学校体育的实施，体育目标的实现，以及配合其他学科教学和学校整体教育，体育课都具有重要意义。

---

* 原载《课程·教材·教法》1990年第11期。

（一）体育在我国是中小学必修课之一

新中国成立以来，中国共产党和人民政府，十分重视学生体育，把体育作为全面发展教育方针和培养德、智、体全面发展人才的一个组成部分。历次颁布的《课程标准》和《教学计划》（1952 年以后将《课程标准》改称《教学计划》和《教学大纲》），都将体育列为必修课。1986 年 4 月《中华人民共和国义务教育法》正式颁布，根据这一立法，国家教育委员会制订了《义务教育全日制小学初中教学计划》（初稿），其中指出：学校教育“必须贯彻德、智、体、美全面发展的方针”“要使学生具有健康的体魄”。并特别提出“要加强体育学科”的教学。规定体育教学，应使学生“学习体育基础知识和体育卫生保健知识，初步掌握体育运动的基本技能，养成锻炼身体的习惯，促进身体的正常发育，提高身体基本活动能力，增强体质，培养学生坚强的意志和良好的道德品质”。这样，在我国中小学教育中，体育课就有了教育法规的保证，它不能再被贬为“小三门”或“副科”，或被随便停教停学，它是学校课程中的重要必修学科之一。

（二）体育课程开设的时间最长，上课时数比重较大

我国教育行政部门所颁布的一系列教学计划规定，从幼儿园到大学一、二年级，体育课都是必修课。比其他学科，开设的时间都长。不分专业、年级、性别，学生在整个学校生活中都要接受体育。同时它在整个课程上课总时数中所占比重也较大。新中国成立以来，体育课上课的时数，大多是每周 2 课时或 3 课时。中小学体育课的总上课时数、大体都占各科总上课时数的 8%—11%。九年义务教育的教学计划规定每周上 3 节体育课，各科总上课时数 9 年共 8 083 课时，体育课为 812 课时，占各科总上课时数的 9%—11%。

（三）我国有国家颁布的统一教学大纲

我国有统一的中小学体育教学大纲。它以纲要的形式，规定本学科的目的任务、知识、技能、技巧的范围和结构，体现了国家对本学科的基本要求。它是编写体育教材和进行体育教学的依据，也是检查和评估体育教学质量的标准。教育行政部门可借体育教学大纲管理体育教学。但是，我国幅员辽阔，人口众多，各地教育发展不平衡，文化传统也不尽相同，如果过分强调统一，就会脱离实际；而没有一个统一的基本要求，又会丧失学科的严肃性，容易分散，达不到应有的效果。我国几十年的经验证明，由国家制定统一的教学大纲，提出教学目标和基本要求，规定基本教材的同时，各地有相当的灵活性，可以结合本地区或民族的特点，增补或调整教学内容，这种统一性与灵活性相结合的办法，对加强和提高体育课的地位，严格要求，反对和限制教学随意性，提高体育教学质量具有重要的作用。

二、编制体育教材的依据

关于根据什么确定课程和教材，过去和现在都是研究课程论的重点课题。历史上有过“学科或知识中心论”“儿童中心论”和“社会中心论”（即社会需要论），还有许许多多制订课程的理论。近几年来关于如何设置体育课，以及确定体育教学目的任务和教学内容的讨论中，人们从不同的角度，提出了自己的要求和主张。这些主张实际上不同程度地再现了历史上曾经争论过的理论问题。其中有人把 18 世纪欧洲盛行的“个人本位教育”思想重新搬出来，主张根据个人的需要确定教育的目的和进行教育工作。他们认为“儿童是独立自主的个体，是真善的原型，不能对儿童的个性进行压制和机械的训练”，主张通过各种活动让儿童的天性得到自由的发展。我们当然不会用这种理论指导课程、教材的建设。今天，随着社会的发展，科学的进步，体育在人们的观念中发生了很大变化，体育的功能也在扩大，因而我国的教育和体育理论工作者，对学校体育的课程设置，提出了种种改革的意见，发表了各种不同的见解，推动了学校体育课程和体育教学改革。其中具有代表性的观点如下。

（一）建立以体育知识技能为主体的课程体系

这种主张认为，体育课程与一般的身体锻炼不同，作为课程主要应向学生传授体育知识、技能，进行教育，培养习惯。至于锻炼身体，增强体质，则是“副产品”，或者是在客观上产生的必然结果，可不必去认真考虑。持这种观点的人明确表示体育课只教方法，掌握技能，身体锻炼是课外的事情。这种认识是只重视体育教学中的形式，而忽视体育的最本质特征是对人体的影响与改善，如果体育课不讲求锻炼身体的效果，那么体育课就失去了它的本质特点。

（二）把“体质教育”作为体育课程的目标

“体质教育”这一概念一经提出，便引起各方面的注意，反应十分强烈。有人说是“春雨”，也有人说“偏激”。提出体质教育的人，认为我国的体育课程沿袭了几十年的“传习式”教学，过分强调技术细节，教材内容是以竞技运动技术为主线的体系，应当打破并建立以崭新的健身手段为主线的新体系。这些主张和思想，相当长时期以来，在体育教学中，对忽视身体锻炼的现象，无异是一种冲击。于是出现了各种试验，根据不同年级制订出有针对性的“运动处方”，完全不受运动技术框框的约束。试验的结果，有得有失，虽然增强体质的目标引起普遍的重视，体育教学也比较重视锻炼身体的实效性，但是，学校体育课程毕竟与单纯的健身不同。体育课程是学校教育的手段与内容，除了健身强体之外，还有体育知识、文化的学习，兴趣爱好的培养，竞争、拼搏意识的教育等。所以单纯地强调体质教育，而忽视体育教学中的其他教育作用，也是不全面的。

（三）建立竞技体育体系为国家培养竞技人才

近年来，关于学校体育与竞技体育的关系问题，讨论得十分热烈，认识上也各有异同。中小学是基础教育，要为培养各方面的人才打好基础。其中当然也包括为发现体育尖子人才和培养优秀运动员打基础。但是，有一种塔式结构理论认为，优秀运动员是塔尖，学校体育是塔底，把亿万学生的体育，都纳入培养竞技体育尖子的轨道。因此，在国际比赛中甲项目上不去就要求学校体育课程增加甲项目；乙项目得了冠军，又要求学校为保持乙项目的优势而加强乙项目的教学，进而提出按运动项目实行单项教学与训练。这种做法不仅违背普通教育的培养目标，而且也无助于优秀运动员的培养。普通中小学设置体育课程，其目标是面向全体学生，用多种多样的体育手段，增进学生健康，增强体质，对学生进行教育，促进学生德、智、体、美、劳的全面发展。体育教学与课余运动训练的目标与要求是不完全相同的，前者是基础教育的一部分，达到一般的教育目的；后者从总体上看，也是打基础的一种教育活动，但是它的训练对象却是少数有运动才能的尖子，主要途径是通过课余训练和专业运动训练培养竞技人才。把运动队训练的“从小抓起”原则，套在一般体育教学上是不合适的。

（四）按照学生的兴趣确定体育课程的内容

学生对体育课程是否主动积极，关系到是否能较好地完成教学预定目标。怎样调动学生的积极性？国内外都有人提出“快乐体育”的理论，认为学校体育课程内容的选择和确定教学手段与方法，应以学生是否有兴趣作为衡量的标准。这种主张的理论根据：体育是有助于身心发展和使学生十分愉快的学科。因此强调学生要有兴趣，要使学生心理上得到满足，教材与教法要以轻松、愉快的基调为主。持这种观点的人，将当前有的学生不认真上体育课，锻炼身体怕艰苦，体育教学效果差，都归结为没有体现“快乐体育”的原则，是教师选择的教材和方法，不能使学生得到乐趣。因而要求以“快乐体育”的思想为指导，改造体育课程，改进教学方法，以便使学生在体育课上得到快乐，产生兴趣。

体育课和任何学科一样，需要激发学生的学习兴趣。同时体育课除了它自身要实现的生理和心理目标外，还有调节学生的学习生活的功能。特别是低年级的体育课更是如此。因此，教学内容应具有一定的趣味性。但是体育课程有其长远目标，不能只从学生直接兴趣出发，还应要求学生对某些体育项目付出艰苦的劳动，进行刻苦的锻炼，否则就不可能达到本学科的教学目标。在体育锻炼中，激发学生兴趣是一种教育手段，运用某种教学手段去培养学生对某些教学内容产生间接兴趣从而付出艰苦的努力去进行学习是必要的，但不能把学生的直接兴趣作为设置体育课程和研究体育教材内容的主要标准。

（五）课程设置与体育教材的选编应从终身教育出发

什么是终身教育？在体育课程中如何体现终身教育？人们的认识并不一致。如有的人认为我国的体育课程教材十分庞杂，学习起来有如

“蜻蜓点水”，不符合终身体育的思想。在这些人看来，“终身体育”可简单理解为“学会一种体育专长，终身可用来锻炼身体，终身受益不尽”，实在是一种误解。因为在现有的运动项目中没有一项可作为终身锻炼的手段。

“终身教育”一词，始见于1919年英国，20世纪60年代形成一种国际教育思潮。对这一概念一般认为“人们在一生中所受到的各种教养的总和”：既包括正规教育，也包括非正规教育；既包括学校教育，也包括家庭教育和社会教育。

体育课程内容体现终身教育的思想，并不是只让学生有某种体育专长，而是要教会学生用多种多样的手段与方法锻炼身体，懂得锻炼原理，明了和学会评价锻炼身体的效果，以及卫生保健、卫生监督等知识，使学生走向社会后，仍能运用这些知识与技能锻炼身体。体育教学与身体锻炼有阶段性和层次性。在少年儿童时期的锻炼手段，可能不适合老年时期锻炼，任何一种体育手段，都不可能是一劳永逸的。

（六）从育人出发，以身体锻炼为特征，促进学生身心发展的教育手段

课程既然是为了实现教育的目标而规定的各种教学科目，以及各科目的目标、内容、宽度与深度和进程的总和。那么体育课程同样应以育人为总目标。根据体育课的特点，强调向学生传授体育的基本知识技能，提高学生体育的文化素养，全面锻炼学生身体，增强体质，向学生进行思想品德教育，以促进学生身心全面发展。体育课的对象是全体学生，体育课的内容包括身体练习与体育基础理论和方法以及卫生保健知识。它的最终目标是为提高民族素质打好基础。

比较以上各种观点，总结四十多年以来我国的历史经验，借鉴外国有益的经验，如何设计我国的体育课程和教材，是我们应认真研究的课

题。但就笔者的现有认识，我国中小学体育课程，应以第六种观点作为依据，比较适合我国的实际情况。

三、体育课程和教材的体系

中小学体育课程、教材应当建立一个什么样的体系？首先要弄清“体系”的概念和内涵。有人说中小学体育课程教材体系，有强身健体体系、竞技体系、传习式技术体系、体育与保健结合体系，以及强调某一运动项目的体系等。笔者认为体育课程、教材的体系，应理解为有关体育课程、教材的指导思想，并用同一指导思想，把教材内容、教材的分类结构、教材层次以及实施方法等构成部分贯串起来，相互联系和制约的一个整体。总结我国体育课程教材建设四十年的经验，学科体系是逐渐建立起来的。这一体系的内容，包括以下一些构成部分。

（一）确立学科体系的指导思想

新中国建立以来，教育部和国家教委进行多次教学计划编订并颁布体育课程标准和体育教学大纲。历次颁布的文件都反映了教育要为政治和社会服务的基本思想。例如，1950 年 8 月教育部颁布的《小学体育课程暂行标准》（草案），对体育教学目标强调了培养儿童健康知能、健美体格，以打好为人民、为国家建设而服务的体力基础。1954 年开始编订、1956 年颁布的中小学体育教学大纲，是以苏联同类大纲为蓝本，在全面学习苏联的基础上制定的，把学校体育的目标，更明确地提出为准备或参加社会主义建设和保卫祖国服务。以后在 1961 年、1966 年（编订完未出版）、1978 年（中间经 3 次修订，最后一次大修订为 1987

年）和1987年的九年制义务教育体育教学大纲，都把学校体育要为提高民族素质，为社会主义建设和保卫社会主义祖国作为最终的目的。这中间国内外政治的变化，在不同程度上影响到文化教育。但是，教育要为无产阶级（有时提为社会主义）服务的基本方针没有改变过。

学校体育是以学生为对象的教育活动，其主要特征是通过身体锻炼，增强体质，实现促进学生德智体美劳全面发展的目标。身体锻炼，增强体质，是体育的学科特点。体育又是一种文化，因此不论是从身体锻炼的需要，还是提高学生的文化素养，都必须向学生传授有关体育知识、技能和方法。学生掌握体育知识技能和方法既是学校体育的目标、内容，也是实现教育目标的方法和途径。

国家教委新制订的九年制义务教育中小学体育教学大纲（初审稿），在体育教学任务中，继承和发展了新中国成立后的体育教材建设的经验，进一步明确规定为社会主义建设、保卫祖国，增强学生体质，为提高民族素质奠定基础。同时，在教学目标、教材内容、教学方法方面，提出一些新的观念，即发展学生个性，强调学习体育文化，教材内容反映了中华民族的特点，逐渐向体育与卫生保健教育相结合的方向过渡，并注意了学生生理和心理发展的阶段性、教材的层次性等。如果把这些内容加以概括，用简练的语言表述，即把育人作为出发点和归宿，增进学生健康，增强体质，提高学生体育卫生保健的文化素养，促进学生德、智、体、美、劳的全面发展，为提高全民族的素质，培养社会主义现代化建设人才奠定基础。

（二）我国中小学体育教材的目的任务

教材的目的任务，一般也可叫目标，为了与各学科保持一致，体育教材仍沿用目的任务的提法。

我国四十年体育教材的目的任务在基本稳定的基础上有所发展。1956年教材的目的任务，从整个学校体育的角度提出，覆盖了整个学校体育，与体育教学大纲似不相符。1961年后，称为“体育教学”的目的任务，使这一含义缩小到教学的范围之内，这样可以把非教学所能承担的任务划出去。例如，对部分水平较高的体育尖子，就可以在课余训练的任务中，提出提高这部分学生的体育运动水平。

九年制义务教育体育教学大纲，继承了原来大纲中的基本内容和表述的结构，又增加了许多新的内容。其中主要是在美育、个性发展、终身体育、体育的情趣培养等方面，提出了新的要求。对此，不少专家、学者和从事学校体育工作的同志，提出增加体育教学任务的条款，将原来的三项基本任务，改为四项或五项，对美育、个性发展等任务应单独列条。但是，根据我国几十年的经验，中小学体育教学的任务，应当反映国家对学生最本质的要求，要明确、突出，便于贯彻执行。这三项基本任务是：

1. 保证全面锻炼学生身体，增强学生体质；

2. 加强体育和卫生保健基础知识的教学，向学生传授体育基本技术、基本技能，教育和帮助学生养成锻炼身体的习惯与兴趣；

3. 向学生进行爱国主义教育，陶冶美的情操，注意学生个性发展，培养生动活泼的作风、集体主义精神和优良的道德品质，文明行为。

（三）体育教材内容的继承与发展

体育教材内容是随着社会的变革，科学技术的进步，教育的发展，不断更新变化的。但是，育人的周期长，这种变化是逐渐的，只有在社会急骤变革时期，有关政治、社会科学方面的内容，才有某些性质的改变。相对的稳定，批判性的继承与发展，是课程、教材的特点之一。中小学体育教材，在 1949 年以前一是随意性大，各校教师可各自为政，想教什么就教什么，教师会什么教什么；二是以教学运动技术、技巧为主，强调让学生掌握运动技术的形式和比赛方法，不注重身体锻炼的实效性。新中国成立后，体育教材的重大改革，是根据国家教育提出的培养目标，结合学生的身心发展阶段特征，以运动技术、技能为手段，发展学生身体基本活动能力，全面锻炼身体，促进学生的身心发展。在这中间，虽然曾经有过以军代体或以劳代体的种种错误的观点和做法，都是局部性的，没有成为主流。

但是，现代体育的发展，不论是竞技体育（表现在项目不断增加和难度提高），还是健身体育（表现在科学性和针对性强），都越来越向广度和深度发展。因此，如何选择最基本的运动技术和健身方法，作为中小学体育教材内容，仍是十分迫切的研究课题。这里牵涉到身体锻炼与体育文化的关系；健身手段的针对性与班级授课制的教育组织结构的关系；需要与可能（场地、器材条件）的关系；汲取国外经验与民族传统文化的关系。所有这些问题不是在实验室里能够解决的，而是要在实践中去验证，在理论上加以探讨的问题。

九年制义务教育体育教材，从以下几个方面做了改进。

1. 加强了体育基础知识，并与卫生保健相结合

新的体育教学大纲体系的特点，是把以单纯身体锻炼，或以此为主的教材体系，改为理论与实践相结合，体育与卫生保健相结合的新体系，把体育学科知识作为必须向学生传授和应当掌握的文化素养。

2. 加强了教材内容的民族形式特点

我们中华民族有丰富的民族形式的体育文化遗产。从养生、健身的角度编选教材，有许多内容较田径、体操、球类更富有实际意义。武术于1961年正式列入体育教学大纲，学生喜欢，有益身心发展，但由于受套路的限制，以及师资的影响，不能普及。新大纲在进一步完善武术教学的基础上，扩展为“民族传统体育”，这不仅给各族学生学习本民族的民间、民族体育提供了机会，而且把祖国的传统文化瑰宝养生、健身、导引等健身术列入教学内容，为现实的锻炼和以后的终身体育打下了基础。

3. 结合现代生活增加了韵律活动和舞蹈

人们物质和文化生活水平的提高，对体育的娱乐提出新的要求。为使学生学习和掌握健康的体育娱乐方法，新大纲中，增加了韵律活动和舞蹈。这部分教学内容，以基本动作为主线，适当安排动作组合，选编少部分成套的韵律操和舞蹈。这些内容简单易行，是健身的手段，表现和抒发感情，而不是为了表演和比赛。

4. 球类教学内容的安排选择性加大

球类教学内容，学生喜欢，难度大，有的学校从小学就教球类，有的则从初中开始，因此学生水平参差不齐，教学时难以定量要求，教学效果不便检查。新大纲以三大球为基本教学内容。小学三年级以后用游戏方法，把大球小球化作教学重点；初中在加强基本动作训练的基础上，强调教学比赛。根据学校的条件和传统，中小学均可从篮球、排球、足球中确定一种作为基本教学内容。在整个小学或初中阶段，还可以再选一种球作为选学。各种小球列为任选教学内容。

5. 简化田径内容，保证重点，加强基本动作练习

小学的基本活动和初中的田径内容，上课时数都占各类教学内容之首，是运动技术和锻炼身体的重点。这项内容的特点是基本技术必须不断地练习、提高。特别是跳高、跳远和投掷的技术较难掌握，需要较多课次的重复练习。所以减少一些较复杂的技术，如跳高越竿姿势、跳远空中姿势等，重点用较简单的方法，发展学生跑、跳、投掷的能力。

6. 加强基本体操的器械体操内容，增强力量

体操是培养身体正确姿态，增强臂力，扩展胸廓的最有效的内容。特别是为改变我国学生横径发展不够和瘦长、乏力形的体形，必须加强增强体力的器械体操的内容。虽然目前在器材和教学方面都有一定困难，但必须提高器械体操教学质量，严格要求，发展学生体力。

7. 发展身体素质，强调“课课练”

“身体素质”是较复杂的概念，内涵有许多不确定性。一般以五大素质为主线，即速度、灵敏、柔韧、耐力和力量为基本素质。如果不考虑体育文化和带有竞技因素的体育项目，单纯进行身体锻炼，在安排运动处方时，发展身体素质项目，最简便、有效，符合用最简便的方法取得最好效果的原则。因此，这类内容，虽然只是一类，它的意义、作用和锻炼身体的价值却是可以与整体运动项目相比。发展身体素质项目，每天都要锻炼，许多内容是简单的重复，只是有时间、次数、空间和距离、高度等不同，因此没有严格划分教学内容的年级分布，由教师依据实际需要安排教学内容。

（四）体育教材的分类与结构

1. 教材的分类结构

分类是根据需要而确定的。同一组纷繁复杂的项目，却可以用不同

的方法排列组合，并分出层次，其目的是实现最佳的教育目标。关于体育教材的分类，由于指导思想的差异，曾使用过按人体基本活动能力分类、按身体素质分类、用人体解剖部位分类、用运动项目分类、采取综合分类的方法等。体育教材复杂，根据多年来的实践，按任何一种依据分类，效果均不佳，只能采取综合分类方法。综合分类有的项目并不能完全解决各项目之间对应逻辑的关系。但是，只能从说明教材的性质，按目的任务的要求去理解。如以球类为例，之所以“必选”，是因为球类项目很多，又不能都作为教材，只能必选一两个球类项目（见图 1、图 2）。

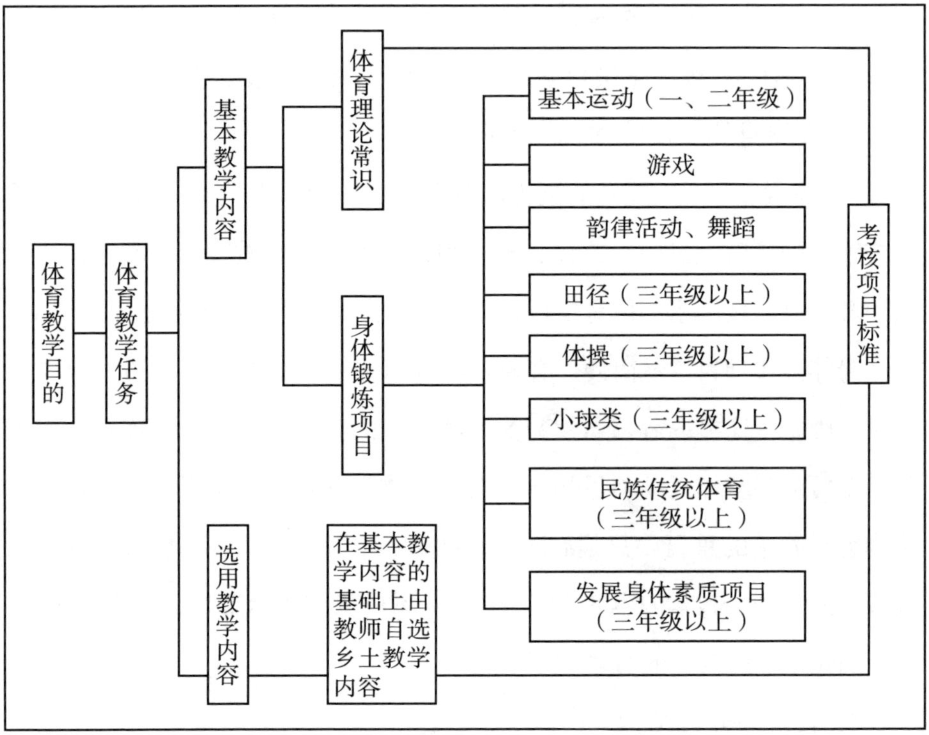

图 1　小学体育教学大纲分类结构

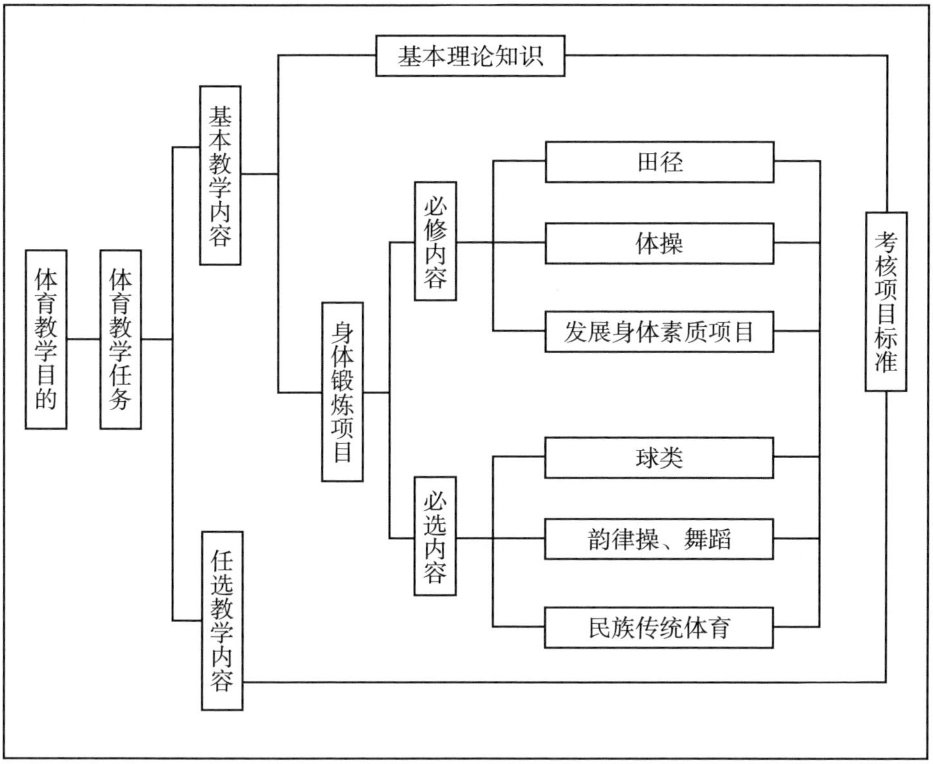

图 2　中学体育教学大纲分类结构

2. 体育教材既要有统一性又要有弹性

从理论和实践两个方面都可以证明：体育教材的内容编选得合适，可以强身健体，使学生受到教育；体育教材选择得不适当，有时不仅影响身体的全面锻炼，而且会适得其反，损害学生健康。全国编订统一的体育教学大纲，确定学生应学习和锻炼的基本教材，这是我国体育教学统一性的特点。但是，由于我国幅员辽阔，各地发展不平衡，文化背景也不尽相同，如果只有统一性，没有灵活性，教材规定过死，就会影响到可行性，甚至完全不可行。因此，教材必须有弹性，以适应各地和学校的实际情况。九年制义务教育体育教学大纲初审稿，大致把基本教材（统一部分）与选用教材（灵活部分），限定为70∶30。现行的高中教材，灵活性部分所占比重还可以大一些。这种强调统一性和灵活性相结合、教材的弹性是我国体育教材建设的基本经验之一。

3. 教材排列基本上采用螺旋式

根据体育教材的特点，一个动作必须反复练习，才能成为技巧，并达到锻炼身体的目的，因此需要用螺旋式排列方法。不仅田径、球类教材如此，体操教材也是如此。九年制义务教育体育教学大纲（初审稿），为了精简教材，重点突出，将大体相同性质的教材，如跳高、跳远采取间隔排列的方法。即使是间隔排列，如果学校认为需要也可以利用选用教材的时数，两种跳跃教材都排在教学进度中。

四、体育课成绩考核

体育课成绩考核与体育合格标准、《国家体育锻炼标准》的性质都不完全相同。体育课是一门教学科目。它既不像体育合格标准那样包括的内容广，又不像《国家体育锻炼标准》那样只是反映身体锻炼的结果。根据体育教学的目标，体育课成绩考核内容，包括学生对体育课的态度，掌握体育理论知识的程度，掌握体育技术、技能的情况，以及运动能力和身体素质的水平。用这种综合考核的办法，能够反映出体育课对学生进行教育的效果。

综上所述，中华人民共和国成立四十多年来，我国中小学体育教材的建设，从无到有，从不尽完善，到比较完善。发展到今天，在不断继承、汲取国内外先进教育理论和经验的基础上，逐渐建立起一整套符合我国社会主义建设事业和教育事业发展的学校体育教材体系。并且，随着社会的不断进步，我国的中小学体育教材建设，必将不断向前发展。

建立体育教材的新体系*

——义务教育中小学体育教材介绍

新编九年义务教育中小学体育教材，是依据国家教委颁发的九年义务教育中小学体育教学大纲编写的。这套教材总结了以往体育教材编写和使用的经验，汲取了近十几年学校体育教学和教材改革的成果，在体系上进行了较大的改革，主要反映在以下一些方面。

一、建立了完整的目标体系

九年义务教育中小学体育教学大纲，明确指出小学体育教学的目的：通过体育教学，向学生进行体育、卫生保健教育，增进学生健康，增强体质，促进德、智、体全面发展，为提高全民族的素质奠定基础。中学体育教学的目的，同小学大体相同，只是将目的落脚点，从为“提高全民族的素质奠定基础”，发展为培养“社会主义的建设者”。

---

* 原载《人民教育》1993年第7—8期合刊。署名“人民教育出版社体育室”，由王占春执笔。

关于体育教学任务的提法，新的体育教学大纲，仍保持了全面锻炼身体，学习和掌握体育基础知识、基本技术和基本能力，向学生进行思想品德教育三项。但是，其中的内涵却有了新的发展，内容丰富多了，强调了培养学生的兴趣和经常锻炼的习惯，提高体育文化素养，发展学生个性，陶冶美的情操，并与娱乐体育相联系，为终身体育打好基础。

为了完成大纲中新规定的体育目的任务，新的体育教材，建立了分年级层次和不同教材内容的体育教学目标体系，以保证年级落实、项项落实、课课落实体育教学的目标与要求。其目标体系如图 1 所示：

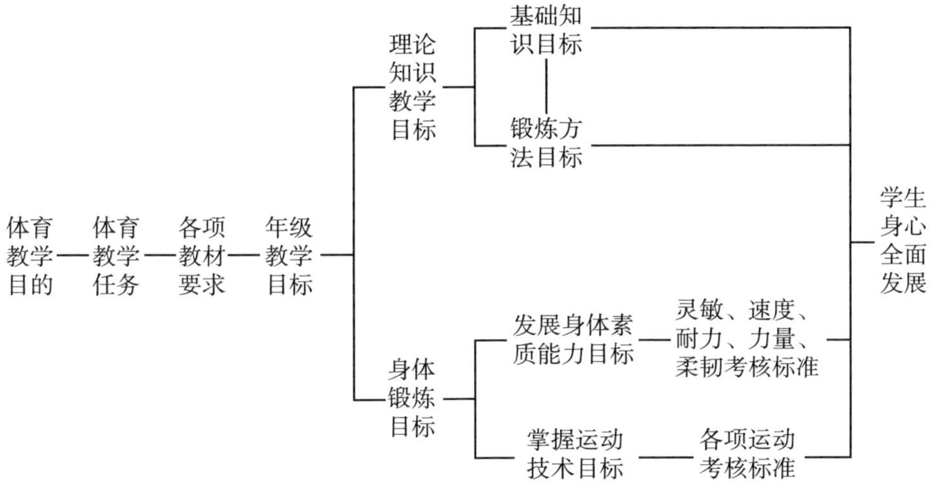

图 1　体育教学目标体系

二、新教材的改革体现了体育教学目标的要求

体育教学内容的改革，与学校体育目标的确立有着密切的关系。目标不同，选编的教学内容也不同。当然即使目标确立之后，也还有如何编选内容的问题（因为体育动作、锻炼手段的数量很多，而这些动作并

无严格的确定性，难以严格划分哪一年级一定只能教哪种或不教哪种教材）。此外，理论和实践都已证明九年义务教育范围内的学生，体育课不宜进行单项教学，必须用多种多样的手段与方法锻炼身体，并满足学生心理和兴趣的要求，这就要求对体育教学内容进行优选和科学合理的组合，其中难度比较大的是教材的分类问题。

根据体育教材分类的理论和实践，历史上曾经有过：按人体部位分类法，将体育教材内容分为上肢运动、下肢运动、躯干运动、全身运动等；按人体基本活动能力分类法，如跑、跳、投掷等；按运动项目分类法，如田径、体操、球类等；按身体素质分类法，如发展速度、灵敏、力量、耐久力、柔韧性；按发展人体机能分类法，如发展心肺机能等。这些分类方法，虽然都各自有其优点，但从全面贯彻中小学体育教学任务出发，这些分类方法都有其明显的缺点和不足，不能全面、完整地去实现中小学体育教学的整体目标。

根据以上的分析研究，并经多次科学论证，九年义务教育体育教材，采用了兼顾发展身体素质、体育运动项目、养生健身活动和体育卫生理论知识的综合分类结构。其具体分类结构如下。

1. 小学一、二年级强调以基本动作为主，教材内容不宜划分过细，分类结构简化，强调以游戏和基本动作作为教学的重点。

2. 小学三至六年级身体锻炼的内容，基本上按运动项目排列。但明确球类教材是以小球类为主（小球类指的是三大球的小型化，不是乒乓球等“小球”）。田径只是项目的名称与竞技体育相同，具体内容都不强调典型化。体操从内容到形式，都是以身体锻炼为目标编选极简单的动作，与竞技体操相距甚远。将发展身体素质的动作单独划分一类，与运动项目相配合，其目的是更好地实现体育教学目标。小学三至六年级的身体锻炼内容分类结构如图 2 所示。

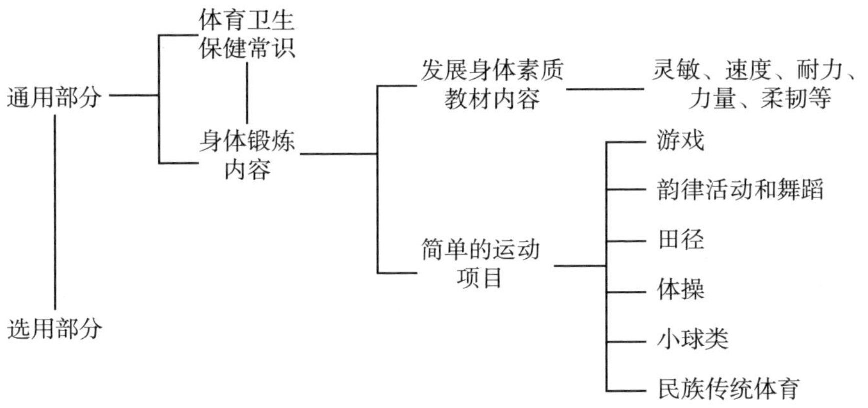

图 2　小学三至六年级的身体锻炼内容分类结构

3. 初中各年级的体育教学内容，加大了选用教材内容的比重，拓宽了选用教材的幅度。特别强调发展学生的身体素质，并将发展身体素质教材，单独作为一大类强调“课课练”。选用教材内容，主要考虑到地区、气候、民族等差异，内容的选择可以更宽一些。初中各年级的体育教学内容分类结构如图 3 所示。

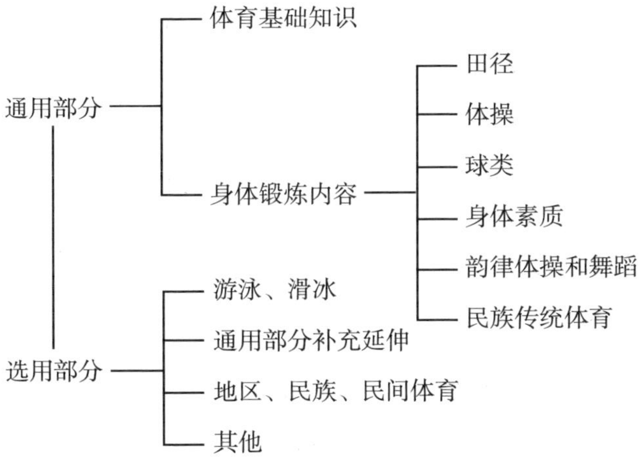

图 3　初中各年级的体育教学内容分类结构

4. 为了解决授课时数少、教材内容多的矛盾，在教材排列上，采取了如下三项措施。

（1）对部分教材间隔排列。如跳高和跳远教材，小学三年级以后每年级只出现一种教材，也可由学校自选，统筹安排。

（2）体操教材分组配伍，几种教材搭配一组，各年级不尽相同，有的项目不一定年年出现。

（3）技术比较简单的动作，不强调教材的辅助性，以发展身体素质为目的，用“课课练”的方法，反复练习，避免过多地追求运动技术细节。

三、教材的优选和配伍

随着运动项目和体育科学、人体科学的发展，运动项目和身体锻炼的内容不断地扩充、增加，编写中小学体育教材除了依据体育教学大纲规定的教材内容的范围、高度外，也是个创造的过程，需要认真优选、配伍教材，以便教师能够通过教材这一媒体，更好地满足体育教学大纲提出的要求。在优选中小学体育教材时，考虑到如下几点。

1. 为提高全民族素质奠定基础。九年义务教育是基础教育，每个适龄的儿童少年都必须接受义务教育，学校体育搞好了，学生体质增强了，就为全民族素质的提高奠定了基础。

2. 从育人的需要出发，培养德、智、体全面发展的社会主义建设人才。学校体育是教育的组成部分，学校体育目标的确定、教材内容的编选，都要以培养德、智、体全面发展，培养人才为依据。

3. 教材内容应反映我国社会主义建设的需要和我国的历史、文化背景，使课程、教材内容具有中国的特色，在继承传统经验的基础上发展、创新。

4. 要体现体育科学的特点，从增强学生体质出发，促进学生的身心发展。

5. 根据 6～14 岁学生的年龄特征，教材要适应不同年级学生的生理和心理特点。

6. 教材使用的对象和适应面，应以覆盖全日制中小学“三个基本合格”的学校，即基本合格的教师、基本合格的办学条件、基本合格的学生为对象。

四、新教材贯彻了理论与实践相结合的原则

新教材以建立体育“学科”体系为目标，而这一体系的特点之一，是强调了以理论指导学生的体育锻炼，加强了体育的基础知识和运动文化的教材内容。其中包括体育基础知识与常识、人体的基础知识、运动生物力学的粗浅知识、卫生保健知识等。增加和扩充了原有教材的内容，并在教材中分为三个档次：第一个档次为必修教材，要求学生学会、学好，并对学生进行考核；第二个档次教师只做一般的讲解和介绍，不考核；第三个档次只供学生阅读和参考。这样安排，既可丰富教学内容，又不会增加学生负担。

五、弘扬民族传统体育，突出社会主义中国的特色

民族传统体育教材内容，是以武术为基础拓宽、加强的，增加了“八段锦”“五禽戏”和其他养生、健身方法与理论知识。其中“实用健身拳”，动作简单，发力强劲，具有明显的攻防意识，改变了以表演为特征的套路，易教、易学、易练，实效性强。此外，其还增加了民间体育的内容。

教材的结构、语言、格式等方面，在使用体育科学术语的前提下，注意了民族化的特色，并尽可能通俗、易懂。

六、强调基础，克服以竞技体育为中心

在体育教材中，如何体现终身体育的思想，是新编体育教材的重点研究课题之一。教材主要从以下几点加以解决。

1. 教材内容重视了最基本的知识，如怎样锻炼身体，体质的测试、评价和学生的自我评估方法等。

2. 加强了教材的趣味性，如增加了韵律操和舞蹈教材。

3. 在运动项目的教材中，简化了技术细节，重点放在发展学生的能力，并将发展身体素质的教材单独列项，克服过多讲比赛的技术，而不重视如何运用这些运动项目锻炼身体的以竞技体育为中心的倾向。

七、面向全体学生，加强了教材的弹性

为了适应各地区学校体育发展的不平衡性，教材分为必修和选修两部分。必修的教材是全体学生都应努力完成的，这部分教学内容难度适中，对场地器材要求不高，只要经过努力都可完成，并能保证身体锻炼的基本需要。选修教材是考虑到地区、气候、水平等不同的状况，供不同条件的学校选用。基本教材与选用教材的比例大致为 7∶3。

八、改革了体育课成绩考核办法

以往的体育课成绩考核，只是对几个主要体育项目进行测验、评分，导致教师和学生都忽视体育教学的综合效益，甚至制约体育教学内容，造成考什么教师教什么、学生学什么的现象。新的考核办法，采用结构考核和综合评分的方法，使各种不同水平的学生都能在原有基础上，不断地追求进步。

考核是将理论和实践相结合；技术与能力相结合；学习成绩与学习态度相结合；强调帮助学生达到最基本的要求，有利于达到体育合格标准。考核项目、标准尽可能使学生达到合格，并且不仅要积极锻炼身体，而且要知道和懂得科学锻炼身体的方法，提高体育的文化素养。

考核的内容结构如表 1 所示。

表1　考核的内容结构

年级		出勤与表现	基本知识	身体素质运动能力	技能技巧
小学	1～2	10%		40%	50%
	3～6	10%	20%	40%	30%
初中		10%	20%	40%	30%

九、教材的系列化

九年义务教育体育教材实现了系列化。依据中小学体育教学大纲，编写了文字教材、音像教材、教学指导与参考书，同时出版发行。

文字教材：是按年级编写的，其中包括年级目标、各项教材的构成与要求、体育基础知识教材、身体锻炼的教材。体育基础知识教材都写了内容提要、思考题，尽可能做到通俗易懂，教师好讲，学生好学。在实践教材内容中有题图、内容提要和思考题，田径、体操、球类、民族传统体育、韵律操和舞蹈等实践教材，都将动作要领、教学步骤与方法详细加以阐述，其中吸取了新的观点和经验，各项教材都配有插图。

音像教材：配合教材中韵律操、舞蹈使用的乐曲，录制了录音磁带。乐曲的内容结合韵律操内容和情境，节奏鲜明、健康活泼，并与音乐教材相联系。新教材包括韵律操和舞蹈、民族传统体育，这些内容绝大部分是新编的，如果只是用图解示意，教师难以看懂。例如集体集舞的组合、路线，新编的实用健身拳、五禽戏、八段锦，都不同于一般的体育项目，用文字可以明白地加以表述，因此这些教材都录制了录像带。教师和学生通过录像，不仅容易看清动作要领和方法，而且便于观览教材的全部内容和协调配合的整体活动，对教师和学生都有很大帮助。

教学指导与参考书：专门为体育教师编写的体育教学参考书。这套参考书与文字教材和音像教材相对应，为体育教师提供了教学中的有关问题和教学步骤与方法。

普通高中体育课程教材改革探讨*

当今我国社会主义建设的发展，对人才的需求，不论在数量还是在质量方面，都提出了更高的要求。九年义务教育体育教学大纲的试行与推广，高中体育课程和体育教材的研究与制订，势在必行，必须提到日程上来。几年前，对高中体育课程教材如何与九年义务教育初中体育课程教材的衔接问题进行了研究。现仅就普通高中体育课程和教材的性质、目标、内容以及与之相适应的高中体育教学改革问题，提出一些不成熟的意见，以便引起讨论。

一、普通高中体育课程的性质

高中教育仍是我国教育体系中的普通教育和基础教育，它是培养面向现代化、面向世界、面向未来的人才的关键阶段。高级中学不仅肩负着为高等学校输送合格新生的责任，而且也是培养各行各业劳动后备力

* 原载《课程·教材·教法》1994年第8期。

量的基地。

新中国成立以来，对高中课程、教材进行过多次探索。如何使高中教育适应社会发展的需要，使学生得到充分、完善的发展，一直是高中教育和课程、教材研究工作的主题。

在研究和讨论高中教育时，必须注意两种方面：一是避免把办好高中只为了少数学生升学，把高中各门课程的教学都变成应试教育，脱离生产、脱离实际，忽视在各科教学中渗透职业教育，轻视操作；二是不能忽视办好高中以适应现代化科学技术对高科技人才的需要和高等教育发展的需要，为高等学校培养合格的新生。

为了迎接21世纪的挑战，各国都把教育改革作为社会发展和提高竞争地位的战略重点。而高中教育的改革以及如何办好高中，又是各国教育研究中的重点。其中包括高中的教育目标、教材内容的现代化、怎样渗透和加强职业教育；在教学方面怎样适当地重视选修制，发展学生的特长和学习的主动性、积极性、创造性。

高中教育的改革，往往忽视体育课程的改革，要么不重视体育课程，要么把体育只是看成强身健体的手段，作为完成高中学习任务的保证。高中教育的改革，包括体育和体育课程的改革，不是忽视和降低对学生体育的要求，而是要加强学生的体育。高中体育课程不是小课，三个年级的授课时数仅次于语文、数学、外国语，占第四位。体育也不能是副科，而是基础学科之一，无论是重点高中还是普通高中都是如此。

高中体育课，要加强选修制，但这是必修课中的内容上的选修，不是取消和削弱体育课的必修性质，是在加强体育课的必修性质的前提下，上好选修课，以便在全面发展的基础上，发挥学生的特长，发展个性。体育课程的设置，教材内容的选择，首先是适应国家社会主义建设和培养人才的需要，同时为学生特长的发挥和个性的发展，提供一切可能的条件，两者不能偏废。我们既不能因强调国家需要，而忽视学生的个性与特长的发展；同样也不能以发展特长和个性为理由，不考虑国家和社会发展的需要，自己想怎么干就怎么干。

二、学校体育与高中的培养目标

为了培养实现祖国社会主义现代化建设和参与世界竞争的人才，必须全面地提高人的素质，即提高人的思想道德素质、文化科学技术素质、身体健康（包括心理健康）素质、劳动工艺操作素质。

身体素质是培养现代人和适应现代社会发展不可缺少的构成要素。世界各国在研究现代教育的发展和21世纪的人才观时，除了对文化、科学、技术提出明确的目标外，无一例外都对人的身体素质与发展提出很高的要求。有的科学家提出“有了健康的身体，才能有好的工人”。为21世纪培养国家的栋梁之材，就必须使学生具有健康的身体，聪敏的头脑，灵巧的双手，坚韧不拔的毅力。社会和生产越发达，对人的素质要求也就越高，不仅需要文化、科学、技术，而且要求青少年一代具有创造力、分析力、综合力、判断和解决问题的能力，以及对各种事物、人际关系的沟通力，其中特别重要的是创造性的思维能力。所有这些都需要有健康的身体作为基础。体育不仅可以增强学生的体质，而且有利于促进学生身心的全面发展。

21世纪无疑要为世界创造更辉煌的文明。但是与此同时，生态环境的破坏和污染等诸多影响人体发展的客观因素也不断增加。体育是抵御和克服这些不利因素的一种积极、有效的手段。为了青少年的健康成长，学校教育必须重视和加强学生的体育和健康教育，这不仅能够促进学生身体的健康发展，同时也有利于德、智、体的全面发展。

高中阶段的体育教学必须瞄准21世纪，培养能够适应社会发展需要，学生的特长和个性得到充分和全面发展的人才。

三、高中体育课程和教材的目标与要求

高中仍属普通教育，即使有的学校文理分科，对未来的去向仍未确定。体育学科根据本身的特点，是为人的成长打基础，学科的科学属性又属多学科共存一体的综合性学科。因此，学科的对象要面向全体学生，以身体锻炼为主要特征，并对学生进行体育文化和卫生保健教育，发展学生的特长与个性，学习和掌握锻炼身体、参与社会生活和体育娱乐的手段与方法，培养社会主义现代化建设和保卫祖国的人才。

关于体育教材和教学的具体目标，当前议论很多，意见也不尽一致，大体集中在“为主论”和“多功能论”。所谓为主论，有人认为体育是一门功课，其主要的任务是向学生传授知识技能；有的人则强调体育课的特殊性，其以增强体质为主要特征；有的人则把“快乐体育”作为理论基础，把体育课的目标放在学生得到乐趣。多功能论者，提倡尽可能挖掘体育的功能，并在体育教学中得以实现。总之是各说各的道理，一时也难以取得一致。但是，体育是一门必修课程，体育课程的特殊性是以身体活动为主要特征、理论与实践相结合的教育教学科目。传

授知识技能是所有学科的教学一般特征，增强体质是体育教学科目的特殊性，进行教育是教学的最终目的。根据这样一些理性的认识，高中学生体育教材和教学的具体目标有以下三个方面。

（一）全面锻炼身体

锻炼身体是个动态过程，真正实现增强体质的目标需要较长的时间，也是个积累的过程。较难提出明确的定量指标来评判一堂体育课或在短时间内的体育锻炼效果。而且用同一个具体指标去衡量每个学生也不够科学。

高中学生大都集中在17～19岁，已经进入青年时代，向成熟发展。学生的身体形态大部分接近定型，或业已定型，各项身体素质、机能和运动能力，处于人生各阶段中较高的水平。高中学生锻炼身体的目标，与初中学生不同，更注重改善和增强体力，使身体锻炼更具有针对性，强调区别对待，养成锻炼身体的习惯。

（二）向学生传授体育知识、技能和身体锻炼原理，提高学生的体育文化素养

体育是向学生进行教育的内容、手段和方法，它有自己的学科体系。身体锻炼是以身体活动为特征，但不是任何活动都是体育。体育必须有明确的目的性和科学的方法。高中学生的体育，要在教会学生具体操作技术的同时，还要求他们懂得锻炼的原理和科学的方法。因此，必须使学生懂得体育是理论和实践相结合的学科，参加体育锻炼，必须重视对体育原理和科学方法的学习。

体育又是一种文化现象，不是任何一种体育的形态，都与直接的、具体的身体锻炼相联系。例如：体育比赛和体育比赛的技术动作，或者

一些体育娱乐的方法，它的功能与作用，虽然对学生身体有外在的影响和价值，但学生更直接的目标，往往追求的是比赛的胜利和从体育娱乐中获得乐趣。

高中学生所应掌握的体育知识技能和运动项目，既是在校期间锻炼身体和从事体育文化生活的需要，又为今后继续从事体育锻炼和进行体育文化生活及终身体育打下良好的基础。

提高高中学生的体育学科能力和运动能力是体育教学的重要目标之一。学生要学会自学、自练、自检、自测、自我调节和自我控制的能力，同时要经过刻苦的锻炼，提高自己的运动能力。

（三）进行思想品德教育，培养优良的意志品格和个性发展

高中学生对体育已有一定的认识，他们对体育的价值取向，已逐渐从比较单纯的兴趣性，追求心理满足，向较为自觉的身体锻炼方向转化。特别是有的学生已初步体验到身体锻炼对自己成长带来的效益。因此，参加体育锻炼的自觉性和积极性加强了。据有关科研资料表明，学生对体育的价值取向，初中以下的学生多追求心理价值，从兴趣出发比较普遍，而到了高中则比较重视体育的生物价值，并以此作为获得心理满足的基础。但是，高中学生对体育课的内容选择性加强了，往往会过分地追求个人目标。体育教学的任务，重点要进行社会主义、爱国主义和集体主义教育，要帮助学生把自己参加体育锻炼和社会的责任感及国家的需要联系起来，使学生明了体育的目标是综合性的，既非单纯满足个人的兴趣，也不是仅仅追求身体锻炼的效果。高中学生的体育，还要特别重视通过体育活动，对他们进行锻炼，注重不畏困难、拼搏向上、执着追求、胜不骄、败不馁等健康心理和革命精神的培养。

高中学生体育教学目标与初中相比较另有一些不同的特点，还应特别重视对学生体育意识的培养、自我管理和创造性的发挥以及对教学的参与和评价。

四、高中学生体育课的性质与地位

体育课不应是单纯的健身课，它有自己独特的理论与方法，是一个综合性的学科。体育的基础理论和保健知识，有自己的系统性和阶段性。体育的操作技术，离不开科学的理论与方法的指导；体育的理论知识，又必须用操作予以体现。有些体育文化现象，虽然不一定都反映在个人操作方面，但是体育的实践性是非常突出的。由于我国的国情、学校的客观条件，甚至包括人们的传统观念和文化生活背景不同，人们对体育课程的认识也有很大的不同。根据多数发达国家的经验，以及我国的实际情况，高中学生的体育课应列为必修课，否则学生的体育将无从保证。因此，高中体育课应是高中各种体育组成形式的中心。以体育课为中心，并不是降低课外体育活动的价值与要求，而是更加重视高中学生的课外体育活动，提高质量和达到学校体育目标的实效性。

五、高中体育课程的内容

高中体育课程的内容，既要选择有效地锻炼学生身体、改善身体健康、增强体质的教材，以适应高中期间或升入高等学校从事繁重学习任务的需要，同时也必须重视相当一部分学生走上社会，满足他们终身体育的需要。根据高中学生的年龄特点，虽然仍有身体全面锻炼的任务，但是与初中已有所不同，应更好地发挥他们自身的特长。因此，课程的内容应增加选修教材的比重，从初中选修教材的30%，可增至50%，即必修和选修各占二分之一。

近来有人提出中学体育课程的内容，以学生自愿和喜好为前提，全面选修制，并以单项教学的模式上课，这不论从课程论和学生体育目标来看，都是不妥的。因为体育课程具有理论和实践、教育和文化、学习运动技术和身体锻炼等多因素的综合效益，学生想打篮球就教篮球，而且采取单一内容单元式教学是没有科学根据的。

高中体育课程大体可以包括以下内容。

（一）身体锻炼的实践教材

必修教材内容：田径、体操、球类（篮球、排球、足球之一）、民族传统体育（以武术为基础）。

选修教材内容：必修以外的球类和其他有益于学生身心健康的教材内容。

（二）自娱体育项目：韵律操、舞蹈（以集体舞为主）和有益于身心健康的体育娱乐项目。

（三）体育理论、运动生物力学和心理学实用基础知识、科学锻炼身体的方法、运动文化知识等。

（四）体质测试与评价：使每个高中学生都能关心自己的运动成绩和身体的生长发育，学会检测自己的运动能力和体质状况，学会评价与比较。

六、高中体育教材和教学改革的几点设想

（一）增加和强化民族传统体育的内容

高中学生对祖国的传统文化已有一定的认识，为了充分发挥民族传统体育在养生保健方面的作用，对学生进行武德和爱国主义教育，在高中体育教材内容中，增加民族传统体育中的养生知识、格斗技术（摔跤、散打、防身以及具有保健和强身作用的简易太极拳），在民族传统体育中，介绍一些简单的健身功法。

（二）强化部分体育运动项目

体育的运动项目，既是健身的手段，又是体育文化。其中竞技性较强的有田径和球类运动。球类运动具有健身价值，同时又是集体运动项目，在培养竞技意识、集体主义和战术思想等方面具有特殊的功能。在必修教材中加大田径的比重，在选用教材中加大球类教材的比重。

（三）在教学模式和方法上要做相应的改革

初中以下的学生，上课的模式多以综合课的形式出现，教学方法强调教师的讲解、示范。高中学生的体育课，重点应放在单一课的模式上，每堂课的教材内容，主要教材以一个为主。重视运动技术和能力的提高。在教学方法上，强调自我意识，教学相长，多发挥学生自练和相互帮助的方法。

（四）加强选修课

高中体育课程的选修，不是在规定的授课时数之外，另外增加课时，而是在规定的授课时数内，将教材内容划分为必修和选修两部分。

必修和选修可各占二分之一。选修的内容根据高中体育课的目标，从较宽广的一些内容中进行优选配伍。这对于发展学生个性、兴趣、特长具有重要意义。选修课必须加强指导，处理好与必修内容的关系，不能放任自流。

开设选修课的办法，设想采取三种形式：一年级普修进行身体全面锻炼，二年级以上由学校有指导的选修；一、二年级普修，三年级选修；每周一节体育课普修，另一节体育课选修。但是，不论用哪一种形式：第一，选修要有指导，相对集中，不能每个学生任选；第二，选修只是以某一个或两个项目为主，并配合一些内容进行组合、配伍。

（五）男女生教材分编两套

高中学生男女生生理和心理特点差异较大，男生教材应反映“男子汉”的阳刚之气；女生教材要反映动作的协调、柔软，富于韵律感。近些年来，竞技体育中，许多女子禁区都被一一突破，因此有人认为男女之间运动项目的差别会逐渐减少，甚至使运动成绩也趋于接近。这对竞技体育可能是事实，而对学生的体育，从教育的角度出发是不可取的。

高中体育课程的性质和体育教学目标体系*

《全日制普通高级中学体育教学大纲（供试验用）》（以下简称“新大纲”）由中华人民共和国国家教育委员会正式颁发，并将在一些地区进行试验。这是我国教育改革和继《九年义务教育全日制小学体育教学大纲（试用）》《九年义务教育全日制初级中学体育教学大纲（试用）》（以下合并简称《义教体育大纲》）颁发之后，学校体育和体育教学的一件大事。新大纲的颁发，标志着学校体育和体育教学改革的发展向前迈进了一步，它是九年义务教育体育教学改革的继续与发展，也是一个跨世纪的工程。这部新大纲是在实施《义教体育大纲》的基础上，总结了学校体育的科学研究成果和体育教学改革的经验成果。历史的经验证明，历次新大纲的制订和颁发，都是我国学校体育历史经验的总结，同时又是新一轮体育教学改革的开始。因此，新大纲的试验和学习，必将有效地推动我国学校体育教学改革的发展与提高。

这次颁发的新大纲是否科学、是否符合我国高中（包括学校、教

* 原载《课程·教材·教法》1997年第9、10期。选自王占春：《王占春教育文集：学校体育的实践与研究》，人民教育出版社2009年版。

师、学生）的实际，是否可行和能否作为编写教材、进行体育教学、评估体育教学质量的依据，还要在试验工作结束后得出结论。我们的责任就是共同研究、学习新大纲的精神实质，深刻体会高中体育课程的性质，明了高中体育教学的目标及其目标体系。本文仅就这些问题，谈谈笔者自己的学习体会和认识。

一、高中学生的体育，如何体现“高层次的基础教育”的精神

（一）体育是高中学生素质教育的重要组成部分

体育是教育的有机组成部分，体育理所当然地是高中教育的组成部分。关键是高中学生的体育是不是具有基础教育（或称高层次的基础教育）的性质。这里仅从高中学生的体育与素质教育的关系来论述高中体育的基础性。国家教委副主任柳斌同志在《基础教育的紧迫任务是实施素质教育》一文中指出，体育是素质增长率的一个重要组成部分，不可忽视体育。健康的身体既是良好道德素质的载体，也是知识的载体，抓智育没有载体不行，进行思想品德教育没有载体也不行。重视体育不只是要求学生有一个好身体，还要通过体育培养良好的身体素质、优良的品质和心理素质，体育对于促进人的和谐发展是不可缺少的，也是不可替代的。体育和健康不能等同，但是健康是离不开体育的，体育的功能也首先是为了健康，为了体质的增强。因此要提高包括良好的身体素质在内的国民素质，是离不开体育的，任何忽视体育在教育中的地位与作用的教育是不完全的教育。

（二）高中学生的身体尚处于发展阶段

体育课程的特点主要是通过体育活动的教学和练习过程，实现体育的目标，也是实现教育目标的一部分。体育是理论与实践结合十分紧密的学科，而体育的实践活动是本学科的主要特征。因此，制订体育课程和编写体育教材时，必须以学生的生理和心理特征为基础，反映其生理和心理特征，促进学生的身心发展。高中学生的生长发育、身体素质和运动能力的发展具体情况如何呢？他们的年龄一般集中在 15～19 岁，他们的身体发育刚从快速发展的青春期进入平稳的增长期，除少数发育指标外，大部分指标仍处于正向增长期。20 世纪 80 年代和近几年进行全国近 100 万名学生体质与健康的调查、测试与研究，所获得的有效数据表明，在高中年龄段汉族学生的身体素质和运动能力，如 50 米跑、1 000 米跑（男生）、800 米跑（女生）、立定跳远、引体向上（男生）、斜身引体（女生）等项目的指标，除个别项目略呈平稳的下降趋势外，绝大多数项目的指标呈缓慢上升趋势。因此，抓住高中阶段的有利时机，全面地发展学生的身体素质，促进内脏机能的发展，对他们的整个人生都是十分重要的，也是为终身体育打好基础的关键。高中阶段要教会他们锻炼身体的方法，增进健康，提高身体素质，促进身心的健康发展，打好强身健体的基础，既保证学生在校期间的学习、生活，也为未来的发展打好基础。归根结底是全面锻炼身体，树立正确的体育观，培养对体育的兴趣，养成经常锻炼身体的习惯，逐渐形成较为正确的体育价值观。因此，高中学生的体育教学，锻炼身体、增强体质仍是主要目标，这一基础的目标是不能动摇的。

（三）高中学生体育价值观的特点

学生参加体育锻炼的动力是什么？动力来源于动机。学习动机是推动学生积极学习的内部驱动力。动机决定着学生是否喜欢上体育课，对体育课的态度如何。高中学生参加体育锻炼的动机，不能否认兴趣仍然起着重要的作用。但是，他们对体育课程的学习意向、愿望、兴趣已不再是他们唯一的驱动力。而且高中学生对于兴趣内涵的理解也发生了显著的变化，也可以说他们的体育价值观有了“转变”。如果把体育的功能概括为生物功能、心理功能和社会功能，高中学生的价值观是与其功能相对应的。而且逐渐地从比较单纯地追求兴趣的心理满足，向比较理性的、为了实现体育的生理的和社会的功能转化。

学生体育价值观的内涵及其分类，如图 1 所示。

- 体育价值观
  - 心理价值观：追求和满足自己的心理要求，寻求和享受体育的乐趣，把兴趣、爱好作为自己参加体育活动的主要驱动力
  - 生物价值观：把体育活动作为锻炼身体的一种手段，追求锻炼身体的实效性，认为生命在于运动，把改善身体健康状况、增强体质作为参加体育锻炼的驱动力
  - 社会价值观：加强对参加体育锻炼的理性认识，并且与个人的幸福、未来事业的发展和社会责任相联系，把服务于集体、社会、国家相联系，责任感和荣誉感成为参加体育锻炼的主要驱动力

图 1　学生体育价值观的内涵及其分类

学生体育价值观这样分类，不表明它们之间是截然分开的。特别是兴趣对各级学校的学生而言，都是他们积极参与体育活动的主要动机之一。但是，对体育的兴趣有直接的兴趣和间接的兴趣。直接的兴趣是学生在体育的学习锻炼中，通过参加丰富的体育活动内容，体验体育活动的乐趣，追求体育成绩和竞争中获得的。而间接的兴趣则是学习目的明

确，把参加体育锻炼作为实现身心发展目标的自觉活动。这种兴趣是比较稳定的，而对高中学生来说，间接的兴趣逐渐得到提升。如果说初中以下学生体育价值观，是以满足心理的价值为主要倾向，而高中学生生物的、社会的价值观则逐步成为主要倾向。这里讲的只是一种“倾向”性，并不否认几种价值观的融合和兼顾性。特别是兴趣几乎是伴随人们终身参加体育锻炼的动机之一。

高中学生与初中以下的学生不同，帮助他们树立正确的体育观，提高他们的体育意识，是体育课程的重要目标之一。高中学生的体育与成年体育、康复体育、竞技体育和单纯的娱乐体育也不相同，他们仍然需要用多种多样的体育手段与方法全面锻炼身体，促进他们身心的全面发展，这也是高层次的基础教育在体育课程、教材和教学中的体现。

（四）普通高中的“普通”性，决定了它的“基础”性

普通高中的体育课程，不仅与竞技体育中的运动训练不同，而且与职业中等技术学校的体育课程也不相同。高中体育课的课程目标、教学内容是否具有“普通性”和基础性？回答是肯定的，而且这种普通性与其他学科相比较，更具有现实性。因为体育课程既是学科课程之一，又具有普遍性，其目标的内涵具有教育目标的基础性，与提高学生身体素质具有直接的、主要的关系。不论学生未来的去向如何，都必须具有强健的体魄和通过体育的教育活动所获得的相关素质。即使有少数高中学生把体育作为未来的一种职业，毕业后希望自己成为一位优秀运动员、教练员、体育教师或体育管理人员，但是就学生的学习而论，也必须在学好基础课程的前提下，通过适当的途径发挥自己的特长。不能把普通

的体育课，改成某一运动项目的运动训练。学生将来不论做任何事情，包括做一位体育专业人员，都必须打好思想、科学文化和身体素质的基础。即使是运动技术的提高，也必须在身体素质全面提高的基础上才能发展与提高。这里还必须强调指出，不经过科学选材、增加训练时间、强化训练、提供多种特殊的条件，只是通过体育课是不可能培养出高水平的专业运动员的。

（五）基础教育与学科发展的关系

课程教材必须反映现代科学技术的发展和新学科的知识，体育课程教材也不例外。但是，教材内容的发展与更新，必须体现基础教育的特点和教材相对稳定的特点。体育，就社会文化的一部分而论，既是一个传统的概念，又是一个欣欣向荣不断发展的事业。新的体育项目不断增加，健身方法也不断增加并向科学化发展。但是，作为教育的一个组成部分的体育，特别是学生必修课程中的体育教材内容，是不能与社会文化中的体育相提并论的。竞技体育的项目层出不穷，新的竞技项目，作为文化是一回事，作为教材内容则是另一回事。例如，拳击运动特别是女子拳击以及散打等项目，搏击剧烈，最容易伤害身体，如果没有特殊条件的规定，这类竞技性很强的运动项目不宜作为普通高中学生的体育教学内容。这类运动项目不宜选入普通高中的课程教材。但是，新的体育思想和有关强身健体的研究成果，则必须在体育教材内容中有所反映。例如，科学已证明，不顾学生的具体情况，过分要求学生达到某种不切实际的目标，或无氧锻炼的时间过长等，对青少年的身体锻炼不仅无益，而且有害；而有氧锻炼对改善人体健康，增强体质是非常有益的。因此高中体育教材的构建就必须予以充分的重视，体现基础性和科学性。

（六）高中的基础教育是义务教育后“高层次”的基础教育

在论证了高中体育的基础性的同时，还必须明确高中的基础教育性质与初中是不完全相同的，它是九年义务教育后“高层次”的基础教育。它具有以下一些特点。

1. 普通高中的办学任务和培养目标与义务教育不完全相同

就体育课程和体育教学的目标而言，在与初中体育的目标相衔接，继续锻炼学生身体，增强体质，学习体育知识技能，进行思想品德教育等几个方面都提高了要求。例如，在身体锻炼方面，从初中强调促进学生的正常生长发育，改善健康状况为重点，向培养强壮型体魄，提高力量、耐力等身体素质方面转化。特别是要加强科学的体育价值观的教育，强化体育意识的培养，使学生养成积极、自觉参加体育锻炼的习惯，把锻炼好身体作为自己的社会责任，并且在体育学科能力方面有较大的提高，即具有自学、自练、自我调控、自我设计锻炼计划、自我检测和评价体质状况能力等。

高中学生应具有与高中教育阶段相适应的体育运动文化和体育卫生保健的知识水平。

2. 体育教材内容层次的提高增强了教材的可选择性

高中学生的课程，有的是采用小循环排列的，作为课程的学科名称是相同的，但具体的内容和难度、高度却不相同。甚至个别科目内容相同，但知识的深度、广度却不相同。体育教材的内容，从运动项目和身体锻炼的手段名称来看，大体相同。例如，初中有田径、体操、球类、民族传统体育、韵律操和舞蹈等，普通高中几乎都重新开设，继续学习、锻炼，但是其动作的难度、定量要求、熟练程度、技术和战术（如球类教材）都有较大的提高。其中较大的差别是加大了学生对教材的选择性。在坚持面向全体学生的同时，更加注意因材施教，发展学生的特长。

3. 办学模式的改革与变化

高中的办学模式与初中有所不同，普通高中的办学模式正在从比较单一的升学预备教育模式，逐步实现普通高中办学模式的多样化。例如，一部分普通高中可以升学预备教育为主，有所侧重地为学生升入高一级学校打下坚实的基础，为高等学校输送合格的新生；一部分普通高中通过分流，办成兼有为升学和就业两种预备教育的学校；还可以试办以就业预备教育为主的学校；为了适应社会的需要和发展学生的个性特长，还可以办一些特色学校。

新大纲与高中各种不同办学模式的关系如何呢？不论哪一种办学模式，都必须重视体育，体育课程是任何一种办学模式必修的基础课程之一，并保证贯彻执行新大纲的内容和规定。如果办具有体育特色的学校或班，在使用新大纲时应相应地有所变化。由于升学和就业的去向不同，在完成新大纲基本要求的同时，在限选和任选教材的授课时数和有关的规定范围方面可灵活使用。

4. 为学生主动性和创造性地学习提供了条件

高中学生对体育运动文化的渴求，对新的体育思想、内容和方法的探索，都比初中学生强烈得多。高中学生的“高层次”，表现在体育教学的内容、方法等方面，更加强调学生在教学中的主体性、主动性和创造性。高中体育教材增加了由学生自己组织练习，自我创造、创编锻炼内容，并将学生在课堂上的创造性的学习，作为评价教学质量的依据之一。

5. 增加娱乐性和有利于社会交往的内容

高中学生接近于成人，他们通过体育的手段增进社会交往，加强人际关系的可能性大为加强。在体育教材内容中，除丰富了韵律操和舞蹈内容外，还拓宽了任选的教材内容和有关体育文化娱乐的运动项目。

综上所述，我们可以得出这样的结论：普通高级中学体育新大纲同各科教学大纲一样，是义务教育后的高层次的基础教育性质的一门学科的大纲。因此，它所确定的体育教学目标、教材内容、教学模式、教学评估指标体系等，都反映了它的基础性和高层次性，既要与义务教育相衔接，又要在初中的基础上提高要求。新大纲还是一本试验大纲，经过试验，总结经验，修改提高，将在 21 世纪开始使用。它是一项跨世纪的工程，也是编写体育试验教材的依据，上好体育试验课的依据，管理和检查体育教学试验工作的依据和评估体育教学试验结果的依据。

二、确定普通高级中学体育教学目的的理论依据

《义教体育大纲》提出了一个目的和三项基本任务。这次制订的高中新大纲，没有用目的和任务两个层次，而是只用了“体育目的”一个层次。这里的体育目的所包含的三个内容基本精神，大体与《义教体育大纲》的“三项基本任务”类似。但除了相关内容的层次不同外，其立意也不完全相同。怎样理解目的、目标、任务、目标体系的相互关系及其内涵，要进行必要的辨析。

目的和目标，英文都是 goal，外文对二者并无明确区分。在汉语中，也是同义的成分大于差异部分，只是在使用时由于语言环境和表述内容的习惯等不同有所差异。汉语词典把目的解释为“想要达到的地点、境地，想要获得的结果”。而目标则解释为“想要达到的境地或标准”。习惯上认为目的带有最终的意思，而目标则带有层次性、阶段性，如总目标、分目标等。心理学词典把目的解释为“行动所要达到的结果”，目标则是“行为所需达到的目的”。两者都是刺激（或称激发）人们为之努力争取达到或追求某种结果的驱动力。

《高中体育教学大纲》规定的体育教学目的未用体育教学目标，既有词语上的考虑，认为这里规定的体育教学目的带有整体性、终端性和自上而下的规定性，又有与其他各学科教学大纲的一致性的考虑。

关于高中体育教学目的确定的理论和结合实际的问题，笔者认为应从以下几个方面加以研究。

（一）确定高中体育教学目的要根据社会需要、学科特点和学生发展的“三个基本要素”

体育在学校无论是从教育方针的角度，还是作为一个学科，其教育教学目的的确定一定要根据社会的需要、学科的特点和学生的发展这三个要素。但是，在确定高中学生体育教学目标时，认识并不完全一致。例如，体育作为一门学科教育，要不要反映我国的社会主义性质，把社会主义教育、爱国主义教育、集体主义教育作为教育目的的内容？增强体质是不是体育教学目的的学科特点之一，应放在突出的位置上？体育是国家规定的必修课程之一，是按照自己的学科体系进行教学，还是只要按学生自己的需要“活动起来就行了”？这些问题都需要认真地研究。

特别是近年来，对学校体育功能的开发和讨论有很大的发展。学校体育功能的讨论，特别是关于多功能论和为主论的讨论。这些都关系到如何确定高中体育教学目标的问题。

在体育教学目的（也可以作为目标）的讨论中，都认为体育教学目的应当包括与体育功能相关的多种目标，但又都认为应有所侧重，例如：

以改善健康，增强体质为主的目标；

以学习和掌握体育知识技能为主的目标；

以对学生进行竞技教育，提高运动水平，为国家输送运动员为主的目标；

以使学生得到快乐，满足娱乐心理需求，享受体育乐趣为主的目标；

以培养学生参加体育锻炼的主动性、积极性，经常锻炼身体的良好习惯为主的目标；

以学生终身体育为主的目标；

以学习和提高体育的文化素养，培养竞技意识为主的目标；

以促进学生的智力发展，培养优良品德，进行思想教育为主的目标；

以身体活动为手段，以锻炼身体改善健康状况，增强体质为主要特征，促进学生（生理和心理健康）身心发展，达到育人为主的目标；等等。

我们在研究和讨论这些问题时，必须树立教育的整体观，把学校体育放到教育的范畴，充分体现体育的学科特点，并且根据学科特点研究和论证体育教学的目标。目标的提出只是实现目标的一种愿望和要求，如果选用的教材内容、教学手段与方法得当，符合实际，经过师生共同努力，就可以把可能性变成现实性。但是，如何把可能性变成现实性，是受多种条件制约的，不可能“一次完成”。应当辩证地考虑和研究这些问题，既不能单一化，也不能绝对化，也不能把目标的内涵无限度地泛化。应当抓住育人的总目标，分阶段、分层次，从学科特点和学生的实际出发，通过体育教学（或整个学校体育）的特殊性教育、教学过程，促进学生的身心发展。其中特别是通过身体的活动和锻炼的过程，实现改进学生健康状况（包括心理健康）、增强体质的目标，体现学科的特点，最终实现育人的总目标，为提高整个国民素质作出应有的贡献。

（二）确定高中体育教学目的的法规依据

我国的教育方针是：教育必须为社会主义现代化建设服务，必须与生产劳动相结合，培养德、智、体全面发展的建设者和接班人。依据教育方针和普通高中的性质和教育目的，《全日制普通高级中学课程计划（试验）》提出了四项培养目标，这四项目标涵盖了各个教学科目的教育、教学目的。其中第三项目标是：使学生具有健康的体魄和身心保健的能力；具有健康的审美观念和一定的审美能力；具有良好的意志品质和一定的应变能力。

这一项是特指体育目标的，目的在于强调使学生具有健康的体魄、身心的发展和保健的能力。

（三）确定高中体育教学目的是从我国实际出发的

编订高中新大纲和确定体育教学目的，必须从我国的实际出发，反映我国普通高中的实际情况，反映我国的学校、教师、学生的实际。特别要体现社会主义中国的实际。具体情况主要表现在：

1. 全国有高级中学 3 278 所，完全中学有 10 713 所，总计高中学生 713 万人。普通高中绝大部分办在县城或镇上，县高中或县城的两级中学，相当一部分是县重点中学或省重点中学。

2. 全国在校高中任教的体育教师 31 210 人，达到大学本科的教师 1 473 人，占 36.7%，其中大部分学过体育专业。一般能做到按体育课堂常规教学和上体育课。

3. 在全国高中学生 713 万人中，男生 428 万人，女生 285 万人，男生大约占 60%，女生占 40%。男生略多于女生，每班学生在 40～60 人。学生平均年龄集中在 16～19 岁。据 1996 年学生体质测试，高中学生生长发育正常，健康状况一般较好，身体素质总体上逐步有所提高，唯耐力素质相对较差。在运动能力和水平方面，一般学生与尖子运动员差异较大。学生的体育意识和体育文化素养比初中有所提高，体育的社会价值观有所加强。更加重视自身的健康，逐步认识到强健的体魄对个人、国家、社会的重要性。同时不再满足于一般的体育活动，更加重视体育的理性和身体锻炼的实效性。对所学的体育的技术动作要求有一定的难度，对个人以及团体间的竞争意识和参与的欲求加强了，关心体育比赛及技艺的欣赏，崇拜体育明星，有的受社会和体育大赛的影响成为所谓“体育迷或球迷”。特别值得重视的是近年来在高中女生中形成一股足球热和崇拜著名足球运动员的倾向。

4. 高中的体育场地、器材一般都比较好，大部分有 200 米跑道的运动场，体育器材一般都能达到国家教委提出的体育器材设备目录要求的标准。

以上这些实际情况，对贯彻普通高中新大纲，改革体育教学，提高体育教学质量提供了有利的条件。但是，由于受追求升学率和应试教育的影响，高中特别是高三毕业班，往往不能把学校体育工作摆到应有的位置，有人甚至把学生学习文化知识（实际上体育也是文化知识的一部分），准备升学高考与学生参加体育锻炼对立起来。只看到时间是常数的一面，担心学生参加体育锻炼占用了学习的时间，而不懂得或认识不到学生按规定上好体育课，参加必要的体育活动，不仅可以改善学生的健康状况，体质得到增强，保证有效的学习，而且体育也是学生应具有的文化知识。参加体育锻炼对于开发学生的智力，培养创造精神和发展个性，培养坚强的性格和顽强的意志品质都大有裨益。学生参加体育活动不仅不会影响文化课的学习，相反会促进学生的学习。事实已经证明，假设每天以 8 小时学习为限，如果参加 1 小时体育锻炼，会获得 8－1＞8（就学习效率而言）的实际效益。学生的体育课本必须在理性上使学生提高认识，在实践上运用有效的内容与方法，切实实现这一目标。

我国普通高中体育教学目的的确定是从我国的历史和文化的背景，特别是我国现实的发展出发的。不考虑这些特点，盲目地照抄外国的东西，就会脱离我国实际，是不可行的，也是不科学的。

（四）高中的体育教学目的必须与终身体育相联系

学校体育不仅要把学生身体锻炼好，保证在学校完成学习任务，还要为他们终身体育打好基础，而且要把培养学生对体育的兴趣、爱好和良好的锻炼习惯作为教学的重点，为他们走出学校后，仍能根据变化了的条件运用在学校已掌握的体育知识技能，继续从事体育活动，参加体育锻炼，体验体育的乐趣。

鉴于对终身体育的这种认识，在确定高中体育教学目的时，必须考虑到体育的现实目的，锻炼学生的身体，增强体质，学会和掌握必要的体育知识、技能以及科学锻炼身体的方法；同时也要为他们走向社会后，仍能利用这些知识、技能锻炼身体，并养成良好的身体锻炼习惯，使他们终身受益。为此，高中的体育教学目的、教材内容和教学方法都应体现这一基本精神。

三、普通高中体育教学目的及其结构体系

体育教学目的是高中新大纲的重要构成部分，它是整个大纲构建目标体系的最高层次，是确定教材内容的主要依据，也是检查和评估体育教学质量的标准。

高中新大纲所规定的体育教学目的具体内容共三项。

（一）全面锻炼学生身体，增进学生身心健康

在初中体育教学的基础上，进一步提高学生的生理机能、身体素质和基本运动能力，促进学生身心全面发展。

（二）掌握体育的基础知识、技能，提高学生的体育意识和能力，为终身体育奠定基础

使学生进一步获得体育、保健基础理论知识；掌握从事体育锻炼、体育娱乐、卫生保健和其他社会体育活动的必要技术、技能和方法；增强学生的体育、保健意识，培养学生的体育兴趣、爱好和习惯，提高学生的体育、保健能力。

（三）培养学生良好的思想品德，陶冶学生情操

对学生进行爱国主义、社会主义、集体主义教育，提高学生积极参加体育锻炼的社会责任感，培养学生的组织纪律性；发展学生个性，培养学生竞争意识、创新、合作和应变能力，以及自立自强、坚毅勇敢、顽强拼搏和开拓进取的精神；培养学生分辨是非的能力和文明行为，使学生建立健康的审美观念，具有一定的审美能力。

这三项内容是高中体育教学目的的整体，它们之间是互相联系和融合的。高中体育教学目的是整个高中各年级、各项教学内容和教学管理、评估的出发点和归宿。根据高中体育教学目的，确定编选教材内容的原则，构建各年级体育教材内容的教学目标和年级的教学目标。各项教材内容按其特点，从简单到复杂，从易到难，提出了纵向发展的系统性和层次性。年级目标是根据学生的认知水平、有关文化科学知识基础、身体的发展状况和掌握技术动作的水平，按年级层次确定的综合目标。各项教材纵向系统的年级划分，将同一年级的内容归纳在一起，确定为年级的综合目标，其目标体系如下。

1. 各项教材内容纵向系统按年级划分的目标体系

2. 按年级划分的各项教材内容的目标体系（见图 2）

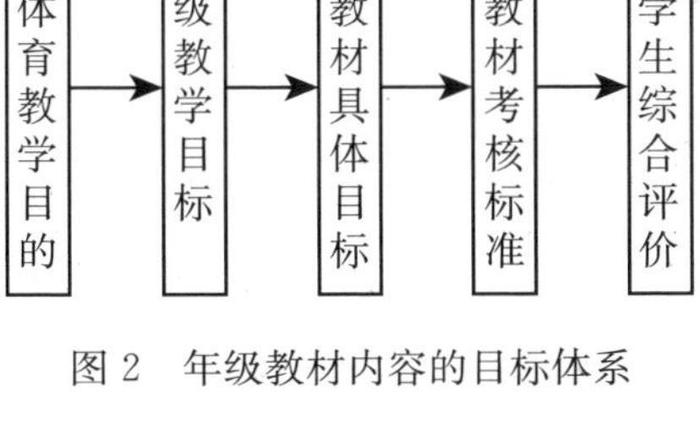

图 2　年级教材内容的目标体系

四、高中学生体育教学目的具体内容

高中学生的体育是高中教育的重要组成部分。体育教学是学校体育的主要组织形式，体育教学目的任务完成得好坏，直接影响着学校体育目的的实现和教育方针的全面贯彻，也影响着为高一级学校输送合格的新生和为国家培养优秀的劳动后备力量。体育课程作为一个学科，同各种教学以及学校的各项教育活动相配合，共同完成高中的教育目标（见图 3）。

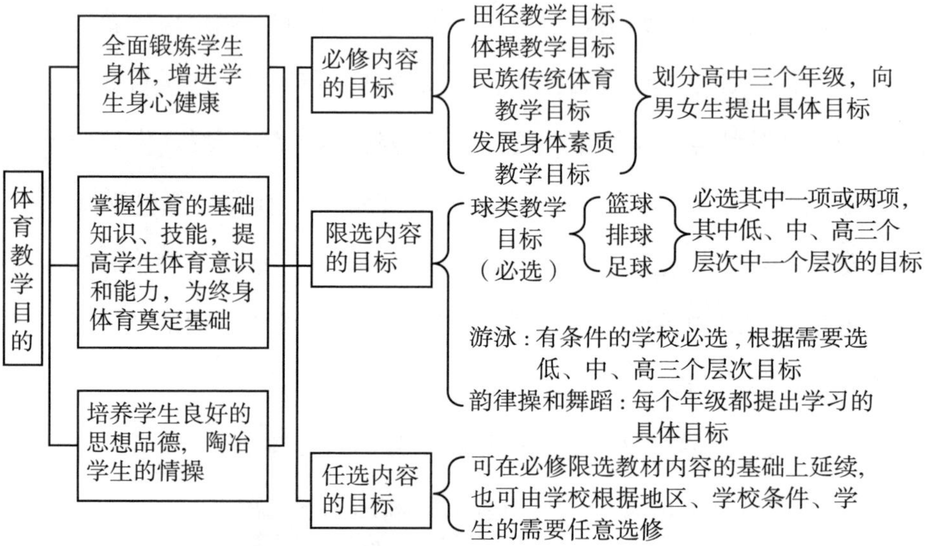

图 3　高中体育与各项教育活动相配合，共同完成教育目标

现对高中体育教学目的的三个方面，就自己的学习体会概述如下。

（一）全面锻炼学生身体，增进学生身心健康

在初中体育教学的基础上，进一步提高学生的生理机能、身体素质和基本活动能力，促进学生身心全面发展。这条目的强调了“在初中的

基础上”，说明体育教学目的的连续性，身体的发展不是截然分开的。同时也强调了“高层次的基础教育”在体育课程和体育教学中的体现，要求全面地锻炼学生的身体，增进学生身心健康。

身心健康包括身体健康和心理健康。有的人往往把没有病视为健康的标志，这是传统的、很低的标准。没有病固然是健康身体的起码条件，但对一个身心健康的人来说，身体必须是健壮的同时还要具有健康心理。身体强壮或体质的好坏是由遗传和环境、营养、体育锻炼、劳动、生活与卫生习惯等所决定的。遗传是先天决定的，但不是固定不变的。营养、正常的生活制度、卫生保健措施，特别是科学的体育锻炼，会促进身体的健康成长。

高中学生处于青春期后期，向青年期发展的过渡期，正是从身体的正常发育期向健壮型发展的时期。改善健康状况，增强体质（身心发展），仍然是体育教学的主要目的之一。

1. 体育锻炼与高中学生的生长发育

在高中体育教学目的中，为什么仍提出正常发育的内容？人体从胚胎期到成年，不仅表现在重量和体积的增加（即生长），而且构造和机能也发生了从简单到复杂的变化（质的变化，表现为发育），这种正向的生长发育的变化，在高中阶段并未结束。经常参加体育活动，不断地促进各器官系统的发育并使其强壮，对高中学生具有现实意义和长远意义。高中新大纲的教材内容，选编相当数量的基本体操和基本活动，就是为了促进身体正常的、更好的发育所安排的。

2. 全面发展身体素质和人体基本活动能力

高中新大纲的体育教学目的提出“进一步提高学生的生理机能、身体素质和基本活动能力”的要求，这里指的“进一步提高”是相对初中而言的。身体素质、基本运动能力和生理机能之间的关系如何呢？身体的各种素质，其中包括速度、灵敏、力量、耐力和柔韧等主要素质（还应包括主要身体素质以外的一些素质）。身体素质是人体机能能力的表现形式，它是衡量一个人体质状况的重要标志之一。但是，这些素质又是在神经系统（大脑皮层）的指挥下，通过肌肉的活动表现出来的，也是内脏器官（特别是心脏、肺脏）功能的反映。其表现形式是人体的各种活动水平和能力（动作的质量），如跑得快、跳得高、投得远等能力的表现，虽然有技术、技能的问题，但其基础是身体素质。

人体是一个完整的统一体。人体内部各系统虽然都有各自的功能，担负着不同的任务。但是，它们之间并不是毫不相关的、孤立存在的，而是密切相关的。包括体育在内的一切生命活动，都是整个机体高度协调配合发展的结果。因此，从生理的角度来看，没有身体各器官和身体各系统的功能普遍提高，就不可能有某一系统的单独提高。只有在整体提高的基础上，才能有效地提高身体的总体水平。当然这并不否认某一活动器官的发展，也会起促进身体整个水平相对发展的作用。

3. 提高学生对自然环境的适应能力

人的机体的发展与周围的环境有密切关系。生物体与生态环境相适应，这是一切生物（包括人在内）生存发展的基本原理。机体与环境统一的主要表现之一，是机体对环境的适应。适应并不是消极的“迁就”，而是为了更好地发展。进行日光浴（一般在日光下活动）、深呼吸、游泳的锻炼，对寒冷和酷暑的适应，都是高中学生体育教学所要实现的重要目标。

4. 要重视培养健康的心理

新的健康观包括心理健康。为了实现某一身体活动的目标，例如，跑完1 500米的全程，除了有良好的身体素质，还要有良好的心理素质。社会发展在各个领域对人才的心理健康的要求越来越高。例如，为完成航天飞行，几个人甚至一个人在宇宙度过相当长的时间，要经受难耐的寂寞；到南极考察要经受寒冷和艰苦的磨炼；等等。这一切都与顽强的意志这种健康的心理有关。青少年的心理健康标准包括哪些内容呢？这是个比较复杂的问题，而且难用定量的量表加以评价，一般认为包括以下几项。

（1）智力发育正常。正常的智力是青少年能够正常生活和学习的基本心理条件之一。智力发育是衡量心理健康的标志之一。

（2）人际关系的心理适应。这里讲的人际关系，就是个人与家庭成员、教师、同学之间能否建立起良好的关系。

（3）心理特点与年龄相符合。所谓心理特点与年龄相符，即心理特征的表现与同龄人是一致还是超常。高中学生的心理受年龄、社会、教育和家庭的影响，尽管不可能完全相同，但他们的心理状况正向成熟发展。为了当前的学习和未来的发展，是否具有顽强拼搏的精神和开拓进取的态度，这与他们的思想有关，与他们的心理发展也有密切关系。在教学活动中，从个体与群体的比较中，即可发现学生心理表现的异同，并有针对性地进行教育。

（4）行为协调，反应适度。青年的心理与其自身的行为表现应是和谐统一的。如果高中学生的行为表现仍十分幼稚或过分“老成”，都是心理不健康的反映。

（5）良好的情绪。青年正处于积极向上、朝气蓬勃、活泼愉快的时期，也正是身心发展的重要时期。如果整天忧心忡忡、恐惧焦虑、心理压力很大，这是心理不健康的表现，必然影响身心的发展。减轻学生的心理压力，丰富学生生活，培养他们生动活泼、顽强勇敢、坚韧不拔的精神是高中体育教学的重要目的之一。

（二）掌握体育基础知识、技能，提高学生体育意识和能力，为终身体育奠定基础

高中体育教学这一条目的包括三方面的内容：

第一，要使学生获得体育和保健的基础理论知识；

第二，要使学生掌握体育和卫生保健的基本技术、技能，提高他们的学科能力；

第三，对体育兴趣、爱好和体育意识的培养。

从这条目的内涵来看，其内容是十分丰富的，我们必须对其内容有深刻的理解，它体现了结合高中学生的特点，体育课程的基础性和与初中相比的“高层次”性。

1. 高中学生体育基础知识的要求提高了

在本条内容中，理论知识用了“基础”，技术和技能用了“基本”，这两者是否有区别呢？这两个词在有的地方用法和意思是相同的。例如，作为一种事物的“根本”等。但严格地说又是有区别的，基础带有面的意思，如房基或打地基，只能说基础不能说基本。此外，基本又带有主要的意思，例如，“基本完成了……”，还含有没完成的地方。而基础是比较肯定的、必须具有的意思，一般与知识联系起来用，多用“基础”一词。

新大纲对学生体育基础理论知识的要求提高了，既考虑其基础性又提高了要求，主要围绕对学生体育意识的培养，科学方法的运用，体育学科能力的形成与发展。理论知识不仅在课堂上集中讲授，而且在实践活动中，要结合操作方法、运动原理向学生讲解。体育基础理论知识包括体育常识科学锻炼身体的方法、运动文化以及卫生保健知识。

2. 重视体育基本技术、技能的培养和训练

提高学生的体育运动技术和技能，是体育教学的目的之一，尤其是对高中学生提出了较高的要求。有人认为体育课不必学习运动技术，只要活动起来，身体受到锻炼，精神得到满足，就达到了“体育的目的”。表面看来，这并没有什么大错，但忽略了一个重要的问题，即活动或运动的合理性和规律性。我们都认为学校体育教学与运动训练不同，在体育教学中不一定学习过于繁杂的竞技技术和追求运动技术的细节，但是只要参加体育运动，就有运动技术的问题。至于那种否定体育教学是一门学科的教学，把体育课降低为一般体育活动的思想，都没有正确认识体育作为一门必修课程的意义。

关于技术与技能的关系问题，这里需要进行一些解释，因为这两者是有区别的。技术（这里指运动技术），也可称为身体练习的技术、动作技术，是指在学习和练习动作时，所做的动作符合人体运动规律的科学原理，减少不必要的动作，能充分发挥人体的潜力，合理而有效地完成动作的方法。

技能（这里指运动技能），是指学生按运动技术的要求，通过反复练习，较好地掌握了某种运动动作的方式，形成动作系统，并能充分运用自己的体力去完成，这就是运动技能的形成过程。简单地说，运动技

能是指运用动作技术的能力。

按心理学的解释，技能即个体运用已有的知识经验，通过练习而形成的智力动作方式和肢体动作方式的复杂系统。可以得出这样的结论：技能是在已获得的知识、经验和技术的基础上，经过反复练习形成的。技能又分为较低级、中级和高级三个层次，高级的技能亦称熟练技巧。

只有掌握了运动技术和技能，经过反复练习才能促进身心的全面发展。不学习动作技术无法运用技术进行反复的练习；不反复的练习无法形成技能，进而用以锻炼身体。参加体育锻炼促进身心发展的结构如图 4 所示。

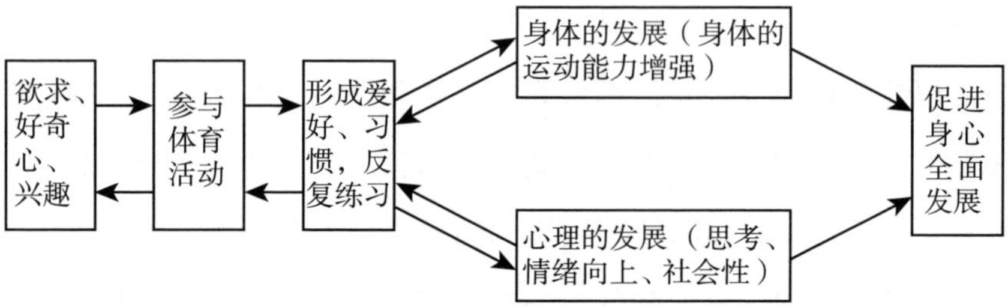

图 4　体育锻炼促进身心发展

图 4 可以说明学习技术，经过不断的练习形成技能与促进身心发展的关系。高中学生应在初中已学的基础上，对动作技术提高要求，并逐渐形成技能，提高锻炼身体的实效性。

在强调对高中学生进行体育价值观教育的同时，仍然要注意培养学生对体育的兴趣和爱好，并形成良好的运动习惯。这里提出的“提高学生的体育、保健能力”，是指体育这一学科的综合学科能力，包括掌握动作技术、科学锻炼身体的方法和自我设计、自我锻炼、自我调控、自我检查评价以及自我卫生保健的能力。

（三）培养学生良好的思想品德，陶冶学生情操

对学生进行思想品德教育，是体育教学中始终应十分重视的教育目的。其中爱国主义、社会主义和集体主义教育是思想品德教育的核心。这一教育目的的实现是通过有针对性地教学活动，潜移默化地渗透和行为指导，还应把学生参加体育锻炼提高到与国家、社会对青年一代的期望联系起来，进而进行体育的价值观、人生观的教育。

社会主义教育是由我国的教育总目标和培养社会主义建设人才需要决定的。当前体育理论界研究讨论的运动项目的目的论与手段论之争，同样涉及培养什么样人的问题。高中教育应通过各学科教学，进行马克思主义基本观点和中国特色社会主义理论教育，把学生的锻炼同自己的社会责任相联系。体育教材内容有理论，也有实践，包括体育的社会文化、生理和心理学知识、科学锻炼身体的方法和相关的操作技术与行为，都应以完成教育和体育教学目的为准则。脱离教育、教学目标，单纯把参与田径、体操、球类、民族传统体育、韵律操和舞蹈的“活动”作为终极的个人兴趣和目的，不符合社会主义性质的教育目的和培养目标。

体育教学是组织起来的班级集体活动。教学中因材施教，加强对教材内容的选择性，是在群体教育活动中进行的。我们反对“一刀切”和“齐步走”，但不反对进行集体主义的教育。体育教学中的群体活动是本学科的特点，在体育活动中每时每刻都要发生人与人，即教师与学生、学生与学生之间的联系；教学比赛中的个人与群体、一个小群体与另一个小群体之间的较量；技术与战术的运用；等等。上述一切都是在充分发挥个人聪明才智和运动能力的同时与集体发生关系。发挥群体的作

用，进行集体主义教育，不是限制学生个性的发展；同样，发挥个人的特长，重视个性发展，不是发展学生的个人主义。因此，对高中学生进行团结合作、互相帮助等优良品德的教育更应加强。

新大纲明确地提出了“发展学生的个性，培养学生的竞争意识，创新、合作和应变能力，以及自立自强、坚毅勇敢、顽强拼搏和开拓进取的精神”。这反映了教育改革培养目标的时代特征，对高中学生提出的自立、自强、勇于开拓进取的创造精神。特别值得指出的是关于“发展学生个性”问题。什么是个性？个性通常是指一个人的精神面貌，它是人在适应或改变现实环境的活动中形成的各种意识倾向和心理特征的总和。但是，问题并不是这么简单，它是由多层次、多侧面构成的结构复杂的整体。这些层次有：

1. 能力——完成某种活动的潜在可能性特征；

2. 气质——心理活动的动力特征；

3. 性格——完成任务的态度和行为方式的特征；

4. 活动的倾向特征——动机、兴趣、理想、信念等。

对于体育教学来说，发展学生的特长，是发展个性的一个方面，但不是全部，更重要的不是简单的结果，而是一系列的心理过程的动机、兴趣、理想、信念的倾向和完成“任务”的态度和行为。只有把发展学生的个性作为教育、教学目的重要内涵之一，才能有效地充分发挥学生的主动性、积极性和创造性。这就要求在教育教学过程中，应当把学生视为主体，把教与学看成是教师与学生的双边活动，不仅重视教师的教法，更要重视学生积极参与教学活动的学法。怎样看待发展个性与群体教育活动的关系呢？有人把发展学生个性与重视培养学生的群体意识对立起来，这是一个误区，这两者的关系是不矛盾的。社会观察和科学实验证明，离开社会群体，离开人际关系，个性是不可能形成的。个性属于社会范畴，它存在于通过个人与他人之间的关系，通过社会参与并与群体的人际关系表现出来的。群体中的人际关系是以微观的形式而存在的，但它又是受宏观的社会关系系统所制约的。其基本图式如图 5 所示。

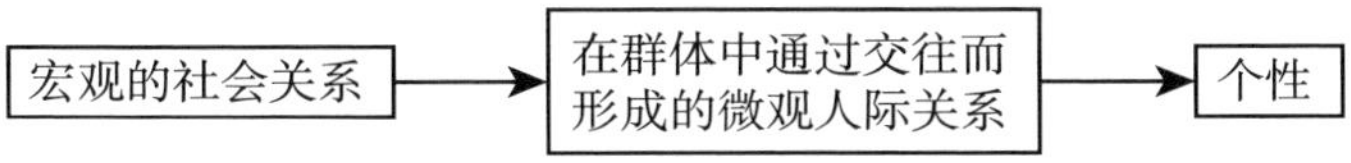

图 5　微观的人际关系

义务教育体育教材改革的研究与试验*

教材的编辑工作，必须在科学研究的基础上进行。其中不仅要进行理论上的研究与探讨，而且要进行教学试验，理论与实践相结合。九年义务教育体育教材的研究，涉及教育学、心理学、生理学和社会学等多学科的综合性研究。

根据体育学科的特点，九年义务教育体育教学大纲（包括小学和初中两部分）和相应的体育教材研究基本上是同步进行的。几年来基于对九年义务教育体育教学大纲的教育、教学实践证明，在理论基础上的研究是站得住脚的，教学试验证明是可行的。

课程、教材、教法是教育领域一门历史的，也是新生的研究课题。这一研究课题是连续、滚动式的，但在一定阶段又要得出阶段成果。

课程、教材、教法，积累了人类教育下一代的宝贵经验，这些经验有一定的稳定性，不宜频繁的变动。但社会是发展的，科学技术是发展的，教育事业是发展的，教育对象的知识水平在不断提高，课程、教

---

* 选自王占春：《王占春教育文集：学校体育的实践与研究》，人民教育出版社 2009 年版。

材、教法又要不断地发展变化。

课程教材这一研究课题，其中重要的研究内容之一，是依据什么编写和制订课程。历史上的争论，学术上的不同见解和主张，至今仍然存在。

一、九年义务教育体育教材改革的理论基础

（一）改变传统的教育观、教学观，把体育放到应有的位置

在人们关于体育在学校教育中的位置问题的公开讨论中，谁都不否认其重要性，并承认是教育中一个组成部分。但是，在实践中往往摆不上应有的位置，究其原因是人们在潜意识中并未将体育真正看作教育的重要组成部分。而造成这种现象的原因，既有理论上的认识问题，也有具体的实践问题。如果不走出认识上的误区，即使编出好的教材，在实践中也难以实行。

1. 体育是提高全民族素质的重要组成部分

体育（这里讲的体育是学校教育中的体育，不是竞技体育），不能完全等同于健康，因为体育要实现教育的综合目标；学生增强体质的目标，也需要学校整体的教育才能实现。但是，体育是改善学生健康，增强体质最直接、最有效的手段与方法之一。要提高全民族的素质，即科学文化素质、思想品德素质、身体素质和劳动技能的素质等，在重视发展学生智力、提高科学文化水平的同时，还必须重视提高对学生体力的投资。

传统的教育观念错误地把教育视为纯消费事业，不重视教育，不肯

向教育投资。党中央提出了科学技术是第一生产力，教育是发展生产、提高生产力的基础事业。发展生产、提高科学技术水平都离不开教育。近些年来人们都重视教育，加大向教育的投入。但是有的人认为发展教育就是智力投资，这种观点是正确的但是不全面的。建设社会主义，要提高全民族的素质。而人的素质不仅要有文化科学知识、优秀的思想道德，还应有健壮的身体。办好教育就是要培养德、智、体等全面发展的建设人才。当前人们对体育有一种误解，有人把体育只看成是竞技体育中得金牌，也有人无限扩大体育的功能。学校体育的总目标是育人，其中重要的是要发挥学校体育对增强学生体质的作用与功能，也可以说是培养人才中的体力投资。只有学生身体强健，他们优良的思想品德和文化科学技术能力才有充分发挥作用的基础。体育课程教材的改革，就应以提高全民族的素质，以培养德、智、体等全面发展的人才为目标。国家的这种投入不是“消费事业”，而是促进生产，提高生产，使国富民强的事业。

在确立学校体育的目标时，必须从体育在提高全民族素质的高度上认识这一问题。

2. 体育课程教材的改革要有利于终身教育和终身体育

在传统观念里，学生的体育往往被看成是在学校里的“玩耍”，或只追求在学校的短期锻炼身体的效果。事实上体育是一门科学性很强的教学科目，既有对学生进行教育的现实意义，又有对一个人成长的长远意义。体育在学校作为一个教学科目，包括理论与实践两个方面，它包括体育的基础知识、生理解剖知识、运动生物力学和运动生物化学知识、体育卫生保健知识、科学锻炼身体和评价锻炼效果的知识等学科理论；同时它又是实践性非常强的教学科目。要通过多种多样的锻炼手段，使学生掌握运动技能与方法，锻炼身体、锻炼意志，促进身心的健康发展。学校体育不仅要求学生把身体锻炼好，保证在学校完成学习任务，而且要为其终身体育打好基础。

鉴于以上的认识在编订体育课程教材时，所构建的教学内容应包含多种多样的运动手段与方法。

3. 正确对待继承与创新和国内与国外经验的关系

在体育教材的改革中要树立整体观，用辩证唯物主义思想做指导，正确地总结和继承我们的经验，同时汲取国外的先进经验，不能对传统的东西一概否定。有的人甚至提出“向传统开战”，不分良莠，一概摒弃。传统的东西有好的经验，也有陈旧落后的东西。我们的改革是批判传统中陈旧落后的东西，好的经验还要继承与发展。许多外国专家参观我们中小学体育课时，都十分赞赏我国中小学体育教学效果和严格的组织纪律性。当然，他们中间也有人说我们是“教师中心主义”。有的人欣赏外国的所谓自由化教学，一切以学生为中心，甚至认为上体育课教师管得越少教学效果越好，每节体育课都让学生自己定目标、选内容和学习方法。这种观点和做法否定了体育教学中教师的作用。根据学生的不同年龄阶段，在特有教学中规定出必要的基础知识、基本技术和基本技能的要求仍然是必要的。我们对待传统的东西要采取分析的态度，好的要继承、发展，不好的东西就要摒弃，既不能一概否定，也不能不加分析全盘接收。

至于外国的经验，我们要学习他们先进的东西，但不能一切照搬，特别是在社会科学、人文科学方面，更不能照搬。对先进的东西不积极学习、借鉴，我们就会落后，阻碍进步。学习外国经验要结合我们的实际，认为外国的东西一切都好，盲目崇洋媚外，我们一切都不好，是不符合事实的。新中国成立半个世纪以来，我们有自己的成功经验，有世界上最多的学校、教师、学生，我们怎么可能没有自己的好经验。我们既不能妄自尊大，也不要妄自菲薄。

4. 教材不能只从教师如何教出发，还要十分重视学生如何学

长时间以来，有的人相信“知识库”理论，把学生视为接受知识的“容器”，不管学生能否接受，只要往里装就行。不管学生是否有积极性和主动性，只要有教师教就行。体育教学中同样存在这些问题，在处理教和学这对矛盾时，我们往往比较重视和熟悉教师如何教，而对学生如何学，如何发挥学生的主动性积极性重视不够。因此，教学改革提出要发挥教师主导作用的同时，更要发挥学生的主体作用。我们在改进教学要求过死和在发挥学生积极性等方面已取得了不少成绩。但是，只从形式上理解学生为主体，因而放松了教师的责任，甚至放弃教师的主导作用，放松对学生的要求，提出“为放羊式教学恢复名誉”，这是错误的，这又走上了另一个极端。

体育教学内容的科学性关键要适“度”，度不够对人体的作用小，超过了度，就会损害人体的健康。教材要有利于中小学生的学习积极性，同时促进学生的正常生长发育。

（二）体育课程的改革要提高理论上的认识，加强教改试验

新中国成立后，经过三年的经济恢复时期，国家颁发了新的课程标准（后改为“教学计划”），我国中小学体育课程的第一次改革是从1954年开始的，并着手研制中小学体育教学大纲和教学内容，经过在

一些地区的改革试验，于1956年正式颁发了新中国第一部中小学体育教学大纲。这部大纲主要借鉴了苏联的经验，比较强调教材的全面性和实用性，对我国体育教学产生过重大影响，但是缺点和问题也同时存在。主要的问题是教材内容统得过死，内容太多、太杂，过分强调了以苏联大纲为“蓝本”。到了20世纪60年代，在总结我国经验的基础上，编订出新的大纲、教材，增加了我们自己的教材内容，把武术正式列入教材，提出从增强体质出发，教材体系、结构在统一基础要求的同时，允许有一定幅度的灵活性。特别是1978年编订的新大纲，标志着完全摆脱了苏联体育教学理论和实践的影响，按照我国的教育方针、培养目标、教学理论，建立新的课程教材体系。九年义务教育体育教学大纲是在1978年大纲的基础上，总结了新中国成立40年以来体育课程教材建设的理论与实践，并汲取了国外的先进经验，将现代教学论的理论与我国体育教学实际相结合，比较好地处理了继承与发展的关系。既总结和运用了我们过去已取得的成就和经验，又根据社会、教育以及体育科学的发展，进一步明确和建立了九年义务教育体育教学目标体系，相应编订教学大纲和教材，提出新的教学理论，改革了体育教材内容，使教材有了新的特色。

（1）必须进一步明确学校体育和体育教学的目标。

体育课程的改革不是凭空由一些人想出来的，或者想怎么改就怎么改。首先要解决的是体育课程设置和体育教学目标的问题。因为改革开放以来，学校体育界在目标的研究和探讨方面最为活跃。编订新的大纲应当根据什么目标？其中最难解决的是多功能论和“为主”论（以哪一个目标为主）。而且各方面都从不同角度，扩大体育教学的功能，都认为自己提出的功能是主要的。因此课程教材的目标和内容要反映出多方面的功能或其中的主要功能。

必须从整体观的角度，把体育放到教育的范畴里，并充分反映体育的学科特征，全面地理解体育的教学、教材目标。我们既反对只强调“为主”，而忽视其他功能，同时也不能忽视改善人体健康，增强体质这一体育的特殊功能。

功能是一种可能实现的、潜在性的特性，如何实现它还要根据教育的对象和不同年龄阶段的需要，去开发和实现这些功能，并将具有的功能变成现实的目标。在教材试验和向包括专家在内进行各种调查时，大家对九年义务教育的体育教材目标，都倾向于应当是以身体活动为手段，贯彻理论与实践相结合的原则，以锻炼身体、改善学生健康状况、增强体质为主要特征，促进学生的身心发展，实现育人的目标。这一主要观点在九年义务教育的教材使用中，逐步得到普遍认同。

（2）体育教学内容的改革

体育教学内容的改革，与学校体育目标的确立有密切的关系。目标不同，选编的教学内容也不同。即使目标确立之后，也还有如何编选内容的问题。因为体育动作、锻炼手段的种类很多，而这些技术动作对中小学生的年级要求并无严格的确定性，如各种球类项目难以严格划分哪一年级只能教哪种或不能教哪种。此外，理论和实践都已证明，接受九年义务教育的学生，不适宜只进行单一项目体育教学。应当用多种多样的内容、手段和方法，锻炼学生身体，并满足学生心理和兴趣的要求，这就要求对体育教学内容进行优选和科学合理的组合。义务教育体育教学大纲、教材内容的组合、配伍要做到科学合理，是义教教材改革的重要组成部分。

（3）教学方法的绝对化影响了教学改革

体育教学改革比较重视教学方法的改革，这是可以理解的。但是，如果过分夸大方法改革的作用，结果是改来改去不甚理想，改革的效果遭到质疑，主要的问题是不能用辩证的思想对待教学方法的作用。例如，把教学组织形式视为改革的关键，用新的固定形式反对传统的固定形式；强调教师主导作用，就不实行教学民主，强调学生是教学中的主体，就一切由学生自主；在克服教学要求过死的同时，又忽视教师在教学管理和教育方面的主导作用；等等。这些思想方法的片面性，也会影响到体育教材内容的改革。

二、编写义务教育体育教材的理论依据

理论来源于实践，又高于实践、指导实践。体育教学大纲是编写教材的依据。但是，教材不是大纲的说明或简单的具体化，教材是一种再创造，它不仅要正确地反映大纲的精神和教材内容的深度、广度、知识量，而且还应为教师的教和学生的学提供最佳的途径与方法。体育教材既要反映教育一般规律与特点，也要体现体育学科的特殊规律与特点。

（一）辨析体育学科的性质

体育课程及其内容与其他学科相比较，课程的共性是普遍存在的，同时又存在特殊性。因此，在教育领域通常将普通教育（主要初中以上）划分为理科类课程、文科类课程和艺体类课程。这样划分有许多不

准确的地方，科学的发展，往往使学科之间相互兼容，难以用简单的方法，绝对分为文、理科。更为不妥的是将音乐、体育、美术三科称为“技能技巧”课，这样区分学科就将音、体、美三门学科贬为单纯的操作技艺，掩盖和降低了学科的真实价值。以体育学科为例，其中有关人体部分，如人体生理、解剖知识、体育保健知识等和技术动作的有关知识（含运动生物力学、运动生物化学、技术动作规律和特点、训练学等）都应归属于自然科学；有关体育目的论、体育价值观、体育组织学、体育哲学、体育心理学等，也不能用文、理科加以概括。特别是体育在学校作为一个教学科目，其动态性强，而且这一学科的纵向衔接发展与横向联系，不容易形成某种稳定的定式。由于受社会、地域、家庭、学校教育和学生体质类型、健康状况、兴趣爱好以及学校形成的体育传统差异的影响，学生的体育水平很不一致。例如，滑冰、游泳、球类、技巧等内容是技艺性较强的项目，学生的年级、年龄较低的，可能接受得快一些。此外，受发展身体素质敏感期的影响，究竟在哪个年级学生的发展和提高得更快一些，与按年级逐步提高要求的规律并不完全一致。因此，教材的排列顺序和定量的要求，也绝对不能用等差级数上升的办法提高要求。至于把体育划在技能、技巧类课程，这是对学校体育认识上的错位和误区。教会学生掌握体育技术动作，乃至于发展为技能、技巧，也只是要达到的体育教学目标的一部分，而不是全部。体育学科是相对独立于其他学科，并与其他学科有联系的、理论与实践紧密结合的教学科目。它的特点主要是在相关理论知识的指导下，通过身体的实践活动，实现其目标的教学，是涵盖文理科和操作性很强的课程类型。

（二）确定课程教材内容的理论依据

由什么来确定课程教材的内容？自从有了教育或者有了课程，不论哪一历史阶段，哪一个阶级和国家，无论公开的主张是什么，都离不开该社会或国家经济和社会的发展向教育提出的基本要求；超脱不了人类社会已发现和积累起来的文化科学知识及其体系（根据不同类别的学校、不同年龄阶段的学生，从中选择一部分内容作为教材内容）；离不开受教育者身心发展的规律与需要的“三个基本要素”。但是，由于哲学观、教育观的不同，在历史上的中外教育家曾提出过各种不同的主张，如曾出现过“知识中心论”“儿童中心论”“社会需求中心论”的学说，而且至今也仍然有这种片面强调某一要素为“中心”的主张。这些“中心论”者，都不免有所偏颇。有的至今强调知识体系的系统性，比较重视传授知识、技能，因而脱离了社会的实际，与社会对人才培养的要求不相适应，同时也忽视了儿童自身的发展。有的按儿童发展的需要，只满足儿童的兴趣，甚至只要儿童高兴学什么就学什么，将知识分割，缺乏系统性、完整性，也不适应社会的需求。有的只强调教材内容要为社会需要和经济、生产等实际需要与应用，而不考虑其他因素，依据这种片面的理论构建课程教材，是很难完成综合的、完整的、全面发展的教育目标的。学校课程的根本目的，是通过教学向学生传授知识，培养能力，开发智能、陶冶品德、保证其身心健康成长，成为对社会有为有用的人才。为了实现这一教学目标，教材具有重要作用。

体育的课程教材，同样应以“三大要素”的要求来构建。

决定课程教材的“三大要素”与教育方针、目标和课程教材的结构、培养人才的规格有直接关系，其相互关系是按图 1 顺序进行的。

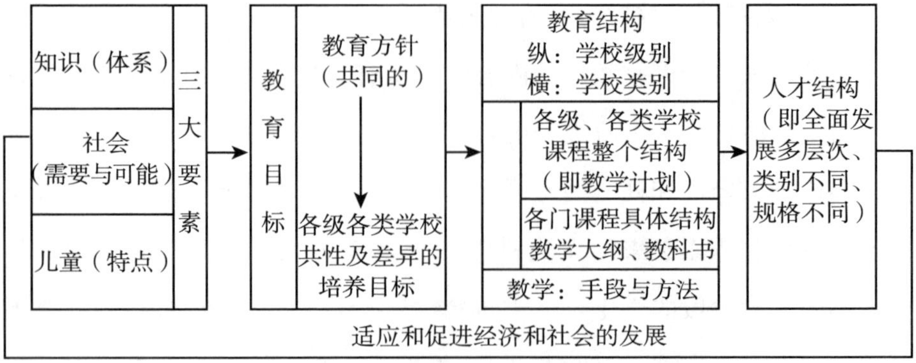

图 1 “三大要素”与教育目标、教育结构、人才结构的关系

（引自《中国近代课程史论》吕达，人民教育出版社，1994 年）

新中国成立以来，课程教材的建设与发展，是同我国教育的发展相伴而行的。学校教育是根据一定的社会要求和受教育者的发展需要，有目的、有计划、有组织地对受教育者施加影响，以培养一定社会（或阶段）所需要的人的活动。而课程教材的内容是对学生进行教育的“媒体”。因此，新中国成立四十多年的历史证明，无论对旧中国半殖民地半封建的教育思想、教育制度、教育内容、教育方法的批判，还是对我国优秀的历史文化遗产的继承以及社会主义革命和建设的各个阶段的发展，都会在学校教育和课程教材建设中得到充分的反映。一定社会的教育，受一定社会生产力、生产关系、经济基础和上层建筑制约。不同历史阶段的教育，具有不同的性质和特点。

我国的体育课程教材，同样受我国社会生产力、生产关系、经济基础和上层建筑的制约。尽管西方学者抹杀教育的阶级性、社会性、强调教育的根本性质是为了人，“为了人的权利、自由和个性发展”，但离开社会需要的教育是没有的。我们社会主义国家办教育，就是为了人民，为人的发展提供一切可能的条件。一方面为了社会主义建设办教育，培养社会主义需要的全面发展人才；另一方面又要通过教育促进青少年儿童在德、智、体各方面得到充分的发展。新中国课程教材的建设，就是遵循着这样的道路不断地调整和改革，使国家、人民的需要和青少年儿童的发展得到统一。社会是发展的，科学技术不断进步，教育要进行改革，体育教材也要进行改革。在体育教材的建设中，同各科教材的建设一样，要适应这种发展、进步和改革。四十多年来，我国中小学体育课程教材的建设，有成就也有失误，是在曲折的道路上前进的。

任何事物的发展，都不可能完全割断历史，有批判、有继承，才能有发展。

编选体育教材内容，构建体育教材，在依据前面所论述的“三大要素”理论的基础上，还要反映体育学科特点的理论和原则。体育教材内容必须为提高全民族的素质，特别是增强学生体质，提高身体素质，为终身体育奠定基础。中华人民共和国的公民都要接受九年义务教育，在这期间通过学校的教育，科学地进行体育教学，加强学生的体育锻炼，促进青少年儿童的正常生长发育，改善健康状况，体质得到增强，就为提高整个国民素质奠定了基础。

体育教材内容，还要根据学生的生长发育规律，技术动作的形成规律和体育能力发展的规律，选择和构建体育教材内容。

三、义务教育体育教材是怎样构建的

体育教材与其他学科的教材有很大不同。可供选择的体育教材内容的素材非常广泛，如果单纯从某一个目标编选教材内容，都会有所偏颇，有人主张只学打篮球，有人主张只学武术，或者其他健身方法。但是，正如前面所论述的，必须从育人的目标出发，实现教育的综合目标。因此，首先要确定体育教学目标，而后根据目标优选和组合教材内容。关于教材内容用多种多样的手段与方法，还是只用一种手段与方法作为体育教学内容，这在20世纪50年代后期曾经有过很大的争论。有人甚至在这一争论中受到不公正的批判。几十年的体育教材建设实践证明，不论是全面锻炼身体的需要，还是学习体育文化的需要以及满足少年儿童兴趣和好奇心理的需要，只学习一两样教材内容，只作为增强健康的手段，对中老年人可能是可行的。但作为学科教育的内容，作为中小学生体育教材内容，所谓方法取少的办法是不成功的。教材内容的多与少必须有一个“度”，这个“度”是体育教材内容研究的重要方面。

（一）建立完整的目标体系

学校体育的目的任务（目标），经过多年的实践，在我国归纳为“一个目的，三项基本任务”。因为这样归纳，既较完整地概括了体育目标，又便于记忆和操作。因此，这种提法得到了多数人的共识。“一个目的”，即育人的总目标，虽然也有些争论，但基本上是认同的。争议比较大的是在“三项基本任务”认识上不一致，并依据对学校体育功能的理解，分别提出四条、五条、六条任务。但是，增加的条目都不相同，如美育的要求、习惯的培养、娱乐体育和终身体育等。与其无限增加条款轻重难辨，不如集中在三条之中，完全可能概括主要的内容。以九年义务教育初中体育教学大纲、教材为例，“一个目的，三项基本任务”提得全面、明确、具体，既是选材的标准，又是体育教学的依据，其具体内容如下：

“一个目的”（以初中为例）是：通过体育教学向学生进行体育卫生保健教育，增强学生体质，促进身心发展，培养德、智、体全面发展的社会主义建设者。

体育教学的“三项基本任务”（以初中为例）如下。

（1）全面锻炼学生身体。促进学生正常生长发育、身体形态、身体素质和人体基本活动能力的全面发展；增强学生对外界环境的适应能力和对疾病的抵抗能力。

（2）学习基础知识，掌握基本技术，发展基本能力。向学生进行体育、卫生保健基础知识教育，使学生懂得简要的科学锻炼身体的理论与方法，提高体育、卫生文化素养；掌握体育基本技能和基本技术，为升入高一级学校或走向社会独立从事身体锻炼打好基础；科学锻炼身体、提高日常生活和生产劳动的基本活动能力，掌握一般的体育娱乐方法。

（3）向学生进行思想品德教育。通过体育教学，把学生的身体锻炼和社会责任感相联系，教育学生热爱共产党，热爱社会主义祖国，树立群体意识，培养组织性、纪律性、集体荣誉感和经常锻炼身体的兴趣与习惯；发展学生个性，锻炼意志，培养勇敢、顽强、朝气蓬勃和进取向上的精神；培养文明行为，陶冶学生美的情操。

体育教学的三项基本任务小学和初中基本上是一致的。小学比较强调促进学生生长发育，重视打好基础，技术动作和量化指标比较低，初中是在小学的基础上提高要求，是相互联系不可分割的整体。身体锻炼是本学科的鲜明特点，只有在身体锻炼的实践活动中才能发展学生的身体素质和运动能力，增强体质，促进身心全面发展。如果排除身体锻炼的任务，体育教学将失去实际作用。但是，身体锻炼也要通过学生学习和掌握知识、技能来完成，在掌握体育知识、技能的过程中，更好地促进身体锻炼和健康心理的发展。培养良好的思想道德观念和优良品质，又可以更好地促进身体锻炼和掌握体育知识、技能。

“一个目的”和“三项基本任务”是义务教育教材的总目标，根据这一目标，建立了整体目标、分目标和微细目标的体系（见图 2）。

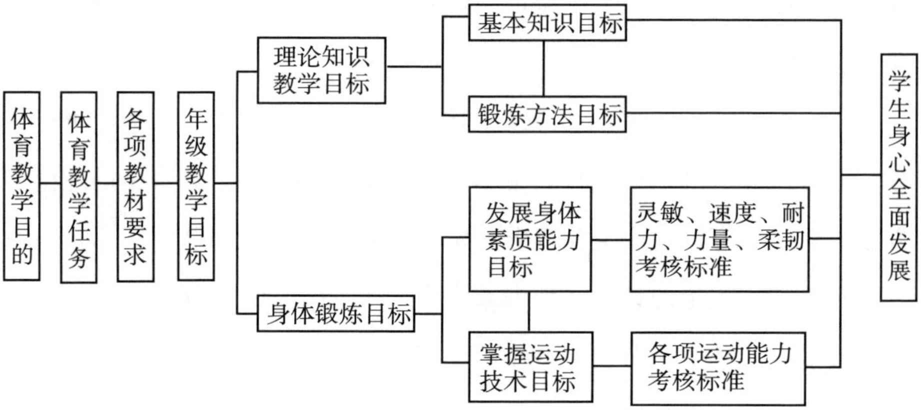

图 2　目标体系

这一目标体系，形成了纵向的（各年级的层次目标）和横向的（年级内各项教材内容的目标）网络。目标体系概括地提出了可供优选教材内容的素材项目，根据这一目标体系的要求，再具体组合，配伍教材内容。

（二）根据目标体系选择、组合、排列教材

1. 从有关教材中优选配伍教材

体育教材的内容，各个国家尽管有所不同，各国的体育教学内容都不同程度地反映了本国和本民族的特点。但由于世界体育文化的融合与发展，一些主要的内容是相同的，与本国的体育内容可以兼容并包。根据体育教材的特点其主要内容都不可能只出现一次，也不可能将教材年级之间截然分开，或者学完一次再也不用教、学、练了，其特点是不断地重复练习、巩固、提高，以便不断地用来锻炼身体，使技术动作逐渐完善，运动能力不断提高。这种“完善”和“提高”是循序渐进的，关键是由目标与要求加以控制。有人把某些运动项目选为教材，只是因为其动作结构与竞技体育的比赛项目的结构和方法相同或相似，就把它斥为都是“竞技化那一套”。并多以选编的教材内容，在动作结构上与竞技体育项目相似，如跳远踏板和蹲踞式起跑都已“竞技化”了，也有提出“竞技项目教材化”。如果以简单的形式逻辑推断，认为只要与竞技项目有相同的称谓就认为是“竞技化”，就必须摒弃“体育运动项目”，这实际上是不可能的。

可作为教材选用的有关素材非常丰富，首先应当把素材分类。分类的方法及其意义，各种分类方法的优缺点，前面已经讨论过，其精选配伍的顺序，将素材变成大纲，根据大纲编出教材，教师在使用教材时再编订教学工作计划，其操作流程如图 3。

2. 教学内容强调理论与实践、体育与卫生保健的密切结合

体育在中小学是一门教学科目。体育本身作为教学科目既是教育、教学的目标，又是进行教育、教学的内容、方法和途径。因此，要改变传统的观念，把体育只看成是锻炼身体的手段，忽视其理论和方法的意义，以及对思想和心理的培养意义；或者只重视教技术，忽视身体锻炼的意义，不重视其实践性的特征。在体育基础知识方面，克服了不只是

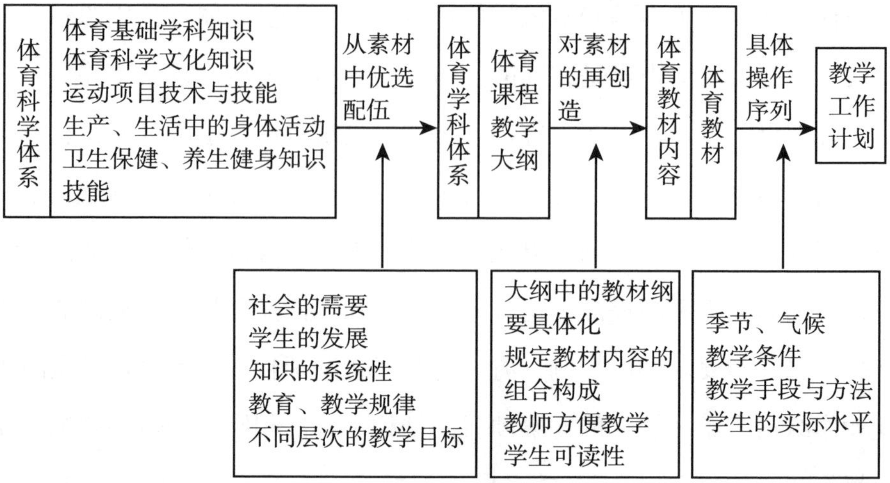

图 3　素材、大纲、教材、工作计划的流程

一般零散知识和常识的堆砌，而是重视体育的文化和卫生保健知识的全面性与系统性。这里讲的全面性和系统性是相对的，是与只是零散地介绍一点互不联系的知识相比较而言的，这里所包括的内容是根据中小学生体育学科教育的目的任务的需要和应当学习又可以接受的知识。使教师和学生明了只进行身体锻炼，而不遵循卫生保健的原则和原理，不仅达不到健康的目的，有时还会适得其反。理论知识中包含了体育基础理论知识和卫生保健知识，以及身体锻炼的科学方法。

3. 体现和反映我们民族和中国社会主义的特色

文化、教育是不断发展的，如果不汲取其他国家和民族先进的经验，本民族和国家的文化、教育也不能发展。但是，如果丢掉了本民族的特色，这个民族和国家也不可能兴旺发达。新大纲和教材将原来民族传统教材武术，扩充为民族传统体育。它以武术为基础，增加了“八段锦”“五禽戏”，以及其他养生、健身的功法和手段，重视民间的体育形式。在大纲的结构、表达方式等方面，在尊重体育的科学术语、一般特征的同时，体现我们中华民族文化的特点和社会主义的政治方向。

4. 教材内容和方法反映了现代体育的发展和时代的特点

体育在学校是教育的手段，也是学生自我体验的文化和娱乐的一种形式。新大纲中增加了学生所喜爱的韵律操、舞蹈和反映生活的游戏。韵律操、舞蹈等教学内容包含着优美、健康、活泼的乐曲。

5. 强调加强基础教育，发展学生的学科能力，克服以竞技项目为中心的倾向

这里提的“克服以竞技项目为中心的倾向”，是不以竞技项目为“主教材”而将其他教材都作为辅助教材，按竞技体育为核心构建教材内容，而不是排斥竞技项目作为教材内容。

整个大纲的指导思想，强调增强学生体质，对人的培育，教学要重视学科能力的发展。关于对学科能力的培养，以及学科能力的发展内涵，有各种理解。大纲的内容，对跑、跳、投、悬垂、支撑、攀登爬越、举起重物、平衡、角力等基本能力的教材，反复排列不断重复。田径、体操、球类、武术，重视基本功的传授，在教学中不追求精、尖、深，以发展学生自练、自调、自控、自检、自测能力的方向为导向（见图 4）。

6. 实践部分的教学内容，采用综合分类方法，增加选修教材内容比重，贯彻统一性与灵活性相结合的原则

我国的中小学体育课程教材建设表明，中小学体育教材采取任何一种单一的分类方法在分类逻辑上都难以自圆其说。国外有关课程教材的探讨也没有很好地解决这一问题。这里所提出的综合分类方法，即不单

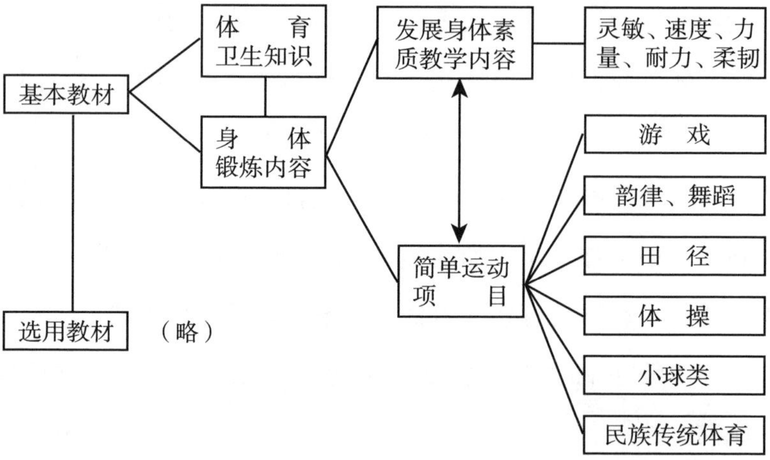

图4　小学中高年级、初中的教材内容

纯以某一分类标准排列教材，而是从不同角度达到同一目标，主要概括为以下各点。

（1）中小学各年级教材，都贯彻统一性与灵活性相结合的原则，教材内容划分为基本教材（统一要求的主要教学内容）和选用教材两大部分。选用教材可结合本地区和学校情况，选用地区性或具有民族特点的乡土教材，小学占20%～30%，初中占30%～40%。

（2）根据一至二年级小学生的年龄特点，教学内容强调以传授基本动作为主。教材内容划分如图5所示。

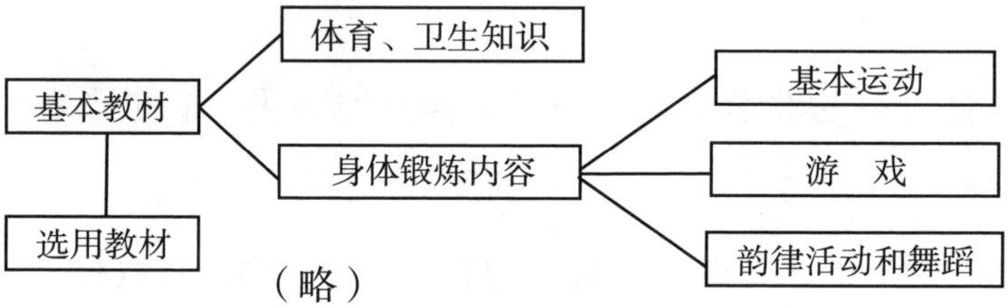

图5　小学一至二年级教材内容

（3）小学三年级以上的各年级，身体锻炼部分的内容基本上采用了按运动项目分类的方法，但明确规定球类项目，学习小球类有别于成人的球类项目；田径、体操也不强调比赛的典型运动项目。为了加强身体素质训练，发展身体素质的教材单独划分为一大类，其中包括的内容大部分规定了量化指标。教材内容结构如图 6 所示。

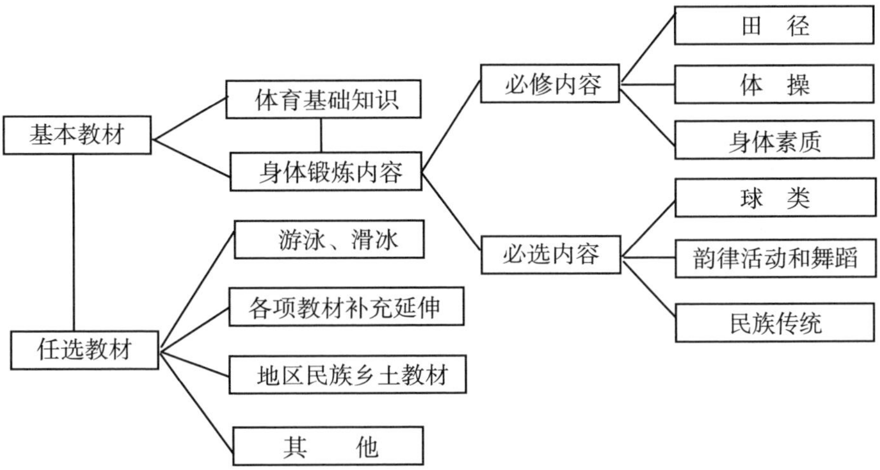

图 6　教材内容结构

（4）初中体育教学大纲中，教学内容的分类方法，一方面加大了选用教材比重的灵活性，另一方面拓宽了选用教材的幅度和领域。基本教材分为“必修”和“必选”，必选的意思是在大类必选，如必须学习球类教材，而“选”的意思是教和学哪一种球可以由学校、教师、学生决定。由于南北方气候条件的不同，各地和各民族、民间体育项目的不同，在任选教材内容中增加了游泳、滑冰以及其他民族、民间体育项目。

（5）为了解决教学时数少、教材内容多的矛盾，九年义务教育体育教学大纲，对小学三年级以上各年级教材的一部分内容，采取间隔排列或组合配伍的方法，精减一部分教学内容。例如，在同一年级中，出现跳远不出现跳高，下一年级出现跳高不出现跳远。此外，将单杠、双杠、技巧、支撑跳远采取同样的办法，分组排列教材。

在历次的体育教学大纲中，都有“基本教材和选用教材”的提法，分类逻辑的对称是“必修”和“选修”，这里说的“基本教材”具有必修的意思，但是指最基本的、应当学的、提倡学的，与必修的规定性有所差异。

（三）确定教材内容的量和度

体育教材内容，与其他学科相比既有一般的共性，又有其特殊性。例如身体锻炼的实践教材，就不同于小学语文教材中的识字教学，它可以规定在小学三年级以前识字的数量。体育教材内容就难以确定小篮球投篮在各不同年级的投中率；其他学科教材内容可以提出“避免重复”，而体育教材内容，以跑、跳、投的动作形式，田径、体操、球类、武术的技术动作不可能练一次以后就不再练了。因此，在如何确定教材的量和度时，必须考虑以下几方面的问题。

1. 体育教学目标不可能一次实现

体育教学目标是滚动式、逐课、逐年实现的。每堂体育课都是完成总目标的组成部分，是向总目标滚动中前进的一个步骤、一个环节、一个梯次，最后目标的实现是累进的。

2. 同一动作的重复是体育教材内容的特点

重复是不可避免的。人们在讨论教材的重复时，往往以贬义词对待。体育教材只有不断地重复某些动作，才能促进人体相应器官的有效发展。但是，这里所讲的重复不是简单的、原地“踏步式”的重复，而是使学生更熟练地掌握动作，改善动作的训练程度，提高动作的难度，增加定量指标的要求，全面地锻炼身体。因此，体育教学必须是在不断重复、螺旋式提高的基础上提出新的要求，有些动作形式的重复出现是必然的，是实现教学目标的需要。

3. 教材内容的量和度必须面向全体学生

依据目标编选的教材内容必须面向全体学生。体育教学与运动训练不同，体育教学的内容首先是面向全体学生，同时注意因材施教，使每个受教育的对象都得到发展与提高。所确定的目标必须是经过努力大部分学生都可以实现的，只有少数学生因为种种原因可能实现不了大纲设计的目标。还有一部分学生超过平均水平。这样设计的目标是作为控制、检测和评估的手段的参数，对完成目标任务有困难的学生进行帮助。对于超过标准的学生要鼓励他们继续前进，而不是限制学生的发展。

根据这一原则，义务教育体育教材，除了对技术动作提出一定的规格要求外，每项主要教材还提出了数量指标的要求。在确定这些指标要求时，必须保证其是经过努力才能完成的，同时要有利于学生的健康，保证安全。

4. 根据各年级教学目标，确定各项教材内容的比重

各年级的授课时数分配比重，是控制选材的数量、难度的依据之一，根据分类排列出的教材序列，由简到繁，由易到难，由低到高排序，各不同类别和项目的内容，按各不同年级的授课时数比重分割教材内容。各项教材内容比重及其构成，是依据各项教材内容对完成不同年级教学目标任务的意义确定的。例如，按其教材意义排序是：基础理论

知识都占有稳定的比重，基本教材和选用教材是 7∶3，高中选用教材可增至 50%。基本教材的实践部分，小学低年级的比重排序是：基本运动—游戏—韵律活动和舞蹈；中年级以上排序是：体操—田径—民族传统体育、小球类和韵律活动与舞蹈—发展身体素质练习。初中的排序是：田径—体操—球类—民族传统体育和发展身体素质练习—韵律操、舞蹈。授课时数根据各项教材的特点、在体育教学中的作用确定。

教材内容时数分配，不仅是控制选材的标准，也是编制体育教学工作计划、单元计划的依据。因为体育教材内容的特殊性，有些教材内容不能完全取决于需要多少时间教学，而是根据规定的时间去如何教学、教到何等程度。例如，很难根据 100 米快速跑，确定教多长时间，而是根据授课时数如何安排 100 米快速跑教学。100 米快速跑一经出现后，就可以不断地在各年级出现，用 100 米快速跑发展速度素质，同时在跑的过程中又不断地改进技术，提高快速跑的能力。这里讲的改进和提高都是相对的，因为 100 米跑的成绩提高到一定程度，即本人的“高峰期”，就不可能再提高，甚至还会有所下降，但这种负增长一般在义务教育阶段不应出现。

关于各项教材内容的授课时数比重的规定有何意义？是否科学？这是长期有争议的问题。因为体育教学内容，即使对个体学生制订科学的运动处方，也不可能像开中药方一样，规定哪项教材内容一定教几次课，而且规定授课时数比重的依据是以学会动作为标准，还是以锻炼身体的效果为标准？实际上这些问题的答案较模糊。规定授课时数比重是教材编者根据教材内容的价值判断和实现教学目标的需要的一种假设和提倡，作为确定教材内容的参考。

（四）对体育课成绩考核进行了改革

根据九年义务教育大纲精神，体育教材建立了结构考核办法，由学生出勤和学习态度、体育、卫生基础知识的掌握程度、体育技术、技能的水平和身体素质、运动能力测验、指标构成考核内容。改变过去只将几个测验项目的成绩最后测验的结果作为考核的主要依据来评定学生成绩的办法。新的考核办法，可激励学生全面学习，也有利于教师综合考查和评价学生的体育成绩，降低甚至消灭不合格率。

四、九年义务教育体育教材的试验

九年义务教育体育教材的试验是严格按科学实验办法设计、试验、进行科学评价和可行性评价的。所得数据和分析结果，证明了教材的社会主义方向性与目标体系、教材内容的科学性和可行性，与原来设计是相符的。

五、九年义务教育体育教材编写的经验、结论和建议

（一）几点基本经验

新中国成立以来，学校体育、体育教学是在不断改革和完善中发展的。这种改革是在教材改革与体育教学改革相互促进中进行的。我国中小学的课程计划、教学大纲是由国家制订的，它是国家教育行政部门指导性的文件，具有相应的指导性和权威性。因此，每次新的课程计划、教学大纲的制订与颁发，都反映了我国的社会发展、科学的进步和教育

改革的新成就，同时推动和促进了教学的改革。九年义务教育课程计划、教学大纲都起到了指导推动教学改革和教材建设的作用。体育教材改革与体育教学改革一向是相互促进、相辅相成的。教材改革推动了教学改革，教学改革促进了教材改革。义教的体育教材改革，反映了新中国成立以来体育教学建设的基本经验。中小学体育教材和教学改革与发展，可以概括出以下几点基本经验。

1. 课程教材的内容和教学改革，必须反映我国社会主义建设的需要，为国家培养合格人才，服务于我国社会的发展与进步。

2. 体育教材内容和体育教学改革，必须适应学生不同年龄层次的身心发展，以提高我国全民族的素质。根据体育学科的特点，把育人作为最高目标，通过体育教学活动，改善学生的健康状况，增强学生体质，重视培养学生的健康心理和顽强、勇敢、朝气蓬勃的精神及优良的思想品德，促进学生德智体的全面发展。

3. 加强基础，在体育教材的编写和体育教学改革中，应重视体育基础知识、基本技术的训练，发展能力。体育作为一个教学科目，要将体育与卫生保健教育结合起来，建立理论与实践相结合的、新的学科体系，提高学生体育的文化素养。

对中小学生来讲，加强基础，主要表现在：促进学生的正常生长发育，打下良好的体质基础，身体素质和运动能力得到全面的发展，体育的知识、技能学得扎实，为以后的发展奠定坚实的基础，培养对体育的兴趣和爱好，养成经常锻炼身体的习惯。

4. 教材内容，要反映现代社会发展、科学文化的进步和时代的特征，有利于启发学生的智力发展，培养学生积极的思维和开拓进取的精神。教材内容要现代化，要反映科学技术的进步，但不是简单地把一切科学成果都放进中小学教材，基础教育的“基础”，就是根据中小学教育、教学目标，精选最基本的内容。

体育的科学成果日新月异，不断进步、更新。但是，必须区分学校体育与竞技体育，二者既有联系又不等同。把体育教学搞成“竞技化”不正确，把运动项目排除在体育教材、教学之外，同样是不正确的。运动项目作为一种体育文化现象，在体育教学中完全可以有选择地使用，用以实现体育教学的目标。

5. 使每个学生都能体验自己的成功和参加体育的乐趣，养成积极参加体育锻炼的习惯，为终身体育打下良好的基础。学生体验体育的成功和乐趣，既是体育学科的目标又是激励学生的手段。成功和乐趣，失败与挫折（甚至痛苦）是相伴而生的。成功和快乐是经过磨难，并在克服困难中体验到的。只追求表面的、一时的快乐是不会长久的，没有磨难的乐趣，不可能培养出为成就事业而坚韧不拔的国家栋梁之材。

终身体育不能只理解为“学会一种运动手段可以终身受用不尽”，因为这种手段是不存在的。相反，初中以下的教学应当用多种多样的体育内容（包括运动项目）锻炼学生身体，使学生得到身体的全面锻炼，体验多方面的体育内容，诱发他们的兴趣。即使高中教学，也不宜只用一种内容与方法进行。体育的内容与方法是与学生的年龄层次和整个人生不同阶段的不同需要相适应的。终身体育是从终身教育引申来的，但终身体育与终身教育不同之处，在于终身教育是给每个人的一生，都有学习的机会；在转换自己的职业时，有接受培训的机会；打破所谓正规教育和非正规教育的界限，在任何年龄段，个人只要有需要、条件允许，都可以通过各种不同的形式，学习自己喜欢学习的东西。终身体育，就是终生锻炼，很大程度上依靠自学、自练、自我调控和自我评价。做到这一切的关键是打好基础，掌握有关的理论与方法，在不同的年龄段、不同的健康状况下，选择相应的锻炼手段和方法。在成年，特别是中老年以后，人就不适宜锻炼青少年应当锻炼的内容。社会应为终身体育提供必要的条件，物质条件和指导条件。

6. 体育教材内容和体育教学，必须面向全体学生，使每个学生都积极地参与，都得到发展，并在面向全体学生的同时，使学生个性得到发展，因材施教，发挥特长。由于体育的特殊性，许多体育项目要从小抓起，为国家培养后备人才。但是，任何一个教学科目，都不可能通过一般的普通教学课，在课堂上直接培养出专业人才，要从全体学生出发，但不是齐步走，更不是限制学生的发展。因材施教，就要在全体学生得到发展的基础上，对于不同条件的学生，给予不同的要求，发挥他们的特长。但绝对不能为了少数人的提高，而丢掉了大多数人。体育课只能是打好基础，发现人才，为继续提高提供条件。对体育基础好，又有运动才能的学生，还要通过校内外专门的运动训练，发展其特长，提高他们的运动水平。

7. 体育教材的内容必须是统一性与灵活性相结合。有一种观点认为，我们国家大，发展不平衡，全国没有必要编通用大纲。经验证明，国家大，各地条件、水平不同，更有必要由国家制订和颁发全国通用的大纲，以起指导作用，促进全国各地的发展，并用以衡量和评价各地的水平。一个国家、一个民族要有共同的方向、统一的通用教材，对于提高全国人民的身心素质具有重要意义。统一并不是不区分条件强求一律，有统一性还要有灵活性，以适应各地区不同的发展水平和学生的差异。因此，除大纲规定的内容与要求各地有一定的选择性外，还可以编写乡土教材、补充教材，调整教学要求。

8. 体育教材和教学的改革，应当把相对的稳定性和开创性结合起来，一切改革都应经过试验，总结经验再推广。一哄而起，朝三暮四，不断提出“新”口号，不经试验就强行推广其结果都是欲速则不达，反而推迟了改革的进程。学校体育教材、教学改革必须按教育、体育的规律办事，急于求成，用短期突击的办法，强制达标，不仅达不到预期效果，甚至会损害学生的健康。中小学生的体育必须提倡经常锻炼，循序渐进，逐步提高。

9. 加强领导，重视学校体育，把学校体育摆到应有的位置。要建立一支具有敬业精神，师德高尚，勤奋好学，有较高的业务能力，认真负责，热爱学生的体育教师队伍。

（二）结论

九年义务教育体育教材，作为一个研究的课题，涉及课题的设计（主要是编写方案，试验计划）、理论探讨和可行性实践以及几年的教材使用，从试验和使用的结果来观察和分析，教材是符合课程计划和大纲要求的；在全国使用教材地区的试验和试行，凡符合教材原设计的使用对象（占75％的基本合格学校、教师、学生）范围内试行，基本上是可行的；凡使用这套教材的学校，不同程度地带动了体育教学改革，学生的体育水平和健康状况得到了提高与改善；通过撰写文章对教材的论证、宣传、介绍，举办全国性的、不同层次的教材培训，教师认真研究和使用教材，积极进行体育教学改革，提高了教师水平，推动了体育教学的改革。

教材的不足主要表现在教材内容仍然偏多、偏杂，教材内容的重点还不突出；有的教材内容要求不够明确，教师不便操作；教材按原来设计，应编出文字教材、音像教材，至今尚未配套出全，摄制出的教学录像带由于资金、技术等问题，尚未正式发行，给学生编的课本刚刚起步。

体育教材的插图十分重要，如何进一步充分利用科技和电化教育手段，改进和提高插图质量是提高体育教材质量的重要课题之一。

作为科研课题，对教材的使用状况缺乏点面结合连续的跟踪试验研究。由于研究的组群不固定，研究题目不统一，没有充足的、信度较高的完整数据作为判断成功与失败的依据。

（三）建议

1. 国家应重视组织“国家队”，采取专业编辑、学科专家和优秀教师三结合的队伍，将常年的研究和一定时期的集中、集体编写相结合，编出一套高质量的教材，不会影响地方编出有一定特色的教材。“一纲多本”的方针是对的，但“多本”必须是有条件的，编出各具特色的教材，再经过严格的审查才能在规定的范围内使用。

2. 教材的研究也应设立一定数额的专门研究人员，专职和兼职相结合，有固定的经费，按课题有计划、有系统地进行研究，特别是有一定数量、固定组群的跟踪试验研究。

3. 组织有关教材的理论与实践的科学讨论会、论文报告会，并在有关刊物上设“教材研究”专栏。

4. 建立教材研究和优秀教材的评选和奖励制度。

新中国中小学体育教材建设五十年*

新中国五十年以来的辉煌同样展示了课程教材建设的辉煌。新中国的历史证明，无论是对清除帝国主义、封建主义和官僚资本主义的影响，还是对我国优秀历史文化遗产的继承与发展，以及我国社会主义建设的各个阶段的成就，都会在学校教育的课程教材建设中得到充分的反映。因为，一定社会的教育，受一定社会生产力、生产关系、经济基础和上层建筑的制约。不同的历史阶段的教育，具有不同的性质和特点”。

不论西方学者如何抹杀教育的阶级性和社会性，片面强调教育是“为了人的权利、自由和个性发展”的，离开社会需要的教育是没有的。我们社会主义国家办的教育，一方面是为了培养社会主义现代化建设所需要的人才；另一方面是通过教育促进青少年儿童自身在德、智、体等方面得到全面和谐的发展。新中国的教材建设就是遵循着这样的道路不断地改革、调整、发展的。只考虑国家和社会的需要，而不顾青少年儿童的发展，是不符合办教育的规律的。反之，只考虑受教育者的“自身

---

* 原载《中国学校体育》1999年第5、6期。

发展”，而根本不考虑国家的社会发展需要的教育，实际上是不存在的。社会在发展，科学技术日新月异地进步，包括体育在内的各科教材建设，都必须适应这种发展和进步。新中国成立五十年来，中小学体育课程教材的建设，虽然期间有过曲折，甚至失误，但是，就其整体来看，成就是巨大的，同我们伟大祖国的社会主义建设一样辉煌。

任何事物的发展，都不可能割断历史，有批判、有继承，才能有发展和提高。

我国体育课程教材建设的历史与学校体育教学改革是同步发展的。关于体育课程教材发展的分期以及成功与失误还没有人做过系统的研究。由于受篇幅的限制，本文现仅就五十年来中小学体育课程建设的基本经验以及本人的认识，概述如下。

一、研究中小学体育教材建设的基础理论问题

理论联系实际，从实际出发，是我国五十年来中小学体育课程教材建设发展的基本经验。

（一）确定学校体育和体育教学目标是编订体育课程教材的核心问题

实践告诉我们：整个体育教学大纲、教材的编订工作，都是围绕体育教学目标的确定而进行的，特别是改革开放以来，关于体育教学目标的研究更为活跃。编订体育课程教材，究竟以什么为目标？其中最难解决的是“多功能论”和“为主论”的争论。而且各方都可以从不同的视角，论证自己观点的正确性，并都认为应当根据自己（包括相同观点的

群体）的主张编制课程，编写教材。

在体育教学目标的讨论中，谁都不否认体育教学目标的多元性，不可能只有一个目标，但都认为必须有所侧重，而且在诸多目标中必然有一个本质的，或称为主要的目标。如：

以改善健康状况，增强体质为主要目标；

以学习和掌握体育知识技能为主要目标；

以竞技教育，提高运动水平，为国家培养尖子运动员打基础为主要目标；

以培养学生参加体育锻炼的主动性、积极性和锻炼习惯为主要目标；

以满足学生娱乐心理，享受体育乐趣为主要目标；

以给学生奠定终身体育基础为主要目标；

以提高学生的心理素质和体育文化素养为主要目标；

以体育锻炼为手段，对学生进行思想品德教育，培养优良品德为主要目标；

以身体活动为手段，促进学生身心发展，达到育人的目标等。

上述这些目标尽管有的过分强调某一方面，有失偏颇，但一般都应纳入学校体育或体育教学的目标内容。不过另有一些提法，却模糊或掩盖了学科的性质。例如，有人提出未来的体育学科应以“公关”为主要目标，并要以此为依据，构建一套非身体活动的“公关”教材内容。

我们研究和讨论问题，必须树立教育的整体观，充分体现体育学科的特点，根据体育学科的特点来研究和论证体育教学的目标。

体育教学的目标，是不能自然实现的。同样的教学内容，由于所赋予的教育教学目标不同，在教育教学过程中施加的影响不同，所产生的教育教学效果也不同，甚至有质的差异。所以要把学科的教育作用，由可能性变成现实性，是要经过科学的选择，师生的共同努力，以及整个教育的相互配合才能实现的。“为主论”也好，“多功能论”也好，都忽略了教育工作的整体性和特殊性的研究。应当抓住育人的总目标，分阶段、分层次，根据学科的特点和学生的实际情况，通过体育教学的全过程，使学生在学习和掌握体育知识技能过程中，达到改善健康状况，增强体质，促进身心发展，最终实现育人的总目标。如果把体育学科目标，概括为锻炼身体和增强体质的目标，学习和掌握知识技能的目标，以及对学生进行思想品德教育的目标，那么，最能反映学科特点的，其他学科教育都不能替代的就是增强体质的目标。

从在体育教学中发展学生认知能力，以及实现目标的顺序和过程来看，当然使学生掌握体育知识技能，是教学中首先要解决的问题。而且体育教学的所有目标都是在学生掌握知识技能的过程中实现的。

（二）如何选择和确定体育内容及内容分类问题

锻炼身体和运动员比赛的内容与项目，不断丰富，而学生的体育课程受目标、授课时数、班级人数、教学条件和地理、气候、民族文化等多种因素的影响，不可能也没有必要把所有的体育活动内容和运动项目都搬到体育教材中来。体育教材内容的选择，是体育教材内容构建最大的困难之一。不论怎样精简教材内容，都难以令人满意。例如，有人提出学生既然喜欢踢足球、打篮球，又能锻炼身体，为何不进行单项体育教学；教材的灵活性为什么不能再大一些？甚至有人主张把教材内容的选择权，完全放给学校、教师，特别是学生，他们喜欢上什么内容就教什么内容。如果这样体育课岂不变成了学生自由活动了吗？

几十年教材建设的理论和实践表明，少年儿童的体育课不宜于搞单项教学，他们需要用多种多样的手段和方法来锻炼身体，满足他们多种尝试和兴趣要求，给他们有较大的选择性。而且少年儿童的兴趣是变化的，是在参与各种运动中，不断选择并逐渐形成自己运动倾向的。体育教材内容有一定的广度，经常会让人批评“蜻蜓点水”；而教材内容少一些，又会被批评为教材重复，“从小学一年级到高中都学前滚翻”（实际上并非如此）。其实，教材的精练与教材内容的多样性并不矛盾，关键是如何优选、配伍和构建。目前我国已在体育课程教材建设中，实行“一纲多本”，甚至是“多纲多本”，总的趋势是加强了教材内容的选择性。我国现行的体育教学大纲和各地编写的体育教材，内容的组合与分类是否科学合理，还需实践验证。现将现行多种版本体育教材内容的构建与分类分析如下。

1. 以全面锻炼身体为主，按人体解剖部位分类

如把活动方式分为上下肢运动、躯干运动、跳跃运动和全身运动等。这样组织体育教材内容，有明显的目的性，主要是培养人体的正确姿势，全面锻炼身体。早期西方的体操就是这样组织教材内容的。大都以徒手体操为主，方法简单，健身效果也不错。但这种徒手操活动，单调、强度小，对内脏器官的机能影响不大，而且也忽视了人体的整体性。它的最大缺点是忽视了体育的心理价值。这种分类徒手操，只能是中小学体育教材中的一种内容。

2. 以发展人体基本活动能力为主的分类

以走、跑、跳跃、投掷、攀登爬越、悬垂支撑和平衡、角力等为教材内容。我国 20 世纪 50 年代由国家制订的第一部体育教学大纲，就是这样分类的。这样的教材体系，对克服单纯技术观点和形式主义，增强学生体能，起到过良好的作用。但是，其也有明显的不足。

（1）把运动项目排斥在外，这不符合课程目标的要求。完全用人体的自然活动作为教材内容，是不可取的。

（2）体育内容和运动项目，不断丰富，而且都具有综合性，有的项目还带有娱乐性，只用发展身体能力的要求去构建教材内容，既不科学，也难以操作。

（3）这种分类方法，否定了运动技术及其文化性，降低了对身体训练的要求，不利于提高学生的心理素质。学习运动技术的主要目的是全面锻炼学生的身体，发展学生的身心素质，充分调动学生体育学习的主动性和积极性。

（4）这种分类方法，对发展人体基本活动能力虽有其积极的一面，在小学也还基本可行，但到了初中和高中，如果还年复一年地只用原始的活动方式或实用技能去发展学生的基本活动能力，就难以激发学生的积极性。其实，采用这种方法构建的教材，仍要运用田径、体操等方法，向学生传授必要的技术。

3. 完全按运动项目分类，把运动项目以外的内容，当作辅助教材或教学手段

这种分类方法突出了教材内容的文化性，对满足学生运动需求，激发学生的竞争意识，提高学生的运动能力，都有积极的影响。如果教师

的教学思想明确，教法得当，把运动项目作为教育、教学手段，是可以达到教学目标的。那种一看见教材中出现田径、体操、球类，就主观地认为是“竞技体系”“以竞技运动为中心”，是有失偏颇的。但是，这样的分类也有缺点：不可能把中小学体育教材内容全部包容在运动项目之中。如果教育、教学思想不端正，容易以传授运动技术为中心，以提高运动成绩为目的，而忽视面向全体学生。因此，1978 年的体育教学大纲，曾在说明中提出“要打破以运动竞赛为中心的编排体系”。现在的中小学体育教学大纲，没有再把这段话写进去，有人认为这是一种退步，但也有人认为当时写上这段话就是错误的。这两种看法都不太准确。当时写上这段话，是为了提醒体育教师不要过分强调运动竞赛，而要照顾大多数，并没有排斥运动项目的意思；现行大纲之所以不再写了，是因为这个问题基本解决了。

按运动项目分类的教材有许多优点，但也存在一些问题。

（1）运动项目的技术，一般都比较复杂、难学，与日常生活技能相距较远，如果只是为了适应比赛的需要而去抠技术细节，就难以完成课程目标。

（2）小学体育教学的重点是培养学生正确的身体姿态，教会他们跑、跳、投、攀爬、支撑等正确的基本动作，发展他们的体能，而不必用优秀运动员的竞技技术规格去要求他们。特别是小学低年级的学生，天真活泼，并都具有一定的自然活动能力，如果非按规范的竞技技术规格去要求他们，反而限制了他们的运动，不利于他们的发展。

（3）把非运动项目的内容作为辅助教材或教学手段，容易把儿童喜爱的许多自然活动和游戏，排斥在主要教材之外，造成喧宾夺主的现象。

4. 按发展身体素质的作用分类

对发展身体素质的作用，分为速度、灵敏、力量、耐力、柔韧等类。身体素质不只是这五种，这五种只是主要素质，是衡量人的体质的重要指标之一。20 世纪 70 年代末有的地区编写的教材，强调发展学生的身体素质，按素质进行教材分类，这对体育教学过分强调竞技性是一种批判，有利于实现增强体质的目标。但是，这样处理教材在实践中也遇到了难以解决的一些问题。

（1）发展中小学生的身体素质，是体育教学的目标之一，并非是全部目标。这种教材体系，不利于全面实现体育教学目标。

（2）发展身体素质比较强调量化指标，如时间、距离、高度、远度、次数，以及器材的重量和动作的幅度等。因此，这种教材体系很难体现教材的层次性、系统性和难易程度等。例如，小学的体育游戏“老鹰抓小鸡”，对发展学生追捉、闪躲、灵活、机智的能力、表现能力和培养学生的集体主义精神等都有重要作用，“小鸡”与“老鹰”在搏击中，斗智、斗勇具有综合的效应。此类教材就难以正确归类。

（3）技术性较强或带有一定技术的项目不便于按素质分类。例如，急行跳远、跳高、球类、武术、韵律操和舞蹈等，都不能简单地固定于发展哪一种身体素质上。

5. 按发展人体机能的效果分类

把教材划分为有氧或无氧锻炼的内容，或者以发展人体机能为目标编选教材。这对身体锻炼虽然有益，但同一教材内容对其练习的速度、重复的次数、持续的时间要求不同，对人体机能的影响也不同。因此，对人体机能的影响往往不决定于教材本身，而是决定于教师赋予教材的教学目标和选择的教学方法。

6. 以养生、健身、防病、治病、康复为目标的分类

实践证明，采用“运动处方”的方法来构建教材，对体弱学生与组织康复班教学是可行的，但却难以面向全体学生，难以实现体育教学的综合目标。

新中国成立五十年来，中小学体育教材建设采用各种方法构建的教材体系，都不可能尽善尽美，其基本经验是明确体育教学的指导思想与目标，根据目标优选和组织教材，通过教材的教学去实现目标。综合各种教材的分类方法，小学低年级以基本动作、游戏和韵律活动与舞蹈为主。小学中年级以上以运动项目、发展身体素质练习的各种健身手段为主的综合分类方法较为合适。

体育教材内容表述的方式可以各有不同，但是体育基础知识和实践教材中的田径、体操、球类、民族传统体育（以武术为基础的传统养生、健身方法）、韵律操和舞蹈是中小学生教材中的主要内容。至于各种竞技运动项目和娱乐体育的内容，只要符合教学目标的要求，教学条件允许，也都可以选作教材内容。这涉及教材选择的依据问题，下文再进行概述。

二、编订体育课程教材的依据

（一）关于学科的性质

体育作为一门学科，与其他学科一样，有着共同的课程属性，都有

反映本学科特点的理论和实践的内容，但又都存在各自的特性。在基础教育，特别是高中开设的十几门课程，如何归类，并无严格的规定。特别是随着科学的发展，学科之间的交叉与兼容，很难严格划分。只是在习惯上将高中的课程分为文科和理科，以便与高考对口。体育、音乐、美术不是高考的科目，这些学科就划入另册。有时也分为理科、文科、艺术（含音乐、美术）和体育。中等师范学校把体、音、美统称为“技能技巧课”。总之，认为体育、音乐、美术是“副科”“小科”，充其量是一种“技艺”，降低了这些学科的真正价值。以体育学科为例，其中涉及人体科学的部分，如解剖学、生理学、运动生物力学、运动生物化学、体育保健学以及运动训练、技术形成规律等有关知识，都属于自然科学类；有关体育的教育属性、体育的目的论、体育的价值观、体育社会学、体育经济学、体育美学等知识都与社会科学有关。此外，还涉及体育哲学、体育心理学等，因此，确定体育学科的归属是比较复杂的。如果一定要把体育学科划分类型，它应当是综合科学，兼有自然、社会、人文多学科的综合知识与技能。

体育学科在学校不被重视，人们往往认为体育就是跑跑、跳跳，其重要原因之一，就是课程教材内容的动态性较强，不容易形成某种定式，加之受社会、地域、民族、学校教育和学生个体差异的影响，它不可能像其他学科那样把知识划分为不同的阶段，有相对的稳定性和系统性，也不可能像语文那样规定小学生必须学会多少字，必须学会四则运算……因为，体育技艺（不包括理论知识）的学习起点并不是绝对的。而且许多技术动作的教学评价都无法定量，难以划分年级。特别是有些较难的技术动作，低年级学生往往要比高年级学生更容易学会。所以体育教材内容，如何按年级排列，有的教材应从哪一年级开始，哪些年级学得更快一些，是很难确定的。因此，体育是在“健康第一”的思想指导下进行教育活动的，是以身体练习为基本形式，相对独立于其他学科，并与其他学科相互联系的，理论与实践相结合，与健康教育相结合，涵盖着多学科的知识，完成多种教育目标的一门十分重要的学科。

（二）关于编订课程教材内容的依据

新中国成立五十年来，体育课程教材内容大约每十年变动一次。每次修订体育教学大纲和编写教材，都与社会发展和教育改革相关。一套新的大纲、教材的颁发，一般会起到推动体育教学改革的作用。而经过一段时间后，又会出现课程教材落后于时代的发展和教育教学改革实际的现象。也可以说教育教学改革与课程教材的改革是互相促进，不断发展的。

那么究竟由什么来决定课程教材内容？每次修订大纲和教材的理论与实践依据是什么？这是经常引起争论的问题。自从有了课程以来，不论是那个历史阶段，哪个国家，都不可能完全脱离国家的经济和社会的发展以及为了适应这种发展向教育提出的基本要求：超脱不了人类社会已发现和积累起来的文化科学知识及其体系；必须根据受教育者身心发展的规律与需要，选择能促进其身心发展的教材内容。这是决定课程教材内容的“三个基本要素”。但是，由于人们的哲学思想，文化传统、经济发展水平的不同，历代的教育家都有各种不同的主张，如知识中心论、儿童中心论和社会需要论等，至今仍有不同的主张。当前在各国的教育改革中，几乎无一例外地不对陈旧的教育思想和做法进行批判，强调人的发展。在课程教材的改革和设计中，一些发达国家强调了“学生本位”，重视发展学生的个性，在教学中强调发挥学生的主动性和创造性，为21世纪的到来培养自己的人才，以适应社会发展和竞争的需要。但是，搞学科教育的，总是担心打破长期建立起来的学科体系，所以十分重视保持学科的完整性、系统性，这实质上是以知识为中心或以学科为中心的一种反映。其实，不论是哪种中心论，都不免有所偏颇。只考虑社会的需要，往往会欲速则不达；只重视知识技能的传授，就会脱离实际，与社会对人才的培养要求不相适应，同时也影响儿童的自身发展。而儿童中心论者，却又过分强调儿童的兴趣、爱好，甚至在体育教学中提出“只要学生需要，他们高兴学什么就教什么”的主张。这势必导致知识的分割，使课程的知识体系缺乏应有的完整性和系统性。因为，制订课程和编写教材，应当依据社会需要，学科的知识体系和儿童身心发展的特点进行综合考虑才比较全面。

回顾与总结新中国成立以来五十年中小学体育教学大纲、教材的制订与编写，凡是以这“三个要素”为依据的都取得了较好的效果，推动了体育教学和教材的改革与发展。反之，则违背了客观规律，脱离实际，破坏了学校体育的发展，均以失败告终。

（三）关于课程教材内容的选择、组合和排列

如何从不断出现的新的竞技项目和健身体育、娱乐体育的内容以及新的理论与方法中，精选出符合中小学体育目的任务和学生身心发展需要的内容，在具体操作上难度是很大的。如今我国中小学体育教材，采取“一纲多本”，甚至是“多纲多本”的做法，这在教材建设上是一种进步。可以相互竞争和促进，推动教材的改革与发展。但是，当我们认真地研究这些教材时，也发现有的教材存在着理论与实际的脱节，具体

的教材内容，并不能真正体现自己所确定的原则。有些教材大同小异，甚至相互传抄。造成这种现象的原因，与体育教材内容的广泛性、动态性和难以严格划分层次有关，其中包括没有把知识结构变成教材结构的转化处理好，把科学知识结构变成学科内容，乃至进一步变成以学生为主体的知识结构。

精选和构建教材内容的难点在实际操作。在编写教材内容时，把全部教材内容排列成顺序，但是划分成年级教材就会受到运动项目、活动方式、难度差异、重复次数的不确定性以及教学条件的影响而不准确，特别是受到地区、气候、物质手段、民俗特点、学生生长发育和运动水平、教师以及班级人数的差异等，而难以适应所有的学校和学生。据有关文献记载，即使是十分发达的国家，只因为运动后能否洗澡，而影响到学生参加体育锻炼的积极性和所能实现的目标。所以像美国学校体育课程的选修内容，近年来也有缩减的趋势，那些不便在学校课堂上教授的骑马、划船、汽车赛等从教学内容中删去。

根据我国体育教学大纲的制订和教材的编写经验，在理论和原则确定后，精选教材内容，一般采取如下的步骤与方法。

1. 处理好教材内容与教学目标的关系

关于中小学体育教学目标（我国各学科教学大纲统称为“目的任务”）的研究与讨论，一直都没有停止过，特别是改革开放以来，这种研究和讨论更加活跃，今后还将继续下去。但是，在我国体育课程教材建设五十年的实践中，有一些基本经验是可以肯定的。

（1）体育教学总目标（大纲称为“目的任务”），是不可能一次实现的，而要靠滚动的、不断的积累来实现的。每堂课，每个学期和学年，又都有一些具体的目标，这些要有较明确的规定性，每个具体目标都是完成总目标的一部分，是向着总目标滚动前进的一个环节、一个层级。

（2）为了实现总目标，具体目标和教材内容的重复是不可避免的，有时是必须强调的。有人认为可实行单元教学，一个年级教过的单元（如跑、跳、投或各种球类）就不必在下一个年级重复，实际上这是不可能，也是不科学的。人们常用“教材重复”作为贬义加以批评，而且常以“前滚翻”为例，认为在整个中小学年年“前滚翻”，用“一滚到底”批评体育教材的低效性。事实并非如此，只要认真把体育教学大纲看一遍就可以清楚，从来没有每年重复过，至于联合动作的连接和教学锻炼的需要，那就另当别论了。有的体育教材内容就必须重复，这是体育特点，几乎没有一项活动只学一次，因为练一次既锻炼不好身体，也掌握不了运动技术。一套拳术只有经常练习，才能获得锻炼身体的实际效果。因此，体育教材内容，要区分传授技术、提高熟练技巧与用已学会的动作锻炼身体的关系。螺旋式排列教材内容，通过不断地重复，以提高技术水平，取得理想的锻炼身体的实际效果，这是体育教材和体育教学的特点之一。

（3）必须立足于面向全体学生。体育教学与运动员的训练不同。因此，在精选教材时，要使每个学生都能学习与锻炼。但是，学生的身心发展又是有差别的，所以教材内容又要有弹性，教材难度一般以 75％为中线，另有 15％可能超过中线，还有 15％需要通过较大的努力才能达到中线。在面向全体学生的基础上，加强区别对待，使每个学生在原有的基础上都能有所提高。这 75％和上下线的各 15％不是凭空设定的，它是根据对学生测验、检查的大量数据而定的。

（4）把改善学生健康状况，增强学生体质作为选材的主线。新中国成立后，历次制订体育教学大纲和编写体育教材，关于中小学体育教学目的任务的提法，在条目的内容和数量上虽然各有不同，但其基本精神都是一致的。特别是1961年的中学体育教学大纲，更加明确了以增强体质为主线的指导思想。这本大纲提出，选编教材首先从增强学生体质出发，增强体质包括：促进身体正常发育，促进身体机能、身体基本活动能力和身体素质的全面发展，增强身体对自然环境的适应能力。20世纪60年代的大纲，把增强学生体质，作为编选教材的出发点，并对“体质”一词作了科学的界定（这与20世纪80年代中国体质研究会对“体质”一词所下的定义基本上是一致的）。这可以说是体育课程教材发展的一次飞跃。

“增强学生体质”是最能反映体育学科特殊性的目标，这与《中共中央国务院关于深化教育改革全面推进素质教育的决定》所重申的“健康第一”的指导思想是一致的。它既是教育的指导思想，更是体育课程的指导思想。

体育离不开技术动作，盲目反对向学生传授运动技术是不适当的。我们不赞成“技术目的论”，但让学生学习体育技术（包括一部分运动技术），是实现体育教学目标的需要（方法与手段）。当然从体育文化的角度，学习运动的知识、技能也是对学生进行教育，提高学生体育的文化素养所必需的。

通过体育对学生进行思想品德教育和意志与作风的培养，也是其他学科所不能替代的。但身体活动的教材内容并不具有思想性，而是通过体育教学来实现思想品德教育的目标的。

（5）体育学科与其他学科不同，有了大纲和教材，仍不能按大纲、教材直接上课，还必须制订学期、学年的计划和项目的单元计划。因此，体育的教材内容，不能编得太多、太满，要为学校留有余地。

（6）体育教材内容的广度、深度是受授课时数制约的，教材内容的多少是相对的。新中国成立后，体育课授课时数一直定为每周 2～3 课时，大部分年代是 2 课时（见表 1）。授课时数少，教材内容偏多，一直是难以解决的矛盾。因此，许多教材内容，如跑、跳、投、武术，球类等，不是“教会”需要用多少时间，而是能有多少时间去教、学、练某项教材。也就是说教材的教学目标的达成程度是受教材的授课时数制约的。

（7）中小学的教材内容，依据学生自然发展的规律性和阶段性，各自有所侧重。在一般的体育教学课，不强调“田径是基础”。小学以游戏、基本体操和基本运动为主，其目的是激发学生兴趣，培养身体的正确姿势，促进身体的全面发展。初中田径、体操、球类、民族传统体育并重，主要目的是发展身体素质，提高运动能力。高中加强了教材的选择性，进一步提高运动技术水平，发展运动能力，增强体力。各项教材内容授课时数的比重排序：小学低年级是基本动作、游戏、韵律活动和舞蹈；小学中高年级是体操、田径、民族传统体育、小球类、韵律活动和舞蹈、发展身体素质练习；初中是田径、体操、球类、民族传统体育、发展身体素质练习、韵律体操和舞蹈；高中大体上与初中相同，但加大了选择性和可变性。

（四）关于运动项目与教材内容的关系

新中国成立初期，体育教学曾反对“单纯技术观点”“锦标主义思

表 1　体育授课时数

学段	年级	年份												
		1950	1952	1954	1955	1956	1957	1958	1963	1981	1984	1990	1994	1995
小学	1		2	1	2		2		2	2	2		2	
	2		2	1	2		2		2	2	2		2	
	3		2	2	2		2		2	2	2～3		3	
	4		1	2	2		2		2	2	2～3		3	
	5		1	2	2		2		2	2	2～3		3	
	6			2	2		2		2		2～3		3	
体育总课时			304	380	408		408		442	360	408～544		544	
各科总课时			4 978	5 928	5 032		5 236		6 620	4 644	4 964～5 168		4 828	
体育课时排位			3	3	3		3		3	3	3		3	
初中	1	2	2			2	2	2	2	2			2	
	2	2	2			2	2	2	2	2			2	
	3	2	2			2	2	2	2	2			2	

续表

学段	年级	年份												
		1950	1952	1954	1955	1956	1957	1958	1963	1981	1984	1990	1994	1995
体育总课时		240	216			204	204	204	210	200			200	
各科总课时		3 600	3 420			3 230	2 686	3 026	3 467	3 066			2 772	
体育课时排位		4	4			6	6	5	4	4			4	
高中	1	2	2			2	2	2	2	2		2	2	2
	2	2	2			2	2	2	2	2		2	2	2
	3	2	2			2	2	2	2	2		2	2	2
体育总课时		240	216			204	200	200	206	184		184	184	184
各科总课时		3 600	3 456			3 281	2 900	3 068	3 241	2 488		2 240	2 206	2 211
体育课时排位		5	4			6	7	6	6	6		6	5	5

想”“放羊式教学”和教学的随意性。代之以学习苏联的学校体育理论和实践，贯彻科学性、全面性、健康性和实用性的原则。把学校体育的目标定位于为生产和国防服务。关于向苏联学习的得与失，这里暂不讨论，但在就体育教学中克服形式主义，反对“放羊式教学”的成绩是显著的。

1978年，在全日制十年制的体育教学大纲中提出“打破以运动竞赛为中心的编排体系”，是为了克服当时体育教学中以“运动竞赛为中心”的倾向，而不是一般地反对在教材中列进运动项目。五十年的经验证明：不论是20世纪50年代的以军代体，或把工农业生产的动作（如拉车、摘苹果等）作为教材内容，还是20世纪80年代有的学校完全取消运动项目，用举重物，自然的跑、跳、投，完全不要技术，最后都是以失败告终的。运动项目不仅可以作为锻炼身体的手段，也是一种体育文化，对促进中小学生身心发展具有不可取代的作用。用发展能力反对运动技术也是站不住的，不学习运动技术怎么能发展能力？关键是要正确处理好学习与提高运动技术，发展能力与增强体质的关系。

（五）关于教材内容与民族形式体育问题

新中国成立初期，当时主持团中央工作的同志，曾提出新中国的体育应是“民族的、科学的、大众的”。体育教材也应反映这一精神。但由于当时来不及研究和整理以武术为代表的民族形式体育内容，因此在1956年颁布的教学大纲虽然提出了“吸取苏联先进经验结合我国实际”的原则，但武术并未列入正式教材。到了20世纪60年代修订中小学体育教材时，才第一次将武术与田径、体操、游戏（当时将球类列入游戏之中）并列为教材内容，使体育教材在反映民族特点方面前进了一步。

其间也曾设想，中小学体育教材的民族化问题，但经过对社会文化发展的研究，认为对于世界先进的文化都应积极汲取，如果体育教材提出民族化，势必造成教材内容狭窄，影响吸收世界先进体育文化。所以在以后历次制订大纲时，都强调教材应体现民族的特点，具有中国的特色。

20 世纪 90 年代在制订九年义务教育体育教学大纲时，相关人员认为武术还不能体现中国民族形式体育的全部内涵，还应把武术以外的优秀功法及传统的、行之有效的养生健身的理论与方法，编入教材，并以“民族传统体育”项目，代替“武术”。但武术是中国民族传统体育的基础，是代表项目。由于民族形式体育的特殊性，其内容从小学三年级才开始教学。五十年来，以武术为基础的民族传统体育的内容逐渐丰富，并不断提高其科学性，使这一民族文化瑰宝，在促进学生身心发展上，日益发挥其显著作用，成为中小学体育教材中不可缺少的重要内容。

（六）关于教材内容与终身体育的关系

中小学体育教材内容的价值取向，不能是单一的。选择一项教材，不仅要考虑其锻炼身体的价值，而且还要考虑是否有利于对学生进行思想品德教育与心理素质培养。一项教材的选择是根据学生不同年龄阶段而定的，试图选择某项教材，作为人生全过程的锻炼手段是不现实的。终身体育的含义是培养体育兴趣和习惯，树立自我体育意识，学会自学、自练、自检、自测、自评的方法。抓住青少年时期的有利时机，为将来可持续发展打下良好的基础。把终身体育作为目标，首先从现实做起，脱离现实，就谈不上将来的发展和提高。

一个人的体育兴趣、爱好和需要，是随着人的生活经历与年龄的变化而变化的。认为“学会一种运动项目，可终身受益”，把中小学体育教材内容规定得过于单一，势必限制青少年可持续发展，这并不是终身体育的本意。

（七）关于体育课成绩的考核与评定

怎样考核与评定体育课的成绩，应当说至今仍是值得研究的重要课题，既有认识问题，也有方法问题。体育课的成绩不仅难以体现学生的健康水平，而且也难以看出学生的进步程度。有些学生由于自身条件好，虽然获得了好的成绩，但不一定表明体育课学得好。为了比较真实、公正地反映体育课的成绩，教学大纲曾提出过许多方案。20 世纪 50 年代强调凡是体育课学过的内容都要考核、评分，提倡对每个人都有一定数量的考评，分数用五级分制，到期末做小结，学年末做总结，看发展，评出等级；20 世纪 60 年代以后，田径用测验记分（10 分制），其他内容评分，其中比较重视代表项目的测验，五级分制和百分制并用；20 世纪 90 年代后，采用了“结构考核”的办法，根据学生上课出勤率和课堂表现、基础理论知识考试、运动技能考评和身体素质与运动能力的测验等四个部分，对其成绩进行综合评定。这种办法，从试行情况来看，大部分学生只要经过努力，都可达到及格以上的水平。对生长发育不良、残疾、患有某种疾病的学生，另外规定了办法。

如何考核学生体育课的成绩？如何评价体育课程目标的达成情况？体育课的成绩考核如何适应素质教育的要求？这都有待进行深入的研究。

三、体育课程教材建设的基本经验

总结五十年来课程教材建设的基本经验，远非个人能力所及，现仅从自己参与此项工作及所了解的有关情况，谈一些个人看法。

新中国的中小学体育课程教材建设，取得了令人瞩目的成绩。五十年来，虽然也出现过挫折和问题，但从总体上看，是不断前进的。其全过程可以概括为三个发展期和两个低谷期。新中国成立初期，经过三年多的准备，从1954年开始调查研究，于1956年由国家颁发了中小学体育教学大纲，人教社编写了相应的教材，推动了中小学体育教学的发展，出现了可喜的局面。但是，20世纪50年代后期，受浮夸风的影响，违背青少年生长发育的规律，提出高指标，限期完成，加之国民经济遇到了暂时的困难，学生缺乏足够的营养，却又盲目加大运动量，使他们的身体受到损害，从而使学校体育走入低谷。20世纪60年代初期，在总结经验的基础上，强调按科学办事，实事求是，从我国和当时的实际出发，重新编写了体育教学大纲和教材，使学校体育很快得到了恢复与发展，到1966年上半年，由于把恢复学生体力、增强学生体质，作为构建课程教材的重点，因而取得了明显的成效。但是，“文化大革命”期间，“砸烂”了学校体育的一切规章制度，使体育教学大纲、教材成了一堆废纸，学校体育再次跌入低谷。粉碎“四人帮”后，1977年8月，邓小平同志主持召开了“科学和教育工作座谈会”，他在座谈会上的讲话提出，教材要反映出现代科学文化的先进水平，同时要符合我国的实际情况。在小平同志讲话的鼓舞下，体育学科抽调了精兵强将，组成了专家、优秀教师和专业编辑三结合的队伍，以拨乱反正作为指导思想，尊重科学，从我国实际出发重新编写了大纲和教材，使体育教学工作重新走上正轨。1988—1992年，根据《中华人民共和国义务教育法》，国家教委制订了九年义务教育的各科教学大纲，根据体育教学大纲，人教社编写了体育教材。经过五年的大规模试验，于1993年由全国中小学教材审定委员会审查通过，在全国正式使用，这标志着中小学体育课程教材建设走向一个新的历史发展阶段。

党的十一届三中全会以后，改革开放的春风吹遍了祖国大地，中小学体育课程教材建设在“一纲多本”方针的指导下，新的、具有中国特色的中小学体育教材，以崭新的面貌出现。

回顾历史，展望未来，我们应当认真总结中小学体育课程教材建设中的经验与教训。

1. 课程教材内容的选定，必须根据社会和国家发展的需要，为社会主义建设服务，为提高民族素质服务。

2. 课程教材的建设必须从育人出发，有利于培养德、智、体全面发展的人才。

3. 课程教材内容的选定，必须考虑教育对象的主体需要，有利于不同年龄层次学生的身心发展；应以“健康第一”为指导思想，有利于增强学生的体质。

4. 课程教材内容的深度、广度要根据全体学生的体育水平而定，要使每个学生都能参与，每个学生的身心都能得到全面锻炼。在面向全体学生的原则指导下，重视因材施教，发展学生的特长和创造性。

5. 课程教材内容必须反映现代科学技术的发展，正确对待竞技体育项目。中小学体育课程教材的内容，既不能竞技化，又不能排斥竞技体育，而是要把竞技运动项目教材化。竞技运动项目是体育文化的重要内容，中小学生学习运动项目，既是锻炼身体的需要，也是培养竞争意识、顽强意志与体育兴趣的需要，而且还有利于提高学生的运动技能，充分发挥学生的潜能所需要的。

6. 课程教材的弹性化和系列化是课程建设发展的必然趋势。我国历次颁发的体育教学大纲，都有一条“统一性与灵活性相结合”的原则，以适应地区、学校与学生的差异。而且体育教材的价值也是相对的，没有绝对的规定性，不能说只有篮球才能锻炼身体，而足球和其他教材就不能锻炼身体。即使是学生对教材内容的兴趣，也是多变的。所以教材内容与容量都应有一定的弹性。但不能因此就否定教材的相对统一性。实践证明，没有必要统一性就势必加大随意性，大纲就起不到管理、评估的指导的作用。其实，即便每个城市每个县都编写各自的教材，也不可能完全适用于每所学校。所以统一性与灵活性也是相对的，必须很好地加以协调，才有利于体育学科的发展。

7. 课程教材既要保持相对的稳定，又要在继承的基础上发展和创新。不能不顾教学工作的特点，未经试验，就完全推翻重来，或是用“刮风”的办法，变来变去，这样不利于总结经验，也无助于改革前进。但也要锐意改革，不断创新，及时吸取现代科技成果，以利于前进。

8. 学习外国必须认真研究其民族的特点和历史发展的阶段，文化背景和条件，结合我国的国情吸取其先进经验，并经试验后逐步推广。决不能不考虑我国的实际而全盘照搬。

9. 体育与保健相结合，是中小学体育课程改革中最紧迫的科研课题。从学科的角度研究，体育与生理健康、心理健康、卫生保健，既是相互联系的，又各具不同的特点与体系。在历次的中小学体育教学大纲中都提出了“体育与卫生相结合”的原则，但结合得不是很好。体育的主要目标之一是为了学生的健康，而影响健康的因素是很多的，体育无法解决健康的全部问题。作为学科教学，体育与健康相结合，或重新构建一门包括体育、健康教育（含心理健康）、卫生保健等内容的综合性学科，是体育课程教材建设面临的一个重大课题。

编写普通高中《体育与健康》实验教材的设计*

从体育与健康课程的整体观，设计和构建普通高中课程标准的实验教材。具体表现在如下几方面。

一、教科书必修内容与选修内容的整合

体育与健康课在高中是必修课程，《普通高中体育与健康课程标准（实验）》（以下简称《课标》）将教学内容分为7个模块，每个模块涵盖丰富的内容，其中的运动项目纵深发展，难以划分严格的年级阶段，这为编写教材增加了难度。根据《课标》的精神及主管领导的指示，将7个模块划分为必修（实为必选）和选修两部分，将田径定为必修内容，教科书重点编写了这部分内容。使这部分内容的目标设定为发展体力，提高运动技能，学习体育文化，相应地对学生进行“五个方面”教育的重点学习内容。

* 选自王占春：《王占春教育文集：学校体育的实践与研究》，人民教育出版社2009年版。

《课标》规定要对高中学生进行健康教育，因此教科书中，健康教育专题，也必须作为必修教材内容。

田径和健康教育专题，各占 1 个学分共 36 学时，占高中三个年级体育与健康课学时的 16.67%。其余的 180 学时是选修的教材内容。

为了使学生完整地了解整个高中体育与健康课的教材内容，并指导和提示如何选修自己喜好和达成高中体育与健康课的学习目标，从丰富多样的运动项目中选择对自己有价值的运动项目，教科书将 7 个模块中除田径和健康教育专题的必修内容外的各项运动都做了既简练扼要又全面的介绍，并对学生应如何结合自己的需要与可能从中选修 1～5 项，提出了指导性的建议和相关的提示，这对高中学生全面地了解体育与健康课的内容、教科书的结构和特点以及如何学好本课程将有较大的帮助。

二、教科书与教学参考书的密切配合

教学是教师与学生、教与学的双边互动活动。教科书是给学生阅读和使用的，比较侧重于如何进行体育与健康课的学习以及如何实现体育与健康课的学习目标。但是，教科书解决不了教师如何指导学生学习，如何阅读和使用教科书，如何帮助教师掌握与教科书相关的理论和实践知识，学习和掌握更多的信息资料以及针对学生实际的教学手段和方法。为了帮助教师解决这些问题，根据我国几十年的实际经验，给教师编一本教学参考书（也称教学指导书）是必不可少的。

教学参考书是与教科书相配套的，紧扣教科书与教科书的各章节相对应，理论结合实际，从学生的实际出发，用新的教育观念和《课标》

改革创新的精神，对教科书进行解读，并针对教材的内容结合学生的特点，帮助学生充分地发挥主体作用和探索精神，指导学生如何学习。为了使教学参考书具有教育性、针对性、指导性和工具性，编者用新的教育观点，吸纳了最新的科研成果和教学经验，提供了丰富的信息和资料。

三、《体育与健康》教科书结构的创新

教科书怎样体现《课标》的精神，突出改革意识，课程总目标和“五个方面”目标以及各年级（水平）目标确定之后（这在新高中课标都已明确规定），教材内容的选择和教材结构的创新成为最核心的问题。

九年义务教育课标实验教材（以下简称义教教材），在结构体系方面有一定的突破，主要体现在以运动实践活动作为载体，体现“五个方面”（当时称“五个领域”）的目标要求，以学习目标统领教材内容，突出健康第一的指导思想，版式、体例活泼，可操作性强，学生喜欢，方便阅读。

高中教科书，在吸取义教教材种种较成功经验的基础上，必须有新的发展，与初中教材相比，在普通基本教育共性基础上，突出高中教材的特点并有所创新。

（一）高中实验教材要反映如下特点

1. 在健康第一的前提下，使学生学习和掌握系统的体育知识和技能，发展自己的兴趣和爱好，形成自己的特长。

2. 突出教材的选择性，正确地处理教材内容必修与选修的关系。

3. 编好健康教育专题并与体育知识密切结合，体现体育与健康相

融合的新的学科教育体系。

4. 实现以学生为主体的人本主义教育思想，弘扬教学民主和开放性的教学方式，为学生自主学习、创造性学习提供空间。

5. 与义教初中教材相衔接，以运动实践活动为学科特征和载体，实现“五个方面”的多元学习目标。

6. 加强教材内容的文化性，吸收体育科研成果的新成就，营造迎接在北京举行的2008年奥运会的氛围。

7. 根据《课标》的精神，教材内容不划分教材授课时数比例，不按年级编排教材内容，各项教材内容不设起止点，为学生的自身发展留有广阔的空间，使每个学生都有自己设计学习进度的可能性。

8. 要使学生关心自己的健康、关心自己的体能发展、关心自己运动技能的提高，同时又不会形成对自己的压力。

9. 教科书将学生的运动参与作为第一目标，使学生了解一切目标的实现，必须从运动参与的实践开始，没有运动参与，就失掉体育与健康课的基本特征。

10. 根据上级要求，高中三个年级编写一本教科书，并有篇幅和书价的限制，教科书的编辑、出版都要贯彻这一精神。

在一本篇幅不大的教科书中，如何体现以上10条内容，就必须具有改革创新精神，从结构创新入手。

（二）具体做法

1. 加强学科之间的横向联系，避免学科之间的重复

体育与健康课程是多学科相关带有综合性的课程。体育与健康课不可能承担身心健康教育的全部内容。我们在构建教科书的内容时，研究

和参考了相关的初中和高中的人体生理学、人体结构学、物理学、数学和思想道德等课程。与本学科相关的青少年生长发育、营养、生物学、物理学、健康的心理与生活方式等，取得密切联系，做到既有分工、又互相渗透，各有侧重、又不重复，不过分追求学科知识的“完整性”和“系统性”。

2. 体育与健康理论知识和实践的融合

体育与健康课程是多学科的综合性课程，体育、健康这是两个科学概念，两者是密切相关又相对独立的两个学科体系。现在要构建一门课程，在结构上就不能是“1＋1”的简单加法。我们过去比较强调体育的目标之一是健康，达成健康的积极手段是体育活动。但是，《课标》强调两者的融合。因此，新编的高中课标实验教材，将关于心理健康、社会适应、身体锻炼原理、身心健康的评价、科学有效的健康方法等，都作为学科教育的内容、手段和方法，为完成共同的目标而相互渗透。

3. 以健康第一为主线，贯穿全书

教科书以“健康是人类文明的象征，事业成功的基石，是为祖国和人民服务的基本前提，也是提高中华民族素质的基础”作为开篇；以“记录身体健康成长的历程”作为本门课程的起点，也是体育与健康课程学习自我评价的“预测”，教科书的每章、每节，不论是讲理论，讲技术，或者参与实验活动的指导，都与增进健康相联系，作为过程评价的重要组成部分。教科书的最后，将教育部制定的《国家学生体质健康标准》各项、各年级的等级标准列出，作为各年级阶段评估的标准。这就能够使学生对自己的体质健康水平以及健康对自己成长的重要意义有清楚的了解，并激励学生积极地参加所学的健康活动。

要客观评价中小学体育课程的统编教材*

对于中小学体育课程要不要有统编教材的问题，很长一段时间以来就有不同的意见。有的专家认为中国这么大，各地的情况各不相同，中小学的体育教材各地完全可以根据自己的实际情况进行编写，不必搞什么全国统一的教材。另一种意见认为，这是一个涉及体育课程与体育教学的重要问题，要用历史唯物主义和辩证唯物主义的观点，进行客观全面的分析，不能简单地加以肯定或否定。该继承的经验就应当继承，该改革的内容就应当改革。

然而，体育课程与教学改革不能只靠说，而重在实践。要扎扎实实地进行科学实验，这种实验有可能成功或部分成功，也可能失败或部分失败。现在有的人不分青红皂白，见到“过去”的、“传统”的，就批判，就全盘否定。我认为，在当前的体育课程与教学改革中，有些“理念”和有些“说法”，越说越“玄”，越讲越“空”，越论越“虚”，一句话，越来越脱离实际。一种说空话的形式主义倾向令人担忧。这种学

---

* 原载《体育教学》2006年第1期。选自王占春：《王占春教育文集：学校体育的实践与研究》，人民教育出版社2009年版。

风，不可避免地会影响体育课程与改革的健康发展，这是值得我们注意的。中国教育学会两年前专门发了一个倡议书，其中指出的不良学风有："浮躁不专，急功近利，低水平重复，学术活动商业化，谋取私利，欺世盗名，抄袭剽窃。"我认为是切中时弊的。

那么，我们到底应当如何来认识中小学体育课程的统一性与灵活性的问题？以下说一些自己的想法，和同行们共同探讨。

一、决定课程的"三个要素"是应当继承的

（一）社会发展的需要

课程的设置，课程目标与课程内容的确定，要反映国家的意志，要反映国家和社会的需要，古今中外，任何国家和政府无一例外。不管其如何强调教育是为儿童的发展，为了人权、人性，为了自由、平等，都不可能放弃利用教育达到培养国家和社会所需要的人才的目的。

（二）学生发展的需要

教育的对象是人，是学生。因此，课程的设置和课程目标与课程内容的确定，必须符合学生发展的需要。罗杰斯等人提出现代人本主义教育思想，在我国影响很大。但也有人不赞成在教育中笼统地提出"以人为本"的思想，而主张提出要以"育人为本"。"以人为本"应当是我们一切工作的出发点和归宿，而教育是培养人的事业，"育人为本"的提法更加符合教育的特点。

（三）学科发展的需要

课程是根据培养目标的要求与课程资源的实际，选择所需有关科学

知识构建成学科知识。因此，课程与学科是紧密相连的。一方面我们通过课程教学，把有关科学知识传授给学生，另一方面，又要通过课程教学促进学科的发展。因此，“建设精品课程，创建优势学科”就成了许多学校深化教育改革的一项重要任务。与此同时，作为一门学科课程，自身有一定的知识体系。在课程设计时，必须考虑自身的知识体系，不能是杂乱无章的知识堆砌。

这三个要素是不能偏废的。但是，不同的国家对这三个要素的重视程度不尽相同。现在有人批判20世纪50年代学校体育提倡的“锻炼身体、建设祖国，锻炼身体、保卫祖国”的口号，是国家功利主义的反映，无视学生自身的发展。那么，那种只强调学生个体发展的需要，而否定国家和社会需要的说法，又是什么呢？笔者认为，在体育课程改革中，应以“三要素”为基本依据的思想，仍是应当继承的。

二、关于体育课程统一大纲、统编教材的历史评价问题

在我国一定的历史阶段，中小学体育课程实施统一的教学大纲和统编教材，如何评价？是进步还是落后？对我国体育课程与教学的发展是起了促进作用，还是“扼杀了”教师的创造性或者“束缚”了学生的发展？必须作出客观的历史评价。

新中国成立初期，对几千年的封建社会、近百年的帝国主义侵略、半个多世纪的官僚买办资产阶级的统治所遗留下来的文化应当如何清理？用什么方法和手段来统一中国人民的意志？文化教育是最有效的手段之一。因此，新中国成立初期为了体现新中国的教育目标和内容，根

据政治协商会议通过的共同纲领，贯彻“民族的、科学的、大众的”文化教育方针，教育部要求统一编制课程与教材。这是那个时代必需的、最有效的方法，反映了那个时代的特征，为新中国培养了大批建设人才。这是谁都无法否定的历史事实。

1955年，教育部、新闻出版总署颁发的《关于出版中学、小学、师范学校、幼儿园课本、教材、教学参考书和工农兵及妇女课本、教材的规定》指出，中小学课本和教学用书理应由国家统一出版，因为只有如此，才能保障中小学教育的健康发展。1977年8月，邓小平同志在《关于科学和教育工作的几点意见》中指出：“十七年中，绝大多数知识分子，不管是科学工作者还是教育工作者，在毛泽东思想的光辉照耀下，在党的正确领导下，辛勤劳动，努力工作，取得了很大成绩。特别是教育工作者，他们的劳动更辛苦。现在差不多各条战线的骨干力量，大都是建国以后我们自己培养的，特别是前十几年培养出来的。如果对十七年不作这样的估计，就无法解释我们所取得的一切成就了。”

那个时期教育工作的主要矛盾是清除旧内容、旧思想对教育的影响，要以新中国的教育方针为指导，构建新的课程和教材。就体育教材而论，历史的事实是到1956年，只有沈阳市、武汉市的教育部门有主管学校体育的机构，还有一部分省设有体育“专干”。在那样的年代里，如何做到各地区都编教材？当时提出向苏联学习，在学习苏联的思想指导下，体育课程印发了苏联十年制学校体育教学大纲，组织学习参考使用；东北地区编写了供本地区使用的“试用教材”，北京自己制定了“青年体育锻炼标准”，各校体育教学参考“达标”。在这一历史时期，经过调查研究，总结了一些地区的有关经验，国家制定了统一的体育教学大纲，组织统编教材。应当肯定地说，这是新中国学校体育课程发展中具有里程碑意义的大事情。但是，历史是发展的，在今天看来，它可能有不足，甚至有许多缺点，这都可以研究，但不能把过去的一切都全盘否定，把它们说得一文不值。

1958年，贯彻“鼓足干劲，力争上游，多快好省地建设社会主义”的总路线，搞“大跃进”，发动“教育大革命”，破除迷信，解放思想，一下子把“坛坛罐罐”打个稀巴烂，统编的教材当然也被全盘否定。各省、市、县、校都自己编写教材，而编教材的人既不是编辑，也不是学者，更不是教师，而是以学生为主编写的。学校体育提出了两个口号：“以军代体”，即以军事训练作为体育教材的内容，“以劳代体”，即以劳动的实践活动，如推车、担担子、搬运物品、攀梯子、摘果子等具体动作作为体育教材内容。具有代表性的是某师范大学体育系的学生和教师编写的军体教材和某省向全国介绍的以劳动代替体育的做法。

之后，又要求统编教材，强调统一，不准“胡来”。当时高教部与教育部合并，大中小学同时统编教材，批判了“以军代体”和“以劳代体”的教育思想，来了一次“拨乱反正”。直至1963年才把各科教材编完，据后来（直至今天也还有这样看法）较普遍的观点认为20世纪60年代统编的各学科教材，是比较站得住的“好”教材。

然而，好景不长，新编教材没有使用几年，“文化大革命”就开始了，把教材作为“黑书”批判，甚至烧掉，把编教材的人作为“反动权威”批判、打倒。

打倒“四人帮”后，各行各业都要拨乱反正。学校体育这个“乱”由谁来“拨”？这个正由谁来“扶”？当时的思想十分混乱，要把“政治挂帅”等口号作为编教材的基本原则。

党的十一届三中全会胜利召开了，一切不符合三中全会精神的思想、提法、做法，都要从教材中删除。而这一切，都不是一个地区所能解决得了的，统编教材是当时拨乱反正的需要。

现在研制了新的课标，从领导、专家，到校长、教师，都言必讲“理念”。但所讲的“理念”是否就一定正确呢？是否都符合我国的国情？都符合我国的教育实际与学校体育实际呢？这还需要通过实践来检验。谁都不能轻率地就加以肯定或否定。今天，我们实施新的课标，推行新的课程“理念”，难道不也是一种统一吗？不也是从过去的统一，发展为今天的统一吗？因此，我们不能把“统一”当成是落后的代名词，这要看哪些应当统一，哪些不应当统一，要实事求是地进行具体分析。事实上过去的统一只是一种提倡，根本不可能完全照样实行。

三、外国的教育发展如何，怎样学习外国

十分遗憾，我不懂外文，只去过几个国家，没有资格对外国的学校体育说三道四。只能看看翻译的二手材料，或者听听学者们的讲演。但我不大赞成到国外去了一趟，回来就把看到的个别案例，以偏概全，大讲外国的学校体育如何如何！在新一轮的体育课程改革中，大家都习惯地把课程名称叫“体育与健康”，为什么要这样叫？有人说外国就是这样叫的。但是，让人不解的是为什么小学叫“体育”，中学叫“体育与健康”呢？又有人说日本就是这样叫的，小学叫“体育”，中学叫“体育保健”或“保健体育”。而日本学者却说，小学、初中体育学科名称

是由第二次世界大战后美国占领者定的，小学和初中的学科名称的不同，并没有什么科学的界定，一直延续至今。小学的保健教育比中学更重要，名称却加在初中身上。不知道是保健管体育还是体育管保健？不知道是否保健就是“讲”，体育就是“练”？两者到底是什么关系，谁也说不清。反正别人那么叫我们也就跟着叫就是了。这样做合适吗？我认为对于外国的先进经验一方面要虚心学习，决不能闭关自守、墨守成规；另一方面又必须从中国的国情出发，从中国的实际出发，决不能全盘照搬。所以，对于学习外国的经验，也要具体问题具体分析。

（一）关于向苏联学习的得与失

这次课程改革以批判传统开路，其中包括我国20世纪50年代学习苏联的问题。主要批判的是体育课程照抄了苏联的体育运动技术教材体系和统一性要过于严格的问题。

笔者是1949年走上体育教师岗位的，当时，应当如何对待旧中国的学校体育，有无可继承的东西，全然不知，只知道要反对学校体育的“锦标主义”和“单纯技术观点”。我在中师任体育教师是从向苏联学习开始的，到旅大苏联中学参观，1952年去哈尔滨听专家米洛克讲学、参加学习班，就以这一点点经历，参加了东北区的小学、中学、中师的“临时体育教材”的编写。我感到当时向苏联学习，才使新中国学校体育开始有了点“眉目”。学校体育要以建设祖国、保卫祖国为目标，以健康性、全面性、科学性、实用性为选择教材的原则，以跑、跳、投、悬垂、支撑、攀登爬越、平衡、角力、举重物和基本体操、游戏为教材的主要内容（这些内容是按人体活动能力分类的），当时感到目标明确，内容实在，真有点“如鱼得水”的感觉。

这一切对当时的中国是有益的，还是有害的？是得，还是失？现在张口日本，闭口美国，千秋功过，如何评说？当然昨天是对的，今天不一定对，也可能是错的，这要具体分析。说我们学习苏联，把教材“统得过死”，扼制了“学生个性发展”，是“照抄苏联体育运动技术体系”等。如果是我们学得不好，是我们的问题，不能把这些缺点都推到人家身上。

（二）现在应当向哪个国家学习

一个国家的文化教育既是世界的，也是民族的。一个民族如果不能保留自己文化教育的优良传统，这个民族就会被异族同化，在世界上慢慢消失。一个民族和国家如果不能吸取其他民族、国家的先进文化，就会裹足不前，无法发展！足球，我们能简单说是哪个国家的？它已成为世界第一运动，每个国家的青年都喜欢。我们在向学生调查“你们喜欢什么教材内容”时，绝大部分学生，包括女生都喜欢足球。如果把足球排除在体育教材之外，那是不可想象的。所以一个民族和国家的文化教育，要融入世界，就必须学习外国的先进经验，把那些具有教育性、科学性、健身性和针对性，符合本国学生特点和需要，有益于学生发展的教材引进来。

我国的课程已有百年的发展史，特别是半个多世纪新中国的教育教学发展，积累了许多宝贵的经验，需要我们继承和发扬，由此说明中国共产党领导的正确性，我国社会主义制度的优越性。我们有几千年光辉灿烂的哲学、历史和丰富的文化积淀，我们有全世界最多的体育教师。我们有百年课程史，五十多年新中国的发展，总会有几条站得住的经验吧！否则，如何对得起为新中国学校体育奋斗一辈子的教育工作者、学校体育工作者，特别是广大体育教师呢！

中国的体育教学植根于中国的土地上。我们的社会体育文化和物质条件、体育设施，都较贫乏，学生的体育文化、运动技能和锻炼方法，主要来源于学校。而我们的学校场地很小，体育设施很差，每班五六十人，同时几个班上课，真难为了我们的体育教师。我们体育教师上体育课的这些经验，外国哪里有？我想如果和其他一些发展中国家相比，我们的经验很可能还是先进的呢，我们的一些教育思想对发达国家也不一定没有借鉴作用。如果我们也是30名学生一个班，体育设施丰富，学生家庭生活富裕，我们的体育教师只要努力，绝对不会比他们差。我们体育教师的教学经验，肯定也有许多值得他们学习的东西。我们不能妄自菲薄！

至于教材的统一和分散、必修和选修问题，我知道的情况是，美英过去过分强调选修，过分强调学生的自由，自由度过了头，现在又“把钟摆摆了回来”，强调统一，强调基础，英国连考试也强调统一出题了。日本过去搞军国主义、法西斯教育，第二次世界大战后被美国占领，一切以美国为师，强调学生的个性发展，强调快乐，强调合作，强调培养世界的人，他们所培养的“世界的人”，是什么样的人呢？

我们国家过去可能对教育的统一性要求过于严格，用一个“模子”教育人，现在我们要强调灵活、分散，发展学生的个性，这是社会发展的进步。但是，我国的教育是否只要灵活，只要学生的选择性，只考虑学生个人发展的需要，不考虑国家和社会的需要呢？

学习外国，是学习概括起来的共性的“先进”的东西，还是选定一个国家，也“搬”一下？看哪个国家强大就向哪个国家学习，一会儿学日本，一会儿学美国，可能不一定是好办法。

（三）编体育教材，到底统一好还是分散好

关于体育课程，过去的教学大纲，现在的课程标准（实际上1949年以前就叫课程标准，中华人民共和国成立初期我们也叫课程标准，不能简单地说“标准”就是改革，就是新，大纲就是落后，就是旧，关键要看内容）。有人批评过去的体育教材是“千人一书，万人一面”。提出大纲、教材不能独此一家，要“一纲多本”，要有多套教材，形成竞争，择优选用。自提出“一纲多本”后，刚开始时，仅体育教材送审的就有20余套，大家都编写教材，克服了“独此一家，别无分店”的局面。应该说这是教材发展中的一个进步，毋庸置疑。只是“多本”究竟应该多到什么程度？

有一个阶段，连县里都想编教材，实际上是照抄别人的，形成教材版本很多，内容、结构都一样。怎样结合实际，编多少套教材合适，特别是体育教材，由于国家幅员辽阔，气候条件南北各异，场地器材设施水平不一，学生的体质和体育文化也有较大的差异，要编多少套教材才能适应所有的学校？如何体现地方特色？这是应当认真研究的问题。

如果一个国家没有一个专门的教材研究机构，教材不是建立在科学研究的基础上，有一支相对稳定的研究和编写队伍，教材的连续性如何保证？年年临时搭班子如何能编好教材？如果只是为了追求经济效益，搞地方保护主义，真正好的教材还能推广吗？

课程教材的改革与课程管理体制的改革应当同步。我们应当认真总结过去的经验，该肯定的东西就应该大胆肯定，该否定的东西就应当坚决否定，在继承的基础上创新、发展，通过试验，一定可以编写出好的体育教材。

（四）中小学体育课程教材目前存在的几个问题

1. 关于要不要编体育课本的问题，一直就有不同意见。

不赞成编课本的人，把体育只看成是打打球、跑跑步，上体育课让教师组织学生活动就行了。有人甚至主张教师也不用教学生，让学生自己活动就行了，何必编什么课本？我是赞成编课本的，因为体育的学科教育内容并不像他们想象的那么简单。但我又不赞成编那些只有动作说明，抄来抄去，劳民伤财的课本。

体育课本，应当是对学生进行体育学科教育的教本、读本，针对不同年级的学生提出明确的目标，理论与实践相结合，既有体育的科学文化知识，又有进行科学锻炼身体的方法手段（运动技能和健身活动），还有卫生保健的知识与方法，体现体育学科教育的规范性，并且向学生提出评估学习结果的要求。

2. “一纲多本”要严格审查，有意识地扶持若干单位或地区编几套，互相竞争，让使用单位选用。

如果是金钱的竞争、利润的竞争、关系的竞争，哪个出版社给的实惠（钱）多，就用哪个出版社的教材。这种局面不改变，法规条文虽好，恐怕也无济于事。

3. “一纲多本”，每个省都可以编，也不用由国家审查，自编、自审、自用，现在有些地区就是这样做的。

4. “一纲多本”，如果没有任何限制，任何单位、集团、个人都可以编教材，也不必审查，很难编出精品教材。

5. 国家不要统一的大纲或课标，只提出一些原则要求，各地就可根据要求编教材。应以什么范围为准？有人主张体育课本不用分年级，编出一些体育技术动作，由学生自选，教师指导。这种完全否定班级界限，否定班级授课制的做法，我们现在做得到吗？

新的高中体育与健康课程标准、教材（教学内容）由学生自选，可以自选两三项内容，也可以只选一项，一种教材可以连续选三年，上课打破年级，某一教师教篮球，三个年级的学生都可以来选学，以便形成特长，这种办法在目前实行起来有相当大的难度。因此，也有人主张根本没有必要自上而下地提出要求，完全可以不编教材，只编单项技术专著，由教师参考，学生选学即可，这样的办法符合体育学科教学的规律吗？

中小学体育要不要以体育课的形式进行教学，既然“学生喜欢体育而不喜欢上体育课”，既然“让学生自主学习比教师上课效果好”“更受学生欢迎”，那何不把体育课改为体育活动？体育课程学习要不要有一个共性的目标？要不要规定一些基本教材？是否只提出一个体能的标准，锻炼的内容、方法都可以由学生自由去选择，到时参加测验就行了，这种办法目前在我国是不可行的。

总之，这一切都要再认识，再认真研究！

统一？分散？课程分为“三级管理”，这个“度”如何掌握？如何界定校本课程？这要有一定的规范。

只要人类存在，教育就不会消失，没有教育就没有人类的历史。教育改革是不可能一次终结的，必须在继承的基础上不断地改革、创新、发展。教育必须反映时代的发展和特征，但是教育不能一刀切，不可能是昨天的都不好，今天的都好，有些规律性的东西是超越时代的，对任何时代都是有用的。

新中国中小学体育教材史论纲
(1949—2000年)*

新中国成立以来，体育课程教材的建设与发展，是同我国教育的发展相伴而行的。学校体育是“根据一定的社会要求和受教育者的发展需要，有目的、有计划、有组织地对受教育者施加影响，以培养一定社会或阶级所需要的人的活动”①。而课程教材的内容是对学生进行教育的“载体”。因此，新中国成立60年的历史证明，无论对旧中国半封建、半殖民地的教育思想、教育制度、教育内容、教育方法的批判，还是对我国优秀的历史文化遗产的继承，以及社会主义革命和建设的各个阶段的发展，都会在学校教育和课程教材建设中得到充分的反映。“一定社会的教育，受一定社会生产力、生产关系、经济基础和上层建筑的制约。不同历史阶段的教育，具有不同的性质和特点。”②

我国的体育课程教材，同样是受我国社会生产力、生产关系、经济基础和上层建筑制约的。不论西方学者如何抹杀教育的阶级性、社会性，

---

* 原载《中国学校体育》2009年第5、6、7期。

①② 教育大辞典编纂委员会编：《教育大辞典》，上海教育出版社1990年版，第3页。

强调教育的根本性质是为了人，“为了人的权利、自由和个性发展”，但是离开社会需要的教育是没有的。我们社会主义国家办教育，就是为了人民，为人的发展提供一切可能的条件。一方面为了社会主义建设办教育，培养社会主义需要的全面发展的人才；另一方面又要通过教育促进青少年儿童在德、智、体和聪明才智方面得到充分的发展。新中国课程教材的建设，就是循着这样的道路不断地调整和改革，使国家、人民的需要和青少年儿童的发展得到统一。社会是发展的，科学技术不断地进步，教育要进行改革，体育教材也要进行改革。体育教材的建设同各科教材的建设一样，要适应这种发展、进步和改革。60年来，我国中小学体育课程教材的建设，有成就也有失误，是在曲折的道路上前进的。

任何事物的发展，都不可能完全割断历史，有批判、有继承，才有发展。体育课程教材建设的历史是与体育教学改革同步发展的。

一、1949—1953年建立全国统一课程教材的准备时期

这一时期，大体相当于新中国成立初期的3年经济恢复时期。根据1949年9月29日，中国人民政治协商会议第一届全体会议通过的《中国人民政治协商会议共同纲领》，中华人民共和国的文化教育为新民主主义的，即民族的、科学的、大众的文化教育。人民政府的文化教育工作，应以提高人民文化水平，培养国家建设人才，肃清封建的、买办的、法西斯的思想，发展为人民服务的思想为主要任务。① 新中国刚刚

①《中国人民政治协商会议共同纲领》，人民出版社1952年版。

成立，政务院于1951年颁发的《关于改善各级学校学生健康状况的决定》指出，学生健康不良的状况颇为严重，增进学生健康，乃是保证学生完成学习任务，并培养出有强健体魄的现代青年的重大任务之一。[①]其中特别指出体育活动的内容，应当是“多种多样”的，并及时提出，在体育活动中要“防止锦标主义”。新中国刚刚建立，就十分关心青少年儿童的身体健康，并颁发文件，列为国策。同一年，教育部先后召开了中等和初等教育工作会议，制订了《中学暂行规程（草案）》《小学暂行规程（草案）》和相应的教学工作计划，在这些文件中初次提出了教育目标：使青年一代“在智育、德育、体育、美育各方面获得全面发展”[②]。并从此以法规的形式规定中小学体育是必修课程之一，每周授课2课时，教学内容既有身体锻炼，又要传授体育卫生保健知识。这些法规文件的精神和内容，为体育教学指明了方向，成为体育教学的指导文件。

当时，为了消除封建主义、帝国主义在中国文化教育方面的影响，在中小学教育中同各方面的工作一样，强调向苏联学习。教育部体育指导处翻译了苏联的中小学体育教学大纲，供各地区参考使用。这时东北地区和京、津、沪等大城市，举办各种类型的体育教师讲习班，对体育教师提出“正规化”的要求，并先后编出了中小学体育教学参考资料和临时体育教材，其中以东北区的五年一贯制《小学体育教材》和初、高中《临时体育教材》的影响较大。这些参考资料和体育教材，不仅解决了上体育课的需要，推动了体育教学改革，而且也为统编全国通用教

①②《中央人民政府政务院关于改善各级学校学生健康状况的决定》，1949年。

材，打下了初步的基础。

二、1954—1957年建立全国统一通用体育课程教材时期

1953年，是我国发展国民经济的第一个五年计划开始的一年。在这一年，中共中央政治局召开会议，专门讨论了教育工作。会议提出要抽调大批干部编写全国通用教材，并在决议中指出：学生健康不好，要增加营养，搞好卫生，减轻负担，克服忙乱现象。① 1954年，国家体委、高教部、教育部、共青团中央，为在中等以上学校开展群众性的体育活动，发出联合指示，指出体育运动是德、智、体、美全面教育的重要组成部分，要求并着手试行体育正课改革，凡试行劳卫制和推行劳卫制预备级的学校，均应以劳卫制及其预备级为中心，把体育正课、课外体育活动、运动竞赛、早操等有机地统一起来②。根据“劳卫制”的精神和教育发展中提出正规化的要求，学校体育在“锻炼身体，建设祖国，保卫祖国”的口号鼓舞下，学校体育教学改革出现了蓬勃的形势，广大青少年锻炼身体的热情高涨。这时全国体育教学改革形势的发展，普遍要求制订全国统一的教学大纲，要求体育教学正规化。从1954年开始教育部建立了编订全国统一的中小学体育教学大纲的机构，人民教育出版社建立了体育教材编辑室，并着手进行大规模的调查研究和总结

---

① 中央教育科学研究所编：《中华人民共和国教育大事记》，教育科学出版社1984年版，第77页。

② 国家教育委员会体育卫生司主编：《学校体育卫生工作文件选编》，辽宁大学出版社1988年版，第18页。

体育教学改革的经验。这次调查不仅统计了中小学学生的健康状况和体育水平，而且对工农兵的身体情况及其对身体条件的要求进行了调查。获得了几十万个数据，为编订中小学体育教学大纲提供了依据。与此同时，在制订中小学体育教学大纲的过程中，比较系统、全面地研究了苏联的有关资料，并以苏联中小学体育教学大纲为“蓝本”，编订了全国统一通用的《小学体育教学大纲》《中学体育教学大纲》《中等师范学校体育教学大纲》，这项较大的工程于1956年完成，由教育部颁发，人民教育出版社出版，并在全国试行。这为我国学校体育课程教材建设和体育教学改革奠定了基础，极大地推动了体育教学的发展，为全国的体育教学在清除旧中国学校体育思想的影响、克服体育教学的随意性、走上正规化提供了依据。

新中国成立后的第一部中小学体育教学大纲，在中小学体育课程教材建设和推动体育教学改革方面起了重大作用。

（一）为中小学体育教学提出了明确的目的任务

根据中央人民政府提出的教育方针和教育部颁发的有关法规，这部大纲提出学校体育是教育的一个组成部分，学校体育的目的是培养学生成为全面发展的社会主义社会的建设者和保卫者。对体育教学的基本任务提出了五项要求，中小学的任务在要求上基本一致，在程度上有所差别，其主要内容是：

1. 锻炼身体，增进健康，促进身体的正常发育；

2. 教授大纲中规定的体操、游戏和各种主要竞技运动的知识技能，在教学中发展学生的身体素质；

3. 向学生进行爱国主义、爱好劳动、集体主义精神、自觉遵守纪律等共产主义品质教育；

4. 教育必须与卫生结合，培养卫生习惯；

5. 培养学生爱好和参加体育的习惯。

大纲中这一完整目标的提出，对于新中国成立初期，批判“为体育而体育”和单纯传授运动技术的思想观点，提供了理论的武器，有效地促进了体育教学改革的发展。

（二）根据学校体育、体育教学的目的任务，规定了科学的选择和确定中小学体育教材内容的标准

学校体育、体育教学的目的任务确定后，选编体育教学内容的“四性”原则确定，即全面性原则（教材内容应当全面锻炼学生的身体）、科学性原则（教材内容应符合学生的年龄特点和教材自身的系统性）、实用性原则（强调教材内容要与生产、生活相联系）、健康性原则（一切体育教材内容都以有利于锻炼学生身体，增进学生健康为标准）。

教材内容及其目标提出了发展学生“身体素质”的要求，并将身体素质的概念加以界定，其中包括发展速度、灵敏、力量和耐力等身体素质。小学的教材内容，未提出发展耐力的要求。

（三）建立了以发展学生人体基本活动能力为中心的教材分类体系

根据实用性和健康性的选材原则，在教材分类体系中避开单纯追求运动技术的倾向，以发展学生人体基本活动能力和锻炼身体为目标，将体育教材内容按一般发展（这是从苏联引进的术语，意思是对身体进行全面的、一般性身体发展的锻炼，与专门发展人体的某种能力的教材内容相对应）和准备练习（这里的“练习”一词作为名词，与动作的意思相仿，这些练习是为实践主要教材所做的一些准备性的活动）、悬垂支

撑（包括单杠、双杠和其他带有悬垂支撑的典型动作）、攀登爬越、平衡、技巧（即垫上运动）、搬运（包括大量实用性的搬移器械、物品和抬人等）、走和跑、跳跃、投掷（这三项教材内容包括实用性的身体基本活动能力，也包括田径运动的基本技术）划分。

教材将技术性较强或锻炼身体的主要内容作为主要教材，为了完成主要教材而选编的辅助性或过渡性教材，作为教法手段出现。现在看来把教材内容简单地划分为主次，有利也有弊。但在当时对改变只教运动技术，不重视发展身体素质，或教材过于单调枯燥都有一定的正面效应，使教师和学生耳目一新，激发了学生的学习积极性，推动了体育教学改革，提高了体育教学质量。

在制订中小学体育教学大纲的同时，编写了相应的教材。在当时将教材理解为供学生使用的教科书，而体育大纲中规定的教材内容很难像其他学科教材一样，都能一课一课地教，所以只编写了供教师使用的教材，并将书名中加上“教学参考书”。这套中小学体育教学参考书，实际上就是与体育教学大纲相配套、供教师教学使用的体育教材，于1957年由人民教育出版社出版发行。这是人民教育出版社编辑出版的第一套体育教材，当时书名定为《小学体育教学参考书》和《中学体育教学参考书》。这套参考书，实际上是两本供中小学体育教师使用的教材，用于指导体育教师的教学工作。它对当时的体育教学改革起了推动和启蒙作用。其中根据体育教学大纲详细地介绍和分析了教材内容、教学要点、教学步骤与方法，并且向全国中小学教师介绍了体育教学论的基础理论知识，其中包括有关体育教学原则、教学法原理、学校体育与体育教学管理等理论。在调查研究和统计的基础上，其总结出中小学生的年龄特征，对学生的生理和心理特点、规律与体育教学的关系作了详细阐述，对体育教学向科学化发展，起到了启蒙的作用。在这本参考书中所阐述的有关理论与方法，如教学原则、教学法原理、体育教学的类型与结构、分组教学的理论与方法、体育课成绩考核等不仅有其历史意义，有的内容至今仍可借鉴。这是我国中小学建立新中国自己的学校体育、体育教学、教材体系的开端。

但是，从我国学校体育发展的视角，现在重新评价这套参考书，对我国学校体育、体育教学的作用也有其另一面的影响。如对苏联的经验过分地肯定，加之我们在运用外国经验方面存在不当，一定程度上使我们的学术思想形成一个“框框”，这不利于思想解放，不利于创造我们自己的经验。

当然，两种影响相比较，正面的效应是主要的，产生的负面影响是次要的，而且在教材建设的发展中也逐渐克服和消除了相关的负面影响。

三、1958—1960 年，学校体育的发展与波折

1957 年毛泽东同志在《关于正确处理人民内部矛盾的问题》中提出我们的教育方针，应该使受教育者在德育、智育、体育几方面都得到发展，成为有社会主义觉悟的有文化的劳动者。把体育作为“三育之一”明确地提了出来，确定了体育在学校中的地位。1958 年 5 月，中共八大二次会议，通过了“鼓足干劲，力争上游，多快好省地建设社会主义”的总路线。广大教育工作者，包括学校体育工作者受到极大鼓

舞，掀起了“大跃进”的高潮。同年，国家体委和教育部在徐州召开了“全国中小学体育工作经验交流会”，并向全国发出了《关于切实贯彻全国中小学体育工作经验交流会精神的联合通知》通知指出，以劳卫制、等级运动员、普通射手为内容的群众体育运动，主要是为了促使学生坚持经常体育锻炼，迅速地增进健康，增强体质，以进一步贯彻教育方针①。通知还要求，继续破除迷信，解放思想，废除陈规旧习，进一步进行体育教学改革，开展群众性的技术革新运动，并及时总结和推广良好经验②。全国学校出现了教育革命的形势，广大学校体育工作者，积极地参加了教育革命，改革体育教学，普遍地开展了“四红运动”，即要求学生百分之百地达到劳卫制一级、劳卫制二级、等级射手和等级运动员的合格标准。这曾一度推动了体育教学改革，学生的运动能力也有很大提高。但是，后来这一大好形势被浮夸风所替代，结果是不分地区条件、不根据学生的个体差异，普遍地要求在短期内完成“四红”。这种不尊重科学，不从实际出发，不按客观规律办事，全盘否定以往经验的做法，其结果是学校体育遭到严重破坏。这种浮夸风，首先从全国统编体育教学大纲、教材开刀，将体育教学大纲作为“黑纲领”批判，将大纲、教材制订参加者作为“反动权威”批判。在“劳动代替体育”和“军事代替体育”的“理论”指导下，以北京某大学体育系为代表编出了“军体教材”。“四红运动”和浮夸风，完全搞乱了学校体育，从内容到组织形式都以劳动、军事或单纯追求某些指标为目标。破坏了学校体

① 中华人民共和国教育部编订：《中学体育教学大纲（草案）》，人民教育出版社 1956 年版。

② 国家教育委员会体育卫生司主编：《学校体育卫生工作文件选编》，辽宁大学出版社 1988 年版，第 19 页。

育教学及其他组织形式的常规，损害了学生的健康，打击了师生的积极性，也破坏了曾一度出现的学校体育改革的形势。加之自然灾害等原因，学生健康状况恶化，体质下降，许多学校只能根据实际情况组织学生做些轻微活动，体育课也只能以娱乐和休息为主，最后导致许多学校停了体育课，使我国学校体育和体育教学改革出现了反复，滑到“低潮”。

总结这段历史，有经验也有教训。其中特别值得注意的是以下几点。

1. 学校体育与整个教育一样，都与国家整体形势发展相关。学生的营养跟不上，却要学生在体育课上实现过高的目标，不但达不到增强体质的目的，反而会损害学生的身体健康。

2. 体育教学改革不可能一蹴而就、急于求成，必须按科学规律办事，从我国的实际、学生的具体情况出发，违反科学，结果只能适得其反，以失败告终。

3. 学校体育和体育教学以育人为目标，体育的目的和体育教学的学科特点，表明其是以改善学生的健康状况，增强体质为主要目标。单纯追求学生掌握体育技术或运动项目的数量，限期“达标”都是不全面、不科学的，即使某些运动项目的指标一时上去了，却也会损害学生的健康。

4. 劳动和军训不能替代体育。劳动和军训对学生的健康和身体素质，在一定的条件范围内是有益的。但不考虑学生的身体，只追求劳动和军训的指标，反而会损害学生的健康。归根结底，劳动和军训与体育的性质、目标、价值观以及产生的结果不同，因此不能相互替代，只能是密切结合。用劳动和军训的某种形式的动作代替体育教材内容的实用主义的做法，与教材内容要贴近生活、贴近实际的思想是不一致的。

四、1961—1965年，克服和批判体育教学中单纯追求指标和浮夸风，确立“增强体质”的指导思想，强调和体现体育教学改革的民族特点

理论研究及其成果，来源于实践又高于实践。学习苏联和教育改革两方面的实践，可得出一致的结论：不从我国实际出发，照搬国外的做法，就会脱离我国实际，束缚我们的发展和创新；像20世纪50年代那样，以某种偏颇的口号，如“四红运动”等，不按科学规律办事，对学生的要求不切实际，过高、过急，其结果是事倍功半。在批判以军、劳代替体育的同时，20世纪60年代初，学校体育的正常秩序逐渐恢复，在调查研究的基础上，教育部制订了新的中小学体育教学大纲，即新中国成立后，第二部中小学体育教学大纲。这部大纲是同教材合订为一本，其中教材部分也是人教版第二套中小学体育教材。

我国中小学体育教学大纲，是由国家制订、全国通用的。1961年的体育教学大纲（教材纲要）和体育教材，是在1956年新中国成立后由教育部颁发的第一部大纲的基础上制订的。调查研究表明，20世纪50年代的体育教材尽管存在着明显的不足，但是它在批判和肃清帝国主义、封建主义和买办资产阶级文化教育的影响，在开创新中国体育教材建设，指导体育教学改革的过程中，起到了开拓性的作用，奠定了我国学校体育教材建设的基础。

1956 年的中小学体育教学大纲，主要的缺点和问题表现在以下几个方面。

（一）简单地移植苏联的内容，忽视了我们自己的实际情况，不能完全体现中国学校体育教材的特点。其中重大的缺点是在教材内容中没有把中华民族传统体育瑰宝——武术，列进体育教材内容。

（二）过分强调以发展学生人体基本活动能力为中心和教材内容与生产、生活实际联系的简单化，在一定程度上否定了体育运动的文化现象，破坏了体育教材中必要的运动项目的系统性，给体育教师在使用教材时造成了困难，也误导人们认为“只要有田径、体操，其就是竞技体育”。

（三）教材内容过多，过于烦琐，有的教材内容机械、刻板，学生没有兴趣。这是造成以后中小学体育教学中，产生形式主义的原因之一。

体育教学的诸多要素中，教师、学生、教材和教学手段（物质手段和方法手段）是四个主要的要素。学生是教学中的主体，教师对教学起主导作用，而教材（是大纲、教材的总称）既是教师进行教育工作的媒体，同时又对教学起指导作用（我国的教学大纲是由国家制订的）。因此，一部新的大纲和根据大纲相应编写出版的教材，反映了当时体育教学改革发展的新成就，必定对当时的学校体育和体育教学起到指导的作用，产生重大的影响。20 世纪 60 年代的体育教学大纲（教材纲要）和教材，与 20 世纪 50 年代的体育教学大纲、教材相比，基本摆脱了苏联的影响，在教学目标、指导思想、编排体系等方面，都反映了我国的一些基本经验。其特点如下。

（一）确立了“从增强体质出发”的选材原则。

大纲提出，根据学校体育的目的，首先是从增强学生体质、增进学生健康出发来选择和安排教材。其在理论上为“体质”的内涵下了定义。增强体质包括：促进身体正常发育，促进身体机能、身体基本活动能力和身体素质的全面发展，增强身体对自然环境的适应能力。① 对“体质”的界定，如果加上心理健康的因素，这与几年后中国体育科学学会体质研究会对“体质”概念的界定是完全一致的。当时在大纲、教材中提出这样的观点，是在学校体育理论中的一次飞跃和创新。

（二）将中国民族传统体育中的武术正式列进体育教材内容。

武术是中国宝贵的文化遗产，民族传统体育的瑰宝，是群众喜闻乐见的项目。经过精选和整理后，将武术作为中小学体育教材的组成部分，这是中小学体育教材的一大进步，是中小学体育教材内容民族化的开创性的进步。

为了使体育教材建设既能吸收外国的先进经验，反映现代的科学成就，又能充分地继承我们中华民族的宝贵遗产，在大纲的内容、词语表述、教材体例风格等方面，都尽可能具有民族特点。

（三）统一性与灵活性相结合，加大大纲教材内容的可行性和选择性。

全国统一编写通用体育教学大纲、教材，这是历史上的进步，推动了体育教学改革的发展。但是，由于我国幅员辽阔，各地的发展不平衡，加之又是多民族国家，全国使用同一套大纲，如果“统”得过死，可行性就会受到限制。因此，这部大纲教材规定了全国统一通用的教材（这部分教材不仅能够在绝大多数学校使用，而且能基本保证学生身体的全面锻炼）和选用教材（这部分教材有较大的灵活性，各地和各校可

① 中华人民共和国教育部编订：《中学体育教学大纲（草案）》，人民教育出版社 1956 年版。

以依据自己的实际，增加、减少教材或提高、降低要求）。这就加大了大纲教材对不同地区、不同学校、不同水平的学生的适应性。这是这部大纲、教材重大改革的内容之一。

（四）增加了体育基础知识和卫生保健知识。

体育作为一个教学科目，以往只强调是身体锻炼的课程，体育基础知识和卫生保健知识没有列入正式教材。这反映了对体育学科理解的片面性，只强调了身体锻炼的实践性，而忽略了体育学科的理论性和知识性，没有认识到体育是理论与实践相结合的教学科目。有经验的体育教师，虽然有时也会利用风雨天气不能在户外上课的机会，讲一些有关体育的常识和规则，但这是补空性质的内容，而不是经过科学研究构建的较为严谨系统的教材。新编的这一部大纲教材，提出理论与实践相结合的原则，将体育基础知识和卫生保健知识正式列入教材，作为必修的教学内容。

（五）批判了以军（训）、劳（动）代替体育，强调体育与生产劳动相结合，培养建设祖国、保卫祖国的人才，而不是简单把劳动和军训的动作形式用作体育教学的内容。

学校体育必须与生产劳动和军训结合，但体育与生产劳动、国防体育虽然有联系，却并不等同。各自都有独立的目标和所追求的结果。在体育教材和体育教学选材时，那些符合中小学体育目标、年龄特点、教学环境与条件的内容，应尽量结合，如队列练习、障碍跑、负重角力等。但总的精神应当是通过体育教学，提高学生的身体素质，使学生的体质和精神素质能够适应未来的生产和国防建设的需要。关键是打好基础，使学到的知识、技能，练就的强健体魄和能力能够在未来的事业中得到“迁移”与应用。

1964年8月，国务院批转教育部、体育运动委员会、卫生部三部委的《关于中小学学生健康状况和改进学校体育、卫生工作的报告》指出“学生的健康状况仍然不够好”，并明确了学校体育的性质和目标，学校体育是群众性的体育，中小学校的一切体育工作，都必须面向广大学生，广泛地开展适当的体育活动，以促进学生身体正常发育和身体机能的发展，增强体质；使学生掌握必要的体育、卫生知识和锻炼身体的技能；向学生进行共产主义品德教育。①

这一阶段，学校体育和体育教学改革，全国各地积极贯彻国务院批转两部一委的报告和1961年体育教学大纲，学校体育和体育教学出现了前所未有的好形势。在体育教学中重视全面地完成体育的目的任务，从增强学生体质出发，加强“三基”教学，开展对科学的体育课生理负荷和相应改善体育课的组织结构的研究，以科学讨论、教学研究和公开教学等形式，推广先进经验，提高体育教学质量。其间武术教材的研究和使用，为以后建立具有我国民族特色的体育教材体系奠定了基础。

五、1966—1976年，“文化大革命”使整个学校体育遭受到严重的破坏，最后导致停止体育课，把体育教学大纲和人教版体育教材作为“封、资、修”批判

“文化大革命”期间，学校体育受到的冲击和破坏最为严重，新中

① 国家教育委员会体育卫生司主编：《学校体育卫生工作文件选编》，辽宁大学出版社1988年版，第19页。

国成立后至1966年的17年教育，即17年的教育改革与发展，一概被扣上“封、资、修”的帽子。学校体育、体育教学、体育教师都被批判。从混乱到停课再到复课，原来正常体育教学秩序被破坏殆尽，所谓的“复课闹革命”也只能是利用体育课的时间，由教师随意安排些活动内容，搞“放羊式教学”或由学生自己活动。全国统编教材实际等于被废止。

六、1977—1987年，这是学校体育拨乱反正，根据党的十一届三中全会的精神，以求实的科学态度，改革、建设、发展的十年

1978年12月，中国共产党召开了十一届三中全会，提出党和国家的工作重点转移到社会主义现代化建设上来。会议公报指出，实现四个现代化，要求大幅度地提高生产力，也就必然要求多方面地改变同生产力发展不相适应的生产关系和上层建筑，改变一切不适应的管理方式、活动方式和思想方式，因而是一场广泛、深刻的革命。[①] 会议还特别提出要清除“左”的思想及其影响。这是一条适合我国情况的社会主义现代化建设的正确道路。我们的现代化建设，必须从我国实际出发，把马克思主义普遍真理同我国的具体实际结合起来，走自己的道路，建设具有中国特色的社会主义。[②]在这十年里，学校体育不仅做到了拨乱反正，而且在改革发展的道路上阔步前进。

1978年，国家教委、国家体委、卫生部发布了《关于加强学校体

①② 中共中央党史研究室著：《中国共产党的七十年》，中共党史出版社1991年版，第473页。

育、卫生工作的通知》，通知要求继续深入揭批“四人帮”的罪行，提高对学校体育、卫生工作的认识，全面贯彻落实党的教育方针。同年，国家体委、国家教委、卫生部开始在全国范围内，对中国青少年、儿童身体形态、机能、素质进行大规模的调查研究。在这一年教育部制订颁发了十年制中小学体育教学大纲（试行草案）。

改革教材是教育改革的关键。“四人帮”被粉碎后，1977 年 8 月，邓小平同志主持召开科学和教育工作座谈会时，他提出要重视中小学教育工作，而且指出重视教育工作关键是教材，教材要反映出现代科学文化水平，同时要符合我国的实际情况。① 同一时期他还指出“教材非从中小学抓起不可”，要编写通用教材。之前全国的中小学教材基本就只有一套，不存在通用一词。这里特别强调通用就是要改变各地各行其是的意思。同时我们要学习国外的先进经验，引进外国教材作参考。1978 年，教育部制订了各科教学大纲。

教育部根据这些指示，重新组织了以人民教育出版社专业编辑为基础，聘请专家和优秀教师组成三结合的十年制各科教材编写组。体育教材编写组用近两年时间，经过广泛的调查研究，在总结中小学体育教学改革的经验和存在的问题的基础上，代部起草了十年制小学体育教学大纲、中学体育教学大纲征求意见稿，在全国一边试用一边征求意见，修改后连同依据大纲编写的中小学体育教材由教育部颁发试行，这也是人教社出版的第三套中小学体育教材。这套大纲、教材，力图清除“文化大革命”的影响，批判了“文化大革命”期间的错误理论和做法，起到

---

① 刘英杰主编：《中国教育大事典》，浙江教育出版社 1993 年版，第 6 页。

了拨乱反正的作用。其主要特点和成就是：落实党的十一届三中全会的方针路线的精神，在总结经验的基础上，改掉了空洞的“无产阶级政治挂帅”一类的政治口号，以及忽视基础知识和不符合科学性的教材内容，以新的思想体系，构建了新的体育教学大纲和教材。新的体系表现在以下几方面。

（一）强调为现代化培养人才

现代的人才观认为优秀人才不仅要有知识、有聪敏的头脑，还要有强健的体魄、灵巧的双手，能够适应新技术革命的需要，体育教材的目标内容都要为培养我国建设社会主义现代化强国的合格人才服务。

（二）确立了体育教学“一个目的、三项基本任务”的总目标

“一个目的”是培养德、智、体全面发展的社会主义建设者和保卫者，也就是育人的目标。“三项基本任务”是：锻炼学生身体；使学生掌握体育基础知识、基本技术和基本技能；对学生进行思想品德教育。

学校体育和体育教学的目的任务是在总结我国学校体育教学经验、批判片面理解和强调以某项任务为“中心”“重点”的基础上提出的综合目标。

1. 体育和体育教学目标，前者是总目标，后者是分目标，都不可能在一堂课、一学年，甚至一个学段完成，它是滚动式不断积累、逐步实现的。体育教学目标相对于学校体育目标要窄一些，如提高运动水平的任务就没有列进体育教学目标，而是在使用大纲、教材时，对运动成绩较好的学生，通过体育课和课外体育活动，在整个学校体育的范围内发现和培养少部分有才能的运动尖子。

2. 体育的目的任务和体育的目标是一致的，只是因为普通中小学

各科教学大纲都用“目的和任务”的提法，体育教学大纲也沿用了体育或体育教学的目的任务。

3.“一个目的、三项基本任务”的提法，是否能够概括整个学校体育的目的任务？这是在1964年，国务院批转的国家教委、国家体委和卫生部《关于中、小学学生健康状况和改进学校体育、卫生工作的报告》① 中提出的。这份报告的背景，是在批判违背学校体育规律，大搞“四红运动”，不重视体育文化知识，过分强调体育项目的成绩指标，损害了学生健康，并针对当时学校体育在教学中只重视传授运动技术，以及竞技体育对学校体育造成冲击的情况下提出的。报告指出：由于学生健康状况不好，不少学生毕业后参加劳动、服兵役或升学，身体不合格，学生健康状况不好的原因是多方面的；由于国家的财政困难，学生生活水平下降使学生健康受到影响，更主要的是由于我们工作上存在着严重的缺点，贯彻执行党的教育方针、认真执行毛主席的“三好”号召不够等情况。针对这些情况，报告在明确“学校体育是群众性的体育”的同时，还指出：中小学体育工作都必须面向广大学生，广泛地开展适当的体育活动，以促进学生身体正常发育和身体机能的发展，增强体质；使学生掌握必要的体育、卫生知识和身体锻炼技能；对学生进行共产主义品德教育。这些思想反映了我国教育方针和学校体育的育人目标，比较容易理解和记忆，方便贯彻执行，这是从我国的实际提出的。这也是确定体育教学“一个目的、三项基本任务”的主要依据。

---

① 国家教育委员会体育卫生司主编：《学校体育卫生工作文件选编》，辽宁大学出版社1988年版，第61页。

（三）肯定了统一性，加强了灵活性

为了拨乱反正，使全国各地学校能够遵循统一的基本的要求，新的体系重申了在全国编订统一通用大纲、教材的必要性，以克服体育教学的随意性，保证体育教学质量。为了解决各地发展不平衡、克服脱离实际等问题，选用教材的比重加大，更好地处理了统一性与灵活性相结合的关系，使体育教学大纲教材，既有统一的基本要求，面向全体学生，又给地方和学校一定的灵活性，不限制过死，增强了全国统编的通用教材的可行性。

（四）“打破以竞赛为中心”的编排体系

在教材的选择、重点的确定，以及教材的排列上，都强调身体锻炼，把掌握运动技术与发展身体素质结合起来，规定了身体锻炼价值高、动作简单、实效性强的教材，并要“课课练”。“课课练”在全国各校开展以后，对提高体育教学质量产生了深远的影响。十年制中小学体育教学大纲，在指导思想和编排体系方面提出了“打破以竞赛为中心”的体系，曾引起学校体育理论界、体育教师的强烈反响。有人赞成，也有人反对。提出这一思想和以这一思想设计、编订体育教学大纲，是针对当时一部分人以学校在竞赛中的名次或培养了多少名运动员作为评价学校体育成绩的主要标准。特别是有一部分人把我国某项运动水平不高，或某省、某市、某县的竞技体育比赛的失利归结为学校体育“没搞好”，这无形中给学校、体育教师造成很大的压力。这种思想和理论，简单地把上体育课纳入我国竞技体育体系，这就混淆了学校体育与竞技体育的性质。其后果是只抓住了少数尖子学生，忽视了大多数学生，背离了体育教学应面向全体学生的基本原则。体育教学的目的是促进学生的身心发展，而能够参加比赛并创造优异成绩的仅仅是少数有运动天赋的学生。同时，这里讲的“打破以竞赛为中心”的体系，是指体育教材内容不能只是围绕比赛才用得上的运动技术，并不是不要竞赛，更不能忽视在体育教学和体育活动中培养学生的竞争意识。事实证明，只重视少数尖子的“英才教育”，而忽视大多数学生是不成功的。此外，大纲还提出要“提高部分运动基础较好的学生的运动技术水平”，这是对不同学生采取区别对待的方针，这也是学校教育的特点。“打破”的是“以竞赛为中心的体系”，而不是不要竞赛，更不是否定运动项目作为中小学体育教材内容的重要性。但是，这一提法还是造成了一些混乱，产生了一些负面影响，甚至有人把学校体育与竞技体育完全对立起来。

1986 年，国家教委建立了全国中小学教材审定委员会，并提出“要积极、坚决地改革同社会主义现代化不相适应的教育思想、教育内容、教育方法，不失时机地抓好教材改革和建设”。[①] 教材建设和教学改革是密切相关的，每个教育、教学改革阶段，一般都是首先从改革教材开始。教材建设的发展曾受到“左”的干扰，“文化大革命”中，教学也同样遭到破坏。粉碎“四人帮”后，经过拨乱反正，新编了大纲、教材，吸收了一些先进的科学思想和知识，仍然不适应我国的社会主义建设，不适应我国的经济、文化发展的需要。教育行政部门的领导，还特别指出“音乐、体育、美术，在教材建设中应加强并注意民族的特色”，这期间，我国的中小学学制又从十年制延长为十二年制，这都为重新修订教学大纲、教材提出了要求。因此，从 1978 年开始，国家教

① 刘英杰主编：《中国教育大事典》，浙江教育出版社 1993 年版，第 6 页。

委提出对1978年制订的全日制十年制各科（含体育）教学大纲进行调查研究、科学论证、全面修订。此项工作于1986年11月完成，经全国中小学教材审定委员会审查通过，十二年制《小学体育教学大纲》《中学体育教学大纲》作为九年义务教育体育教学大纲编订颁发前的“过渡性”大纲颁发试行。这是新中国成立以来，第一部由教材审定委员会审查通过的教学大纲。

七、1986年全国中小学教材审定委员会审查通过，1987年1月颁发的《小学体育教学大纲》《中学体育教学大纲》，作为制订义务教育大纲的过渡性中小学体育教学大纲，这是人民教育出版社出版的第四套体育大纲、教材

这部新编“过渡性”大纲将学制从十年制延长为十二年制，这也为九年义务教育中小学体育教学大纲的制订和实验做了准备。实际上“过渡性”大纲是九年义务教育大纲的雏形，为以后制订义务教育新大纲奠定了基础。这部“过渡性”大纲，在十年制大纲教材的基础上，总结了中小学体育教学改革的经验，较好地反映了体育教学改革的成果，其中包含许多新思想、新内容和新方法。例如：

1. 各科教学（包括体育）提出了教育“面向现代化、面向世界、面向未来”的指导思想，根据体育的学科特点，在目的任务中落实为“提高全民族的素质奠定基础”，为国家实现现代化培养身心全面发展的人才。

2. 在体育教学任务中，贯彻了“终身体育”和满足学生“生活娱乐”的需要精神，使学生的学校体育生活、教育活动，与学生校外生活和未来走向社会的体育生活密切地联系起来。

3. 体育作为一门教学科目，明确了理论与实践相结合，加强并完善了体育基础知识和卫生保健知识的教材。在学生的体育实践中，学生不仅进行了身体活动和学习了运动技术，而且懂得了锻炼身体的意义。体育对学生进行体育价值观的教育，同时教育其要自觉锻炼，学会科学锻炼身体的方法。

4. 根据加强“音乐、体育、美术”三学科要注意民族特点的有关指示精神，强化了武术教材。此外，教材的体例、表达方式、概念和术语的使用等方面，都注意要具有中华民族特色。

5. 为了反映时代的精神面貌，适应现代学生的生活，教材中小学增加了韵律活动、中学增加了舞蹈和韵律操，使教材内容更加生动、活泼和多样化。

6. 清除了大纲、教材中空洞的政治口号，重视学生自身的发展和实际效益，在面向全体学生，加强其基础的同时，加大了教材的灵活性和选择性，使学生有机会发展个人的特长。

7. 改革了体育课的成绩考核办法，变单一的运动能力测验为反映教学目标的多元要求。考核的内容由学生的学习态度、理论知识掌握的程度、身体素质和运动能力以及体育技能、技巧的水平组成，形成多因素的结构考核办法。

8. 大纲进一步明确了体育教学的地位，并提出正确处理好课堂教学、课外体育活动和课余训练的关系。

过渡性大纲的贯彻执行，推动了中小学体育教学改革，对学校体育理论思想的学习非常活跃，在全国出现了一些教学研究的跨省、市的联合组织。如“全国十城市（区）中小学体育教学研讨会”“全国十四城市（区）中小学体育教学研讨会”，由各市轮流承办，通过现场观摩、研讨和学术报告等形式，推广先进的教学经验。各地涌现出不少先进教师，创造了目标教学、程序教学（小步子）法，有的还制订了定量分析教学质量的量表，以及在体育教学中充分发挥学生的积极性，重视学生的主体作用和兴趣，使中小学体育教学突破了原有的一些“框框”，呈现出蓬勃发展的大好形势。

这一时期，有的省给学生编写了体育课本。编写课本的动机主要是为了突破新中国成立以来，体育课虽然是必修课，但学生始终没有课本的局面。其目的是提高体育学科的地位，体育课不是随意怎么教都行，使学生、教师上课有依据。同时可以起到师生相互督促，学校领导便于检查的作用。如何对待体育课本，在理论认识上是有差别的。有人对编写体育课本持怀疑态度；也有人认为我们国家这么大，通用一本大纲，不利于体育教学改革的发展，各省可以自己编写课本。一时间全国编出20多套体育课本。这些课本的出现，确实活跃了对教材的研究。教师按课本上课，学生有所依据，也提出许多新的思想和方法，对中小学体育教学改革起到一定的推动作用。但是，学生用的课本究竟是否应当编写，从哪一年级开始编、课本的内容应包括哪些、怎样体现体育课本的特点等，都缺乏经验。因此，课本编了不少，真有特色的却不多，学生使用的也不多，特别是按课编写的课本成功率就更低一些。

八、1988—1992 年，国家教委制订了九年义务教育《小学体育教学大纲》《初中体育教学大纲》，大纲反映了我国 21 世纪培养社会主义建设人才的需要与要求，建立了新体系，这是人民教育出版社出版的第五套体育大纲、教材

（一）明确体育教学大纲的性质

体育课是中小学必修的课程之一，体育课的成绩影响学生升级、进入高一级学校学习。我国地域辽阔，各地发展不平衡，要不要在全国通用“大纲”，“大纲”是否具有指导性，或者只具有参考性，这关系到它的权威性。九年义务教育体育教学大纲明确地回答了这一问题：大纲是根据义务教育全日制初级中学课程计划有关课程设置的规定与要求制订的，是编写体育教材、进行体育教学、评估体育教学质量和对体育教学管理的依据。[①] 这清楚地表明了它的权威性和指导性。全国中小学教材审定委员会，在审查教材时，它们也是其中重要的标准之一，是衡量教材是否符合大纲精神、是否超纲、是否在主要的内容方面与大纲保持一致的重要标准。大纲的权威性建立在科学性和可行性的基础上。如果不科学或不可行，也就没有了权威性。事实证明，九年义务教育体育教学大纲在科学性和可行性方面是站得住脚的。

九年义务教育体育教学大纲是在继承的基础上发展、建立的新体系。我们有 40 多年课程教材建设的经验，我们继承哪些经验，接受哪

---

① 《九年义务教育初中体育教学大纲》，人民教育出版社 1987 年版。

些教训？历史不能割断，同时社会又是发展的，学校体育和体育教学是发展的，人们对客观事物的认识也是发展的，不可能永远停留在一点上，否则就是落后，就不能前进。

（二）九年义务教育体育教学大纲（以下简称“大纲”）建立了完整的目标体系（见图 1）

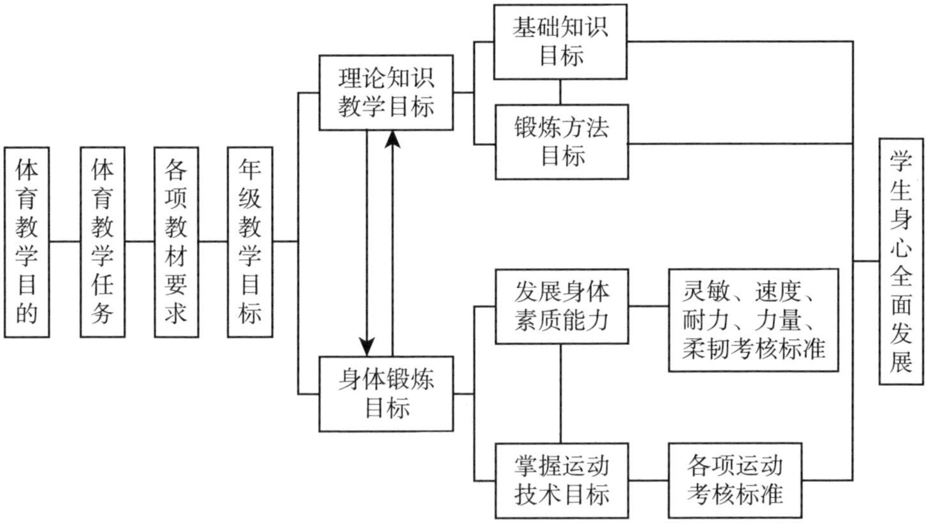

图 1　大纲目标体系示意图

各个国家体育教材的内容尽管可能有所不同，但其都不同程度地反映了本国和本民族的特点。由于世界体育文化的融合与发展，一些主要的内容是共同的，与反映本国和本民族特点的内容可以兼容并包。根据体育教材的特点，不难看出，教材的主要内容不可能只出现一次，也不可能将教材按年级截然分开，或者学完一次再也不用教、学、练了。其特点是不断重复练习，使技术动作逐渐完善，运动能力不断提高。这种“完善”和“提高”是无止境的，只是由目标与要求加以控制。有人把某些运动项目选为教材，只是因为其动作结构与竞技体育比赛项目的结构与方法相同或相似，认为大纲都是“竞技化那一套”，并多以跳远踏板和蹲踞式起跑为例，认为那就是“竞技化”了；也有人提出“竞技项目教材化”，如果以简单的形式逻辑论证，就必须把现行各级普通学校体育课的内容重新构建。这涉及教材分类问题。我们进行过各种实验，但至今还不能选定一种与传统完全不同的、崭新的分类方法。因此，其不在于形式是否雷同、动作结构是否类似，而在于如何根据教育、教学目标，学生的年龄特征和教学条件进行选材。同样形式的运动项目或身体活动内容，根据不同的指导思想、目标要求、控制条件、评估标准，产生的结果也各不相同。大纲的选材标准是把“材”（包括运动项目）作为一种实现自己目标的手段。

（三）理论与实践相结合，在体育教学中注意与卫生保健教育相结合

由于受传统习俗影响，在一部分人的思想里，学校体育只是身体活动、身体操练课，或是“玩”课。混淆了体育课作为一门课的教育和组织形式，单纯看成是活动课（这与两类课程的“活动类课程”不同）。甚至有人认为“活动就是目的”，也有人认为体育课只是传授技艺，锻炼身体是“副产品”。在国外，有一部分学者认为“运动项目不是学校体育的手段，而是学生要实现的目标”。大纲的指导思想，重视了体育课实践性的特点，以身体锻炼为特征，强化了理论知识，把理论知识作为达到体育目的的主要教学内容之一，也是指导学生体育实践，培养其终身体育能力的理论武器。因此增加了理论知识的授课时数，改变了讲授知识的随意性，建立体育基础理论知识新体系。小学二年级以前，由于学生知识水平较低，主要由教师结合操作，以讲解的形式向学生介绍

简单的而又是日常生活和体育活动中必须懂得的卫生保健常识。教授理论知识的目的着重实践和习惯的培养，不进行考核。一、二年级各安排4个讲课题目；三至六年级，各年级安排5个题目；初中各年级安排7～8个题目。九年义务教育阶段共安排有49个题目，其中包括：中小学体育的特点和目标，体育和卫生保健常识，青春期与体育锻炼，体育锻炼对身心发展的好处，简单的体育生理与生化的知识，科学锻炼身体的方法，运动技术原理等。高年级要进行体育价值观的学习，内容分为讲解、介绍、自己阅读三个档次。讲解的内容要求必须学懂、学会、认真实践，并进行考核；介绍的内容只要求教师讲解、介绍，不进行考核；自己阅读的内容，由学生利用课外时间自行学习。身体锻炼实践与体育理论和卫生保健教育相结合，贯穿于整个教学大纲，形成理论与实践相结合的新体系。

（四）弘扬民族文化，加强民族传统体育，体现社会主义中国特色

文化教育是不断发展的，其总的趋势是人类文化和科学技术不断地积累，不断向更高、更新的阶段前进。而各国和各民族的文化，在保持自己特色的同时也在不断相互吸取有益的东西。体育的内容（不论是运动项目还是健身手段），同样在不断地提高层次、丰富内容。如何把复杂多样的内容，通过研究、论证、比较、选择最优的手段，作为中小学的体育教材，是我们现在要研究的重要课题，而且这种研究和探索永远也不会停止。我们提倡弘扬民族文化，加强民族传统体育，但并不是排外的。事实上许多体育项目，在其发展演变的过程中，不断融合各国的文化，已不再是哪一个国家独有的财富，例如篮球、排球、足球的发展即是如此。它们都已经成为现代的体育项目，深受人们的喜爱，甚至成

为我国有些学校的传统体育项目。对于这些优秀的体育项目，只要符合教育目标和学生的年龄特征，都可以作为体育教学的内容。但是，这种文化的融合，并不能完全替代自己民族的文化。我国有悠久光辉的历史、丰富的民族文化遗产，必须继承与发展。中国民族传统体育中，武术就是其中的瑰宝之一。

民族传统体育是大纲新提出的教材内容和概念。在为制订九年义务教育体育教学大纲做准备时，进行过多次科学论证与讨论，制订“过渡性”大纲，将武术拓宽为民族传统体育。近些年来，民族传统体育的发展，使中小学养生、健身和锻炼身体的功法不断丰富，改变了此前武术作为唯一民族传统体育内容的局限性。大纲经过去粗取精和论证，将行之有效的、符合学生年龄特征的，以及在实践中认为可行的内容选进大纲。它是以武术为基础的加强与拓宽，增加了“八段锦”“五禽戏”和其他养生、健身方法和理论知识，其中的“实用健身拳”动作简单，发力强劲，易教、易学、易练，实效性强，具有明显的、强烈的攻防意识，改变了过去单纯以表演为特征的套路。此外，还增加了民间体育的内容。

大纲和教材的结构、语言、格式等方面，在尊重体育科学术语的前提下，尽可能使用具有我们民族特色的语言，不使用不规范的语言，如“一般发展”“体育教育”等。但这里强调的建立我们自己的教材体系，并不是排斥外来文化，而是反对生搬硬套。

（五）教材内容强调加强基础、发展能力、反映时代的特点，克服以竞技为中心的倾向

体育在学校是一门必修的教学科目，“教学”不等同于一般的课外

活动，教学内容必须有一定的规定性。这里讲的“基础”是基础知识、基本技术和基本技能，它反映了九年义务教育的基础教育性质，大纲教材中所涵盖的内容应涉及：

1. 学生走向社会后，参加社会生产和社会生活以及个人交往，所需要的基础知识和基本技能；

2. 学生继续学习必备的工具性的知识和技能，特别是能够“迁移”的技能；

3. 作为一个公民必须具有的公民意识和知识。

总之，在符合学生年龄特点，学生能够理解及运用的前提下，对基本的概念、原理的介绍和操作技术有所加强。体育教材具体表现在重视对体育常识的普及、锻炼身体所需知识的传授和运动技术的操作，为学生健康成长打下良好的基础。但是，由于体育学科的特点，其不可能像语文、数学等科目，有一个显性的标准。体育学科中有的教材，例如武术、健身功法重视基本动作的培养和训练，使学生能举一反三。新增加的韵律操，舞蹈等项目，在动作的编排、音乐的选择及教材的编写等方面都体现出本民族的特色，反映了我国改革开放的活泼、乐观、欢快的精神风貌。

（六）统一性与灵活性相结合，加强了教材内容的选择性和灵活性

有人对教材的统一要求有异议，反对有一定的统一性。但如果教材内容没有统一性，也就没有了要求。大纲教材要面向全体学生，要求学生都能达到一般的要求，即统一性；同时为了加大大纲教材使用的可行性，使大部分地区都能使用，规定了70％的统一性（通用部分）和30％的选用部分。加强灵活性和选修的目的也是因材施教的一项措施。

为了加强教材内容的选择性，解决授课时数少、教材内容多的矛盾，具体教材内容排列采取对部分内容间隔排列的方法。

（七）在总体上照顾和体现体育运动项目特点的同时，教材内容采用综合分类方法

新中国成立后，历次大纲的制订都对教材内容分类进行研究，先后采用了按人体基本活动能力的分类法、以运动项目为主的分类法，经过反复研究论证，当时大纲和教材采用了综合分类的方法。

体育教材内容的分类，是制订体育教学大纲和编写教材的难点之一，它不仅要把各种体育动作、运动项目、锻炼身体的手段以及游戏、舞蹈等，遵循同一指导思想和教学总目标，按教材内容的性质，进行逻辑划分、归类，而且要符合学生的生理和心理需求，方便体育教师、学生理解大纲和使用教材。

九年义务教育教学大纲和教材分类特点：

1. 学校体育作为一门理论和实践相结合的教学科目，包括理论和实践两个方面，将全部教材内容划分为理论和实践两部分；

2. 为了扩大教学大纲和教材的覆盖面，提高其可行性，要做到统一性和灵活性相结合，将教材划分为通用和选用两部分。

具体教材内容，分类结构如下。

小学一、二年级，强调以基本动作为主，教材内容不宜划分过细，分类结构简化，强调以游戏和基本动作作为教学的重点。

小学三至六年级，身体锻炼部分的内容，基本按运动项目排列，但明确球类教材是以小球类为主（小球类指的是三大球的小型化，不是乒乓球等“小球”）；田径项目只是名称与竞技体育的相同，具体内容都经

过再创造，以适应体育教学特点；体操从内容到形式，都是以身体锻炼为目标，编选比较简单的动作，与竞技体操相差甚远。将发展身体素质的动作单独分为一类，与运动项目相配合，其目的是更好地实现体育教学目标。分类结构如图 2、图 3 所示。

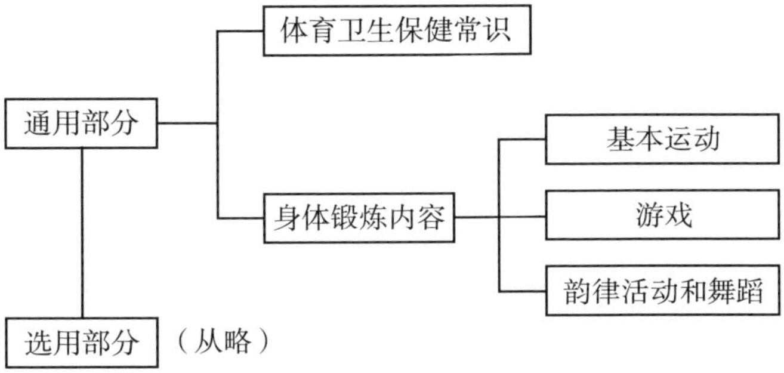

图 2　小学一、二年级教材分类结构

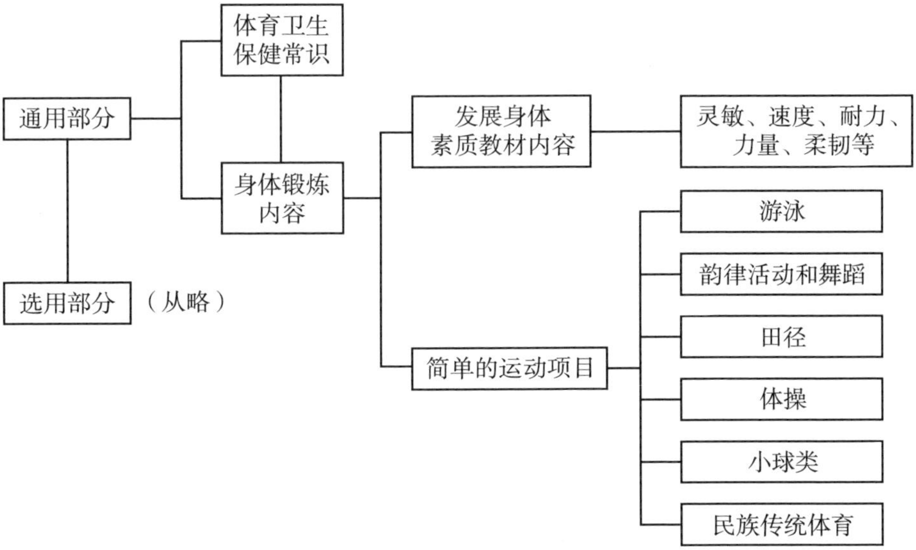

图 3　小学三至六年级教材分类结构

初中各年级的体育教学内容，加大了选用教材内容的比重，拓宽了选用教材的幅度。特别强调发展学生的身体素质，并将发展身体素质的教材单独划分为一大类，强调“课课练”。选用教材内容因各地区气候、民族习惯等差异，编写的教材只是作为案例，教师在教学时有较大的选择性。分类结构如图 4 所示。

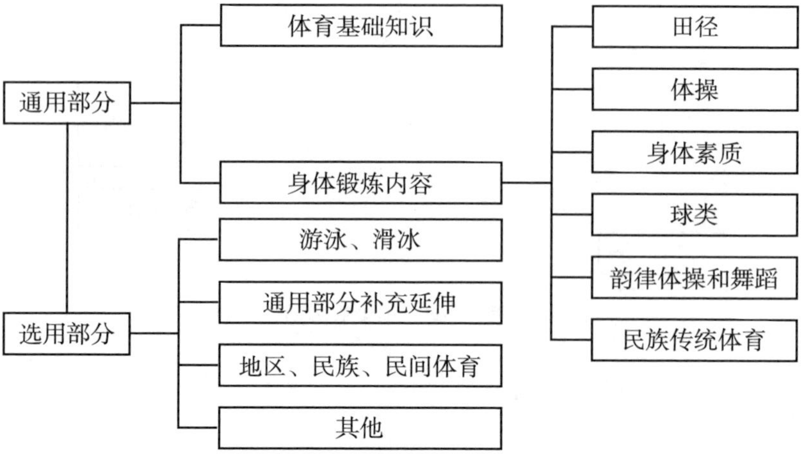

图 4　初中教材分类结构

（八）制订了结构考核办法，对学生体育课成绩进行综合评价

体育课成绩考核，以往只注重对几个主要体育项目进行测验、评分，使教师和学生忽视了体育教学的综合效益，甚至造成教师考什么、学生学什么的现象。这对体育水平高的学生起不到鼓励的作用，他们不需要刻苦锻炼，即可达到标准；而对体育成绩差的学生又容易使他们丧失信心。新的考核办法，采用结构考核和用田径记分表的评分方法，使不同水平的学生都能在原有基础上，不断地追求进步。

考核是将理论和实践相结合、技术与能力相结合、学习成绩与学习态度相结合，强调帮助学生达到最基本的要求，有利于学生达到体育合格标准，考核项目、标准尽可能使绝大部分学生合格，还要使学生积极锻炼身体的同时，掌握科学锻炼身体的方法，提高体育的文化教养。结构考核的项目及比重见表 1。

表 1　考核的内容结构

年级		出勤与表现/%	基础知识/%	身体素质运动能力/%	技能技巧/%
小学	1～2	10		40	50
	3～6	10	20	40	30
初中		10	20	40	30

体育课成绩考核项目强调全国基本统一，只考核测验主要内容（项目）；测验项目的评分标准根据全国调查、测验统计求得的平均数或中数，按年级和性别，大纲都做出了相应规定。但是，考虑到全国各地发展不均衡以及地域、学生生长发育分布的差异，大纲中规定省、自治区、直辖市一级的教育行政部门，可以根据本地区的实际，对部分项目和标准依据大纲的目标进行调整。

九、1996—2000 年，深化教育改革，全面提高教育质量，更好地适应社会主义现代化建设的需要，贯彻“教育面向现代化，面向世界，面向未来”的思想，将中学的体育课名称改为“体育与健康”

在为小学体育，初中、高中体育与健康课程开始编写学生用体育、体育与健康课本时期，人教社也出版了第六套体育、体育与健康课大纲、教材。

人教社自 1954 年成立体育编辑室后，开始参与制订中小学体育教学大纲，并为体育教师编写教师使用的教学用书。根据体育学科特点，人教社在这以前没有给学生编写过体育课本。根据对几十年的体育教学改革和体育课程理论进行研究和实践，为了进一步深化体育教学改革、提高体育教学质量，人教社开始研究和编写学生用体育课本。

学生用体育课本从普通高中开始创编。根据教育部颁发的《全日制普通高级中学课程计划（试验）》，人教社代教育部起草了《全日制普通高级中学体育教学大纲（供试验用）》，同时依据大纲创编了体育课本。高中课本按年级编写，每年级一册。

这套大纲和课本，突出了深化改革的精神，在继承以往成功经验的基础上发展和创新；在制订大纲和创编体育课本的整个过程中，强调理论联系实际，把科学研究作为先导和依据。所有的创编人员深入到东北、华北、华中、华南、西北的10多个省、自治区、直辖市调查研究，宣讲设计方案，听取教育行政部门主管领导、学校主管领导、体育教师、学生的意见。

大纲和教材先在江西省、山西省、天津市（简称“两省一市”）进行教学实验和科学研究。与此同时进行问卷调查，印制相关调查表格，收集了大量数据，并对问卷调查的反馈和实验数据进行统计、处理，最后写出科研报告，作为进一步修改大纲和教材的依据。这套大纲和教材的研制和创编，是在总结人教版中小学体育教材建设过程中的成功经验的基础上进行的，它与以往的教材相比，达到了较为理想的水平。

教育改革和教材建设是永无止境、永远不会停止的，但教改的基本经验也不会频繁改变。这套教材的成就和特点如下。

（一）与时俱进，适应改革开放由计划经济向市场经济转化的需要，以改革创新作为指导思想，统筹指导大纲和教材的研制工作。

（二）在“一纲多本”，多家编写教材的情况下，继承人教版教材的基本经验，体现人教版教材的特点——以育人为宗旨，把体育课程教材作为育人的媒介和手段。

根据人教社多年编写教材的经验，教材的教学内容必须具有相对的稳定性，贴近我国学校、教师、学生的实际，实事求是，不跟风，不追求形式上的新颖和时尚。

（三）新中国成立后，中小学体育学科教育逐渐形成“一个目的、三项基本任务”的表述，这比较贴切体育教育学科的特点。把学生锻炼身体和学习运动技术的实践活动作为载体，去完成三项基本任务，达到一个育人的目的。这三项基本任务是：锻炼身体，增进健康，增强体质；学习和掌握体育知识、技能；对学生进行爱国主义、社会主义和集体主义教育，培养其优良的思想品德与健康的心理素质。

（四）作为一门学科教育的课程，大纲和教材必须规定教材内容的范围、数量和质量，并根据不同年龄对锻炼强度的不同需求，明确各项教材内容的大约比重。这种规定性与教材的灵活性和选择性是不矛盾的。这套大纲、教材就是根据“一个目的、三项基本任务”确定了编选教材内容的原则，规定了各年级的教材内容。这些教材内容的学习、锻炼过程及其结果，就是完成本学科任务和目的的最好体现。

现代体育作为学校的一门课程，在我国只有百年的历史，同语文、数学、科学、历史、地理等学科相比，还是比较年轻的学科。在内容的构建、课程的组织实施、教育教学的过程、理论和实践等方面，仍不是十分成熟或已形成某种稳定的定式。如何建立科学的、能够反映中国特色的体育教材体系，尚需不断改进和探索。这套普通高中的体育教学大纲、教材，在教材内容方面，具有以下特点。

1. 反映普通高中教育的普通性和基础性，或称高层次的基础性与义务教育相衔接；在重视和加强教材内容的灵活性和选择性的同时，仍坚持以统一性和必要的稳定性为基础。

2. 将教材内容分为必选（实际是从同类性质的体育动作的素材中选出的必修教材）、限选和任选三部分。限选教材的含义是，既提倡选学但又是限定在一定范围内的教材内容。如大纲、教材中规定足球、篮球、排球三大球作为限选的教材内容，一是要求每位学生都要选修大球作为学习锻炼的手段，同时规定只能选择其中一至两个项目，以避免上体育课时只打球，而挤占了其他教材内容的情况。任选教材的内容就有所不同，它给教师和学生的自由度更大，选学的内容也更宽泛，只要符合大纲中规定的学科教育宗旨和目标，只要学生有兴趣，学校又有条件开展的项目都可以选作教材内容。

3. 对于教材的分类问题，近些年来争论比较多，各地编写的教材也是用各种分类方法进行构建的。这套大纲和教材经过调查和科学研究，征求专家、学者的意见，其中绝大多数人认为，中小学体育教材的内容（小学三年级以上），明确表明以运动项目为主作为教材内容分类的方法比较切合实际。以田径、体操、球类和武术等运动项目分类，既反映了教材内容的教育性、文化性和体育活动内容的形象特征，又反映了世界体育文化的发展和融合。教材中以运动项目分类对学生进行教育，使其完成身体锻炼的手段，不能因为用田径、体操、球类、武术对教材进行分类，就认为是竞技体育。对于一些不能归类于这些运动项目，而又对锻炼身体有较好效果的体育活动内容，都将其归类为“发展身体素质”的教材内容，这又反映了教材兼顾到综合分类方法。这种分类方法被广大学者、教师和学生所接受。

4. 对体育课程性质做了明确的界定，它是以身体锻炼为主要特征，理论和实践相结合的课程。批判了把体育课只看作是身体活动课的观念，明确了体育课是体育与健康知识、身体锻炼活动相结合的课程。体育与健康课理论部分的内容，不是因刮风下雨不能在室外上课的一种临时补缺，它有自己完整和较为系统的知识体系。在以往的大纲、教材中，列出的理论知识题目，大都是从报纸杂志中摘选的已发表的文章，或党和政府发布的有关文件和领导人的讲话。因此在知识的结构、层次、难度等方面不够完整、准确。这次人教社根据大纲规定的题目，结合学生的认知水平和需要，加入贴近学生生活、学生需要的体育与健康方面的知识和信息，编写出结构合理、深难适度、生动活泼、知识性和可读性较强的教材内容。出版发行前，将其中主要的内容在部分学校和学生中进行试讲、试读。教师和学生普遍反映较好，这是体育教材编写过程中的一次突破。

（五）关于体育课考核与评价的改进，建立了完整的考核评价体系

对于体育课要不要进行考核与评价、怎样进行评价，近年有许多议论和不同意见。事实上新中国成立后，对于如何考核学生体育课的成绩，进行过多次改革，其中有过强调学生掌握运动技术的评价；有过只强调定期测验运动成绩，过分重视定量的达标。但是从来都未忽略对学生参与体育锻炼的态度的评价。对于体育课的评分方法，也进行过多次改进，如既考查平日的成绩和表现，也结合学期、学年的测验，同时观察学生

的基础与发展。评分的方法，使用过百分制和五级分制，但都各有利弊，关键是很难根据每个学生的身体条件，制订出适合每个人的评定方法。但是必须明确对体育课的成绩评定，不同于对健康或体质的评定，同时必须考虑体育学科的特殊性。为避免标准相同，不同的人同样努力学习、锻炼，但由于身体条件的不同，有的人成绩好，有的人成绩可能就差一些，因而造成不公平的结果，这套大纲、教材设计了结构考核办法，将比较单一的只重视学生运动能力测验的评分方法，改进为多种因素综合评价的方法。这些评价的因素包括对体育课的参与态度、体育知识测评（小学三年级以上）、掌握运动技术的程度和运动能力的测验，并制订出结构考核评定各因素的权重。经在各地区的模拟测试，只要比较好地运用这种方法进行测评，学生比较认真地上体育课，绝大部分学生的体育成绩都会得到与其学习的努力程度相应的结果。用这种结构考核的办法，大约仍有 5%的学生体育课成绩不及格，只要学生努力了，教师可以根据学生的实际情况，帮助其努力练习，定期给学生安排补考的时间，予以补考。这样体育课成绩不及格的现象就会大大减少。

根据体育学科的特点，必要的对身体素质和运动能力的测试是必须保留的。

（六）教材的版面和呈现方式做了重大的改变，为了方便学生阅读和使用，增加课程内容的知识量，而又不增加学生负担，将课程教材的主要内容放置在主栏，将相关的知识、资料、学生感兴趣的信息放置于辅栏。在实验过程中，学生对这种改革反映强烈，提高了学生的阅读兴趣，加强了他们对主要教材内容的理解和掌握。达到了增加学生的知识和信息量，又没有增加学生负担的效果。

2000年，教育部修订了《全日制普通高级中学课程计划（试验修订稿）》，颁发了这一计划的试验修订稿，其中，对体育学科的名称做了重大的改革，将体育课改名为体育与健康课，并委托人教社根据这一计划代教育部起草体育与健康教学大纲，同时编写相应的、供学生使用的体育与健康课的教材（教科书）。在两省一市进行《全日制普通高级中学体育教学大纲（供实验用）》、教材的试验和实践所取得的成功经验的基础上，人教社根据新修订的《普通高级中学体育与健康课程计划（试验修订稿）》修订了大纲和教材。在修订过程中，除了体育编辑室全力以赴投入这项工作的开发研制，还邀请了国内水平较高的教授和优秀教师参与该项工作。最终如期研制、编写完成《全日制普通高级中学体育与健康教学大纲（试验修订版）》，同时起草了《全日制初级中学体育与健康教学大纲（试用修订版）》，并经教育部中小学教材审定、审查委员会审定通过。高中大纲、教材在两省一市试验，初中大纲在全国试用。这套大纲、教材是在原有体育教材的成功经验的基础上编写的，主要是在体育与健康课的“健康”上下了工夫。

我国现代学校的课程设置源于1902年，将体育课程的名称定为“体操”课，直到1923年才改名为“体育”课。新中国成立后一直沿用“体育”课的名称。2000年修订的课程计划将体育课改名为“体育与健康”课，这是重大的改变。这一课程名称的改变，其原因并没有上级的文件说明，只是由此项工作的相关负责人进行了口头说明，原因是：其一，强化“健康第一”的指导思想；其二，强化体育与健康的密切关系；其三，增补健康教育的内容。这些理由和原因都有一定的正确性，所以得到大部分人的认同。但是，也有相当一部分人持不同意见，不赞成改变体育课的名称，其理由是：第一，体育与健康是密切相关而又相对独立的两个学科体系；第二，体育与健康的宗旨并不完全相同，体育是以身体活动为主要特征，在体育活动中达到多种教育目的，健康只是通过体育活动所要完成的目的的一部分；第三，健康教育有自己完整的知识体系，同时在学校教育中又是通过小学自然课中的人体知识教育，初中的人体生理学，高中的人口教育、生物课等的教育以及卫生、保健的相关课外教育共同完成的。部分学校体育方面的学者，大纲、教材的编者，以及教材审定、审查委员会的成员等相当一部分人员，不赞成把体育课改名为体育与健康课。在送审通过后，经教育部审核批准时，最终定为体育与健康课。

2000年，对《九年义务教育全日制初级中学体育与健康教学大纲》和《全日制普通高级中学体育与健康教学大纲》进行修订后，人教社根据修订的大纲编写了教材。人教社编写的这套教材，是在原有教材基础上进行精简、调整和少部分增补完成的。其中对器械体操的部分内容降低了难度，精简了一些重复的动作；田径教材缩短了跑的距离和教材的重复次数。根据课程名称的改变，对有关学生健康、保健的知识和技能的内容，进行了较认真的研究，增强了科学性、知识性、实用性和可操作性，方便教师讲授和学生阅读，提升了教材的完整性和时代性。

创编这套教材时，在总结以往教材经验的基础上，加强了民族民间体育教材内容，创编了“形神拳”，强调中华民族传统武术的精、气、神的特点。在球类教材内容的构建中，改变了对于球类教材过多地强调基本技术的观点，以及教学时先教基本技术，再在比赛中应用的传统做法。新编这套教材重视教学比赛，把教会学生基本功、基本技术和球类比赛相结合，既重视基本技术的教学，又重视比赛的实践活动，强调在比赛中运用技术和战术。这套教材在教学实践中取得了较好的效果，既满足了学生参加比赛的兴趣，又保证了基本技术的学习和用于比赛的实践。经学校使用，教育教学效果明显。

在任选教材内容中，编者没有把不便在教学实践中开展的“高尔夫球”等所谓新兴运动项目列入教材，并对“新兴运动项目”的概念有所界定；增加了在学校中可以开展、并有条件开展的“现代科学健身项目”，提倡开发、引进、创编一部分教材内容，作为地方课程或校本课程列入教材内容；提倡创造一切条件开设游泳课；提出改善办学条件，增加体育设施，为上好体育课创造条件。

中国中小学体育教材建设，已走过半个世纪的历程。在上级部门的关怀与指导下，我国中小学体育教材的科学研究人员、专业编辑队伍和广大学校体育工作者、体育教师辛勤工作，不断探索，完成了这段历史使命，对我国的中小学教育事业做出了应有的贡献。

在总结这段历史时，我们有如下体会。

1. 包括体育课程建设在内的中小学教材建设与发展，是同我国的教育改革与发展相伴而行的。教育和教材建设，是为我国的社会主义革命和建设服务的，脱离国家需要的教育是不存在的。

2. 中小学体育是教育的一个组成部分，学校体育的本质是教育，是育人。学校体育要体现健康第一的思想，以增强体质为主，通过体育的实践活动，对学生进行德、智、体全面发展的教育。学生的体育与其他学科教育融为一体，共同完成育人的目的任务，各学科教育和其他教育活动是一个整体，而不是孤立的。

3. 体育在学校对学生的教育活动有多种多样的形式，如体育课、早操与课间操、课外体育活动、课余训练和校内外体育竞赛等，其中体育课是这些活动中的基本组织形式。近几年，社会上和一部分学者、体育教师中有人认为，学生自发参加的课外体育活动和社区体育活动的兴趣，喜爱运动项目的积极性以及健身效果，都超过了上体育课的效果，因此否定体育课的作用与意义，提出把体育课改为学生的自由活动课，搞兴趣小组活动，对学校体育课的教学持怀疑甚至否定的态度。这种观点我们是不赞成的。

体育课是国家规定的学科教育课程，有国家规定的授课时间和学科宗旨目标，有国家聘用的教师，有固定的上课场地、器材，有国家审批通过的教科书，上课要面向全体学生；学生上体育课的出勤情况和学习态度，是学籍管理的内容之一；体育课的学习态度和成绩，是影响学生升级、毕业的重要内容。因此，绝不能把体育课（学科教育）的组织形式，改变成学生的自由活动，降低体育课的地位和作用。关键是我们如何认真地改革体育教学，提高体育教学质量，真正实践体育教学的价值，全面实现体育课程的宗旨和目的任务。

4. 体育教材是实现学校体育学科教育宗旨的媒介、手段，体育课程教材的内容由理论知识和身体活动实践两部分构成。学校体育的特点是以身体活动为主要特征。在身体活动实践的内容中，既要考虑和适应人体活动的自然发展规律，又要研究和设计促进人体发展的技术和动作。教材的构建与设计必须与学生的动作发展规律相适应，但不是消极的适应，而是促进学生身体动作的发展，这也是体育教材科学研究的重点内容之一。

5. 我们是社会主义国家，中小学生的基础教育必须体现国家对基础教育的要求，教材是完成基础教育宗旨的重要媒介和手段。因此，新中国成立后，在一个时期内要求教材的统一性和编写全国通用教材是重要的措施之一，不仅无可非议，而且是教育工作的一个重大成就。随着社会的发展，教育手段的多样性，各地发展的不平衡性，学生获得信息的多种途径，学生的自主性和兴趣的广泛性等原因，教材内容必须随之有所变化。教材再用完全的统一性或死板的规定，就会限制教材的适应性和学生的选择性。在教材有一定的统一性的同时，教材内容的灵活性和选择性就成为改革和研究的重点内容之一。但是，如何确定一些重要的、有价值的重点教材作为相对稳定性和统一性的内容，也是不可忽视的。

6. 关于教材内容的难易问题，对基础教育中教材的“深、难、偏、旧”的批评是较普遍的。对中小学体育教材内容的批评也是一样，特别是对体育教材的“难”多有批评，有的人“看到中学生跑 800 米（女生）、1 500 米（男生）之后难受的样子，就会觉得很难过”。学生跑得吃力，他们不愿意跑，为什么一定要让他们跑，不让他们“玩”自己喜欢的“游戏”？体育课程是学校教育的基础课程之一，有它的宗旨和目标，不仅要达到身体锻炼、增强体质的目的，而且要通过体育锻炼，完成培养坚强意志、勇敢顽强精神、克服困难的教育目标。有的教材内容需要学生在克服困难中完成，这也是达到教育目的的有效措施。教材内容不能完全是学生喜欢、不经任何努力、轻而易举就可以完成的。这其中包括教师要选择合理和科学的教学方法以及学生的学习方法问题。但对于完成教学目标任务确实有困难的学生，则是教师如何做到区别对待的问题。

7. 体育教材内容多与少的问题。有人认为体育教材内容应“少而精”，学会一套拳术、一个体育项目，一辈子都可以用其锻炼身体，反对中小学的体育教材内容“蜻蜓点水”、面面俱全。体育教材内容既是健身手段，也是体育学科的知识和文化，青少年正处于生长发育时期，为了较全面地影响和促进他们各器官全面、健康的发展，帮助他们了解一些体育知识、信息，中小学体育教材内容适当宽泛一些，对于学生开阔眼界、身体的正常生长发育都是有益的。如果过早地对运动项目专项化，不仅对其身体的全面发展无益，单项运动技术也难以提高，即使在一定时期内运动成绩提高了，但因各项身体素质基础打得不牢，最终也会影响他们的运动成绩继续提高。

8. 关于教材内容的重复问题。这是对体育教材具有普遍性的意见。有人认为有的教材内容“年年重复，学生没有新鲜感”，这有教材问题，也有教法问题。体育教材内容不论是出于健身的目的，还是从提高运动技术的需要出发，一些主要教材内容都必须年年重复。例如跑、跳、投等身体基本活动的教材，不可能学生学习一遍之后，就不再学、不再练了；篮球中的投篮练习也不可能只练习一次，之后就不再练习了。教、学、练是一个整体。关键是要解决如何在原有基础上，不断提高要求，而不是年年进行低级的、不变的重复问题。

9. 体育课是一门基础课程，有学习内容，有教育和教学目标，学生的学习就要进行考评。至于如何考评，如何记分，体育课的学习成绩对学生的教育作用，都是历次编写体育教材时研究的重点。但是，体育课成绩评定的内容和方法，有各种不同的意见，争论从来也未停止过。

根据教材建设的历史，我们认识到：第一，学生体育课的学习成绩应当考评；第二，考评的内容应包括对体育课的参与和学习态度；第三，对体育课理论知识的学习水平的（小学低年级不进行考评）考评；第四，体育运动技术、技能的考评；第五，运动能力的阶段测验。

体育课的成绩评定，既要重视过程的评价，也要重视定期测验的结果。

评定的方法方面，可加强学生的自评，同学间的互评，但重点是教师平时对学生的观察、评价和最后的综合评定。

对事物的判断和历史的评价会有各种不同的观点，甚至会有很不同的意见，但事实只有一个。我们尽可能客观地回顾中小学体育教材建设的这段史实，供同志们参考、批评！

在记述这段历史时，我们十分怀念和感谢为中小学体育教材建设作出过贡献、已逝去的前辈和同志！并致敬正在从事和即将从事中小学体育教材建设的同行们！

下　编

体育教材调研与编审

日本的中小学体育*

——赴日本考察纪要

1980年，应日本中日教育交流恳话会的邀请，以叶圣陶同志为团长的中国中小学教材考察团于11月25日到12月10日，去日本考察了16天。16天中，考察团在大阪5天，在冈山和新神户共1天，在和歌山县2天，在奈良2天，在京都2.5天，在东京3.5天。考察的内容是了解日本中小学课程教材的情况。由于考察时间有限，我们着重了解两方面的内容：（1）日本的高中教育如何适应学生升学和就业的不同需要；（2）日本的中小学学习指导要领①为什么要修改。

承中日教育交流恳话会周到的安排，考察是通过下列四条渠道进行的。

1. 访问学校：访问了8所学校，其中1所小学（和歌山市立本町

---

* 选自王占春：《王占春教育文集：学校体育的实践与研究》，人民教育出版社2009年版。

① 日本的中小学学习指导要领的内容相当于我国中小学教学计划及说明和各科教学大纲的说明及内容要点。

小学），1所初中（和歌山市立城东中学）[①]，4所高中（大阪府立花园高等学校、歌山县立桐荫高等学校、奈良市立一条高等学校和京都府立山城高等学校），1所工业高中（大阪市立都岛工业高等学校），1所大学（新神户甲南女子大学）。

2. 访问府县[②]教育委员会和教学研究机构：大阪府和京都府由府教育委员会委员长主持座谈会，参加座谈会的是教委会各部门负责人。和歌山县则由和歌山县中日教育交流恳话会组织了31位中小学校长、教师同我们进行座谈。我们还访问了大阪府立科学教育中心。

3. 访问文部省：访问两次，主要是同初等中等教育局的视学官、教科书调查官、课长座谈。

4. 访问出版社：访问了四家教科书出版社（三省堂、大阪书籍株式会社、帝国书院、霍尔普出版公司），一家以经营中小学在校学生函授业务为主的出版社（福武书店），此外还访问了由教科书出版社组成的教科书研究中心。

座谈会大都是先由会议主持人（校长或府县教委会委员长，或文部省视学官等）针对考察团提出的问题介绍情况，然后由我们提问，他们回答，在学校则按学科分组谈话或按学科对口交谈。对基层（学校和出版社）、府县、文部省三级的访问，使我们对考察的问题比在国内有了更多的了解。

就学校体育而言，主要是了解日本中小学体育的现状和中小学体育

① 日本的中等学校相当于我国的初中，高等学校（简称高校）相当于我国的高中。

② 日本最高一级的地方行政单位是都、道、府、县（共47个），即东京都，北海道，大阪府和京都府，43个县（如和歌山县）。都、道、府、县之下是市、町、村。

学习指导要领的内容。以下是对日本中小学体育考察的情况介绍。

日本的教育方针，强调知、体、德的“和谐”发展，“身心健康”，重视增强学生的体力，体育课是学校必修的课程之一。按文部省规定：小学体育课每周 3 学时；中等以上学校在 3 学时内增加一节保健课，称“保健体育”课。但是，在我们参观的中学，都保持了每周 3 学时体育，另外又加一节保健课。还有些学校，高中二年级以后，女生体育课改为每周 2 学时，另开 2 学时家政课，男生不学家政，体育课增加到每周 4 学时。

日本为了增加国民体力，公布了《体育振兴法》，学校体育与保健、安全、环境教育密切结合，并建立起完整的、全国统一的身体检查和体力鉴定制度。文部省每年把这些统计资料进行科学的处理，作为教育工作的基本依据之一。从明治三十八年（1905 年）起，近八十年来他们从未间断这一工作。从资料中可以看出，近年来，随着日本工业的飞速发展，学生身体发育速度大幅度提高，超过了历史上的发展高峰。日本的文部省、学校和有关的学者，一致认为学生生长发育的迅速发展，重要的原因是日本人营养构成改变的结果，其中主要是肉食比重的增加。同时，这与他们重视学生的保健体育有关。但是，据日本的教育部门和体育教师反映，日本学生的体力与身体发育不相适应，身体长高了，体力没有得到相应的发展，这正引起日本教育界和体育界的关注。

学生的身体检查和体力测验，全国统一项目、统一时间、统一方法。检查和测验的结果，从学校到都、道、府、县层层抽样作出统计、评价，作为分析研究本校和本地区学生体质状况的依据。例如，京都府向我们介绍他们的教育情况时，其中就有完整的身体检查、体力鉴定和运动能力测验的资料，并把这个府的各项指标与全日本的同类项比较，找出该府的学生在哪些项目上占优势，哪些项目上占劣势，然后分析原因，以便采取改进措施（见图 1）。

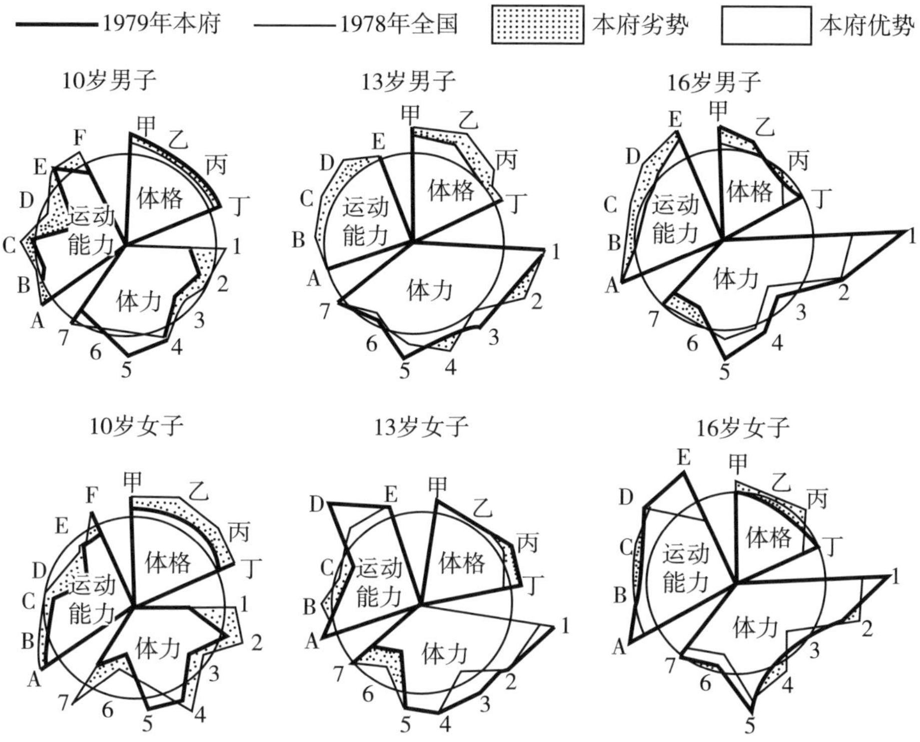

图 1　日本京都府学生体质同全国学生体质的比较

上面的图例，甲乙丙丁代表身体发育的身高、体重、胸围、坐高；1234567 代表体力的反复横跨、纵跳、握力、背肌力、踏台阶（上）、踏台阶（下）、体前屈；ABCDEF 代表运动能力，其中包括 50 米跑、急行跳远、投手球、斜悬垂引体、耐久跑、连续翻身上。

各级学校都十分重视学生的身体状况，各种统计数据不仅进行横向比较（本校与本地区、全国比较），而且还进行纵向比较（分析本校学生生长发育的趋势)。以我们访问的大阪府花园高中为例，他们每年都向上级教育行政部门和学生家长委员会写出学生身体发育、体力鉴定和运动能力测验的调查报告书，以便各方面对学生的保健体育共同采取措施，提高学生的体力（见表1)。

表1　花园高中与大阪府、全国学生发育、体力和运动能力的比较

（仅以身高一项为例）　　单位：cm

项别	年度	年龄							
		男子				女子			
		15	16	17	18	15	16	17	18
身高	1980年本校	167.7	169.3	170.9	164.6	157.4	157.4	157.7	158.3
	1979年本校	167.6	170.1	170.0	180.0	157.0	157.5	158.0	
	1978年本校	168.5	169.5	170.3	175.1	157.1	157.9	157.7	160.0
	1979年大阪府	167.3	168.9	169.7		156.7	157.1	156.8	
	1979年全国	166.7	168.6	169.4		156.2	156.6	156.7	

根据这样的统计资料，再绘出图形，可查看本校学生在哪些项目处于优势或劣势。对于个别身体有缺陷的学生，就进行个别的指导，他们称为“养护教育”。对智力和体力不佳的学生进行“养护教育”，已成为日本教育中的重要组成部分。

日本重视学校体育，从他们的经费分配也可以看出来。如1980年京都府和大阪府的教育经费预算，都明确地规定了学校保健体育费，分别占0.3%和0.4%。日本学校体育场、馆的建筑费包括在基本建设费里，预算里的保健体育费主要是购买小型用品和日常开支。

日本学校体育场、馆设施相当完善，全国中小型体育场馆大部分在学校。公立的中小学 100%有体育场，80%～87%有体育馆，46%～55%有游泳池。初中以上的学校都有柔道馆、剑道馆。我们参观的学校，以上这些设施都很齐全，有的学校设有两个体育馆，有的体育馆内设置两个篮球场。

1977—1978 年文部省制定的各科学习指导要领有关体育部分，明确规定中小学体育工作，是“通过学校一切教育活动来共同完成的”，各级学校体育教学的任务如下。

小学：通过组织适当的体育活动，吸引儿童喜爱体育活动，初步教给他们一些有关自身健康与安全的常识，以增进健康和提高体力，培养活泼开朗的生活习惯。

初中：通过科学的体育运动实践，培养学生对体育运动的爱好，同时使学生理解有关健康与安全的知识，以更好地指导其增进健康和增强体力，培养良好的生活习惯。

高中：科学地进行各种体育运动，在提高学生运动技能的同时，养成公正、合作、负责等品质，促进身心的强健。学生通过不断的运动实践，掌握运动能力，养成习惯。

日本学校体育的内容，第二次世界大战后受美国的影响较大。球类运动成为正式教材，学生也很喜欢球类运动，他们要求满足自己的兴趣，要求更自由一些。然而，他们国家也十分重视继承和发扬民族传统的体育项目。例如，具有浓郁民族色彩、实用价值和健身效果的柔道、剑道、相扑和弓道等体育项目，至今仍作为学生重要的必修科目（女生只学剑道和弓道）。

在日本学校体育的教学内容方面，在我们参观的几所学校，我们看到他们体育教学工作计划，都是根据文部省制定的体育教学指导要领编订的，连上课的教案也大体相同。但是，各都、道、府、县，以及学校也都有一定的灵活性，各项教材的比例也有相当大的伸缩性。以小学为例，一、二年级只有两项内容，即基本运动（跑、跳、投掷及体操等）和游戏；三、四年级除基本运动和游戏外，增加一项表现运动（模仿运动和表情歌舞等）；五、六年级把体育教学内容分为六个项目，即体操、器械体操、田径、游泳、球类、表现运动和保健知识。各项教材比重见表2。

表2 小学体育教材比重

项目	年级			
	低年级	中年级		高年级
		3年	4年	
基本运动	60%	50%	50%	—
游戏	40%	35%	35%	—
体操	—	—	—	15%
器械运动	—	—	—	15%
田径	—	—	—	15%
游泳	—	—	—	10%
球类运动	—	—	—	20%
表现运动	—	15%	15%	15%
保健	—	—	—	10%

初中体育教材（见表3）把许多项目也归纳为六项，每项教材授课时数有伸缩性，内容可以选择。如“个人体育运动”包括器械体操、田径、游泳，“集体体育运动”包括各种球类，格技包括柔道、

剑道、相扑等。在以上所有项目中都有选择的余地，如田径的急行跳高、跳远，在一个年级中就可以只选其一进行教学，格技也可以选择一项。但是，这六个大项目都是必修的（男生不学舞蹈），不能舍弃任何一项。

表 3　初中体育教材比重

项目	年级			
	一、二年级		三年级	
	男	女	男	女
体操	10%～35%	10%～35%	15%～40%	15%～40%
个人体育运动	30%～55%	30%～55%	15%～40%	15%～40%
集体体育运动	20%～45%	20%～45%	30%～55%	30%～55%
格技	10%～35%		15%～40%	
舞蹈		10%～35%		15%～40%
体育知识	5%	5%		

高中的体育教材有：体操、个人体育运动（器械体操、田径、游泳）、集体体育运动（篮球、排球、足球、手球和橄榄球）、格技（柔道、剑道、相扑）、舞蹈、体育理论。在这些教材中，体操和体育理论各年级都要教；个人体育运动各年级都要选择适当的项目进行教学；集体体育运动一年级必须选两种球类，二、三年级要选一二种；格技主要是男生学习；舞蹈主要是女生学习；体育理论各年级都占 5%～10%。按以上原则分配学时后，还要从学校的实际情况出发，从垒球、相扑、弓道、摔跤、长刀、网球、乒乓球、羽毛球和滑冰等体育项目中任选一二项教给学生，大部分男生选棒球。我们看到有的学校按表 4 的项目和

比重选择教材。

表 4　教材选用情况

<table>
<tr><th>必修</th><th>选项</th><th>运动项目</th><th>百分比/%</th></tr>
<tr><td rowspan="2">共同必修</td><td rowspan="2"></td><td>体操
器械体操
田径
游泳</td><td>30～40</td></tr>
<tr><td>体育理论</td><td>10</td></tr>
<tr><td rowspan="2">选项必修</td><td>第一选项</td><td>男子：1. 格技：柔道、剑道选一项。
2. 球类：篮球、排球、足球、手球、橄榄球选二项。
女子：1. 球类：篮球、排球、手球选二项。
2. 舞蹈。</td><td>15～20
20～30
20～30
15～20</td></tr>
<tr><td>第二选项</td><td>格技、球类、舞蹈：在第一选项以外的项目中的选项。
如弓道、相扑、棒球等。</td><td>10～15</td></tr>
</table>

我们参观的 8 所学校，观摩的体育教学，有新授课、复习课和测验课 3 种类型，每堂课都认真点名，简单地整队，宣布和讲解本课任务和教学内容，根据教学内容做准备活动。球类大都只教一种教材，田径、体操课，有的教两种教材，测验课都不分组，全班共同观摩。学生参加考核十分认真，教师评分后，并指出优缺点。结束时都认真地做整理活动，教师进行总结。体育教师很重视发挥学生的自觉性，学生也积极认真。观摩了他们的体育课后，在以下三个方面给我们留下了深刻的印象。

第一，学校体育场地、器材设备完善，每个班的学生人数不超过 45 人，学生根据上体育课的内容，穿着不同的运动服装。教师可以充分发挥自己的才能，不受任何自然条件的影响，按计划组织好体育教学。

第二，体育教师对学生要求既严格，又不规定过死，充分地发挥学生的主动性和创造性。我看到一个高中二年级女生的舞蹈考试，教师事先用录音机向学生播放“即兴舞曲”，让学生根据曲子的节奏自己创编并表演舞蹈，没有忸怩怯场的学生，他们都能根据自己对曲子内容的理解，表演即兴舞蹈。在高中的急行跳高和小学跳箱的授课中，我看到教师没有规定某一种固定的姿势或动作，而是在教师的指导下不同的学生可以做不同的动作，一个学生也可以做二三种动作，这些动作的难度大体是相同的。如，跳高的过竿动作，有的跳俯卧式，有的跳背越式；跳箱分腿腾越时，跳箱的纵横两面都放好垫子和助跳板，学生可自由选择跳纵箱或跳横箱，有的学生也做箱上前滚翻。

第三，学生的身体好，体育技术水平比较平衡。如，小学四年级进行的“端线篮球”比赛，步伐清盈，运球、传球、投球的基本动作很规范。小学生做纵跳箱的前滚翻时手支撑都经过片刻的倒立姿势。初、高中学生的球类技术的基本功都很好。特别是初中女生的600米跑，推铅球，踢足球；高中男生的橄榄球，都表现了学生具有良好的体力。女生跑完600米后，没有出现疲劳的现象。

我们在日本停留的时间很短，对日本学校体育的全貌不可能做深入的了解。我们在与体育教师的交谈和观摩中，也看到一些问题。

第一，我们出访前，对日本学校体育如何有计划地增强学生体力，很想做深入的了解。但是，仅就我们参观的学校而言，对此看到的很少。在如何使学校体育科学化，真正做到有目的、有计划、有针对性地锻炼学生的身体，按照所谓“运动处方”进行教学，我们没有看到他们在实践中对此采取有效的手段和方法，大部分体育课仍然是用传统的教授体育动作的方法进行体育教学。

第二，日本有完整的身体检查、体力鉴定和运动测验的制度和方法，但是，如何把这些检查和测定的结果作为评价学生体育课成绩的依据，我们还没有看到这样的材料。在我们与体育教师的交谈中，他们认为，在日本体育成绩的考核也是一个难题。当前日本学校普遍的做法是把对学生身体的评价与体育课成绩分开，体育课的成绩评定，是根据学生体育课的出勤情况，学习态度和掌握体育知识、技能和达标的程度，把这三个方面结合起来评定学生体育课的成绩，并作为升留级的依据和参考。

第三，教育行政部门的负责人、学校校长、体育教师都反映现在的日本学生自由化的思想比较严重，上体育课也有不少学生不愿吃苦，喜欢“自由”，要求满足自己的“兴趣”，所以，上体育课也是普遍喜欢“玩球”。

编写幼儿师范、幼儿职业高中体育教材的调查*

新中国成立后，中小学和中师的体育教学大纲、教材都已先后编齐出版发行，唯幼儿师范尚无国家制订的体育教学大纲和统编教材，使幼师的体育教学和幼儿园体育教师的培训工作受到影响。随着我国幼儿教育的蓬勃发展，幼儿园教师（幼儿体育是教师工作的重要组成部分）能担任幼儿园体育教学的人员数量和质量都亟待补充和提高。全国除个别省外，每个省都办有 1～3 所幼儿师范学校。近几年因为急需幼儿教师，随着职业高中的兴起，不少省市办起了“幼儿职业高中”。幼师和幼教职高的体育教学都用中师的体育教材替代。为解决这一问题，国家教委责成人民教育出版社研究并编写幼师体育和舞蹈两个学科的教学大纲和教材。

为研究和调查幼儿师范和幼儿职业高中体育、舞蹈教学与相关问题的现状，在国家教委师范司的指示领导下，以人民教育出版社体育室为主体，并邀请有关的专家和幼师的优秀教师成立了调查研究组赴广东省

---

* 选自王占春：《王占春教育文集：学校体育的实践与研究》，人民教育出版社 2009 年版。

广州市和湖南省长沙市，深入调查了广州幼师、广州幼儿职业高中和长沙幼师。调查组居住在学校与学校领导、体育教师、学生朝夕相处20余日，观摩体育课、舞蹈课（包括在教室里的讲授课和体育馆、操场上的实践课），调阅相关的文献资料，进行个别交谈和讨论，参观幼儿园，召开了省教育厅、市教育局主管体育的同志和学校的校长、教导主任、体育教师、舞蹈教师的调查研究会。其间调查组还专访了长期从事幼儿教育研究的专家、学者。这些参观、调查、座谈和专题讨论，使教材编写组的人员，对幼儿体育的现状和幼儿园体育师资的培养工作经验、存在的问题，都取得了重大收获，现将我们的调查研究报告如下。

一、三所幼师的基本情况

（一）校史沿革与发展

幼儿师范兴办较晚，广东省有三所，湖南省目前只有一所，第二所正在兴办中。

广州幼师于1956年创办，曾于1965年停办，1978年恢复，学校设备较好，但原有教师多已调走分散不能复原。江门幼师创办于1981年，虽属新建，但发展很快。这两所幼师都有明亮的教室，宽敞的宿舍，十分讲究的琴房，并设有专用的舞蹈教室和练功房。各有钢琴、风琴、手风琴几百架。体育设施以广州幼师较好，有篮球场、儿童体育场和正在扩建的200米跑道标准的田径场。江门幼师有几副篮球架，没有田径场。

长沙幼师是徐特立同志早年创办的，为纪念徐特立同志现在虽已改为幼师，仍沿用长沙师范校名。学校改为幼师只有几年，校舍在原有基础上正在扩建，没有田径场，加上校门外自由市场的喧闹，办学环境很差。

（二）学校的规模（见表1）

表1　三所幼师规模简况

单位	学制及班级数				学生数	教工数	教师数	
	总班数	三年制	培训	大班			总人数	大专毕业
广州幼师	16	10	6		680	120	60	70%
长沙幼师	14	9	3	2	593	162	51	65%
江门幼师	11	9	2		500	74	43	90%

（教职工总人数中包括附属幼儿园和校办厂人员。表中的“大班”指班级人数超额）

（三）体育教师和舞蹈教师状况

三校体育教师共8人，大多数是体育院系毕业的，男女各半，青年人居多，教龄较短。7名舞蹈教师，全是女性，有二分之一是舞蹈学校毕业的，先从事文工团工作，后调进幼师任教舞蹈，具体状况见表2。

表2　三所幼师教师状况

单位	体育教师				舞蹈教师						
	人数	男	女	大专毕业	人数	男	女	舞校毕业	当过演员	留校生	体育系毕业
广州幼师	3	2	1	1	3		3	3	3		
长沙师范	3	1	2	3	2		2				2
江门幼师	2	1	1	1	2		2	1	1	1	

二、体育教学

（一）课程设置

三校均开设体育课，含体育及幼儿体育教学法课。一至三年级每周两课时体育课，三年级增开 1 节幼儿体育教学法课。

（二）体育及体育教学法课教材

体育没有幼师体育教学大纲和教材，各校均参照中师体育教材或中学体育教材编订本校体育教学工作计划上课。广州幼师、长沙幼师体育教师不明确幼师体育课应教什么内容，基本上按教师的意愿、学生的要求和学校的条件安排教学。江门幼师体育教师较有经验，强调体育教学的双重任务，把体育教学内容分为三个部分，即锻炼身体的教材、幼儿体操教材和幼儿游戏教材，这三种教材各占三分之一；第一种教材，包括中师女生的全部教材，另增加排球、足球、游戏、游泳、高低杠、艺术体操等教材，有的只做一些介绍。这所学校比较重视向学生进行专业技术训练，一年级结合幼儿园小班教材，二年级结合幼儿园中班教材，三年级结合幼儿园大班教材。我们观摩该校体育课，两位教师各有偏好，一位只教学生打球，另一位教师只教学生幼儿园相关的教材。

教学法课，三校都使用由天津市组织编写的幼儿体育教学法试用教材。我们征询对这本教材的意见和使用的状况，比较一致的意见是其为基本可行，但要修改。主要的意见：第一，内容偏多，每周 1 课时教不完；第二，有些概念解释的不够清楚；第三，结合幼儿实际不够。

（三）体育基础知识教材

三校体育教师都感到这部分教材不好教，各校教的内容也不统一。一般都是利用阴雨天，教师从中师体育教材中选些内容向学生讲授。教师要有系统的体育基础知识教材，并要研究这部分教材如何与幼儿体育教材相结合。

（四）体育课成绩考核

三校基本上参照中师体育教学大纲中提出的体育成绩考核办法和项目标准进行考核体育成绩。地处南方的学生身材比较矮小，对耐久跑和铅球的标准不适应，认为有些偏高。平时，一、二年级只考核体育成绩，三年级另行测验体育教学法成绩，但毕业成绩单上只填写参照两部分的分数综合起来的一个分数。他们都认为急需制订较具体的考核办法。

三、舞蹈教学

三所幼师都比较重视舞蹈教学，在设备方面优于体育教学。教师一般都能胜任工作，但大部分是中等专业学校毕业，文化水平不高，舞蹈的技能技巧掌握较好，教育教学理论水平较低。

（一）舞蹈教学任务

幼师的舞蹈课，近些年来从音乐、体育中分离出来，成为单独设置的学科。幼师舞蹈教学的任务究竟应如何确定？其在培养幼儿园教师中的意义、作用是什么？舞蹈教师还不够明确，他们比较重视技能技巧的传授，培养学生教育工作的能力较差，毕业生一般只能做到教会学生跳舞，能把学生的舞蹈照样教给幼儿，如何把舞蹈作为一种教育手段，创造性地取得应有的教育效果研究得很少。

（二）舞蹈教材

三校的舞蹈教学都参考北京幼师编写的舞蹈教材试用本。但同时又都没有结合教材中反映的幼师特点上课。由于有四位舞蹈教师是广州舞校毕业的，她们把在舞校老师教的基本功和专业训练，照搬到幼师用专业班训练的方法进行教学。因此，过分强调舞蹈的技能、技巧，结合幼师实际不够。就舞蹈教材试用本而言，基本训练部分大体都是这些内容，各校教材变化不大。教师主要反映的问题是教材内容偏多，结合幼儿特点不够，资料少，希望新编的舞蹈教材应重点放在儿童舞上，要有教会幼师学生看图、会记录舞蹈、会创编儿童舞的内容。教材既要有统一性，又要有灵活性。三校都将“迪斯科”列为教材，他们都希望上级对这类教材是否可以教表明态度。

（三）课时和教材分配

普遍要求增加课时，根据三校教学实际，一年级教舞蹈基本训练，二年级教民族舞，三年级教儿童舞蹈和舞蹈教学法（包括创编）。民族舞以汉、蒙、藏、维、朝五种民族舞为基础，再介绍一些西南少数民族舞蹈。教师也可以教一些本地区的民族舞蹈和土风舞。

（四）教学方法

舞蹈教师认为在学习基本动作的基础上，多学习一些小的舞步组合，不要学得太专、太深、太大（大型舞蹈）。

四、幼儿职业高中

我们调查了两所幼儿职业高中。广州幼儿职业高中是由原来普通中学改制的，已办三年，全校共 12 个班，每班 40 名学生。这所学校的教学计划、课程设置基本上按幼师的计划，只是在文化课的比例上稍低，技能技巧的比例稍大。体育教师比较重视培养学生的工作能力，由于体育教师刚从广州体育学院毕业，对幼师体育不熟悉，他们将原广州幼师老体育教师请回学校，帮助上半年教学法课，对提高该校体育教学质量起了很大作用。

这两所职业高中有如下一些特点。

（一）培养目标及毕业分配。幼师明确是培养幼儿园教师，由国家包分配。职业高中在培养教师的后面还加一句“和保育员”，国家不包分配，只负责推荐、介绍，对加“保育员”一句，教师和学生都有意见，因为保育员在幼儿园比教师低一个档次，保育员属工人系列，教师属干部系列。

（二）招生与学生待遇。幼师单独招生，因为是公费，国家包分配，报名的人很多，广州幼师平均 15～20 人考取 1 名，达到 400 分才能录取。职业高中与高中同时报考，学生报名不满额，300 分左右即可录取。但是，湖南省却与此相反，长沙师范在全省招生，每县定向招生 3 名，结果只允许考取 2 名，必须搭配 1 名不参加考试、水平较低的一名学生（主要是农村毕业生就业困难），不能保证质量。各校都举行面试，对形体、面貌有一定要求。

学生入学的待遇：职业高中全部自费，不住宿，每年大约需要 200 元的费用。

（三）课程设置与教材。广州幼儿职业高中基本上执行幼师的教学计划办学、上课，但对职业高中文化课的要求，特别是对数理化课的要求比幼师学生稍低，而幼教需要的技能、技巧课的内容和能力比幼师稍高。据学校反映，造成这种局面的原因是幼师毕业生是由国家负责分配工作，而对于职业高中学生国家不包分配，只有提高自己的工作能力，在就业方面才能有竞争的优势。

长沙幼儿职业高中，因为班级少、教师少，有些课开不了，他们不上体育课。舞蹈课是请华南师范大学体育系的教师代课。但他们已开设的课程水平不低，在竞争中并不处于劣势。

教材相对比较困难，如广州幼儿职业高中，各科使用的教材都不相同。有的用中师教材，有的用高中教材，有的用上海、北京、天津、广州等幼师编的试用本。他们准备自己编一套符合本校情况的教材。

（四）经费。幼儿职业高中完全按普通中学拨发经费，长沙幼儿职业高中的经费还没有中学多，办学很困难，买不起琴，请不起教员。

（五）学生分配。在广州幼儿职业高中，学生分配供不应求，而长沙幼儿职业高中毕业生就业则不容乐观，幼儿园有了指标宁可安排自己的职工子女，也不愿要幼儿职业高中毕业生。因此，长沙幼儿职业高中学生对分配有危机感，师生都感到这种职业中学不知是“长命”还是“短命”。

五、幼儿园体育

我们在湖南和广东两省分别参观了幼儿园，观摩了幼儿体育课。他们一般都比较认真贯彻执行幼儿园教育纲要，每周有一次体育课，每天都上早操和进行户外体育活动。上课的教师都是幼师毕业生，一般都能把幼儿组织起来，教孩子做体操和游戏。但是，教学水平不高，教学效果不理想，主要问题是不能很好地发展儿童的能力。据幼儿教师在座谈会上反映，当前对幼儿园体育在认识上存在如下问题。

1. 幼儿园对体育重视不够，有的比较重视智育，抓儿童的识字、计算，也比较重视教会儿童唱歌、跳舞（因为要应付各种比赛和表演），对体育重视不够，也不知道对体育有何要求。因此，幼儿园的体育只是做几节操，组织儿童做游戏，不重视有计划地发展儿童的基本动作，缺乏科学性。幼儿园教师都怕上体育课，因为孩子不好管理。

2. 幼师毕业生体育工作能力差，有的甚至自身的体态都不端正。在幼儿教师中谁能教儿童唱歌、跳舞就被认为是水平高的教师。选的优秀教师多是教语言、计算和唱歌及舞蹈有成绩的教师。因此，幼儿园很少系统地研究体育和体育教学，甚至不认为幼儿体育有科学性。

3. 幼儿园的同志希望幼师招生要重视形体和面貌的选择，加强幼师的体育工作，贯彻体育的“双重”任务，教好教学法课，重视教育实习中的体育实习。

4. 在培训幼儿教师时，应包括幼儿体育的内容。

六、调查幼师中看到的一些值得研究的问题

（一）幼师的培养目标不够明确

我们调查的幼师从表面上看大家都清楚学校的任务是培养幼儿园教师。但是，究竟幼儿园教师应具备什么样的条件，其说法不一。例如，湖南省教育厅幼教干部认为幼师学生要有“为幼教献身精神”，一般“忠诚幼教事业”不够，因为社会上存在看不起幼儿园教师的思想。大部分人认为结合我国国情，幼师不必办四年制，三年就“足够了”。幼师学生最热心的是音乐、舞蹈的学习。上课学、下课练，还有的毕业后成了音乐、舞蹈工作者。从学校设备上看，音乐、舞蹈的设备越来越讲究，有一位校长说，快要办成“艺术学校”了。造成这种现象的原因，是社会对幼教工作的评价标准有偏颇，只看儿童唱歌、跳舞或识字、计算的水平，不理解幼儿教师要具备一定的文化教养和体育卫生保健知识。

（二）幼师对体育重视不够

幼师领导、教师口头上承认体育对培养德、智、体全面发展的幼儿教师具有重要意义，也明确幼师体育的双重任务，但实际上重视音乐、舞蹈，不重视体育。体育的教学水平较差，体育场地、器材不完备，学生学习体育也不认真。

（三）幼师体育教师队伍要加强

幼师的教育不仅具有师范教育的特点，而且要专门研究儿童教育的特点。三所幼师的 8 名体育教师虽然多数是体育院系毕业的，但是他们都没有学过幼儿教育理论和有关的专业课程，不了解幼儿教育实际，体

育课上的还是体育院系学的那些内容。对幼师体育教师要组织他们进行业务学习时，应强调深入幼儿园，了解幼儿教育实际。

（四）体育和舞蹈教材既要有统一性，又要有灵活性

目前没有一套通用教材，各校自己确定教材内容，弊多利少。教师们反映全国统编教材可以明确本学科的指导思想，全面地阐明教学任务，编出的教材既要有统一的要求（基本教材），又要给地区和学校一定的灵活性（选用教材），这对提高幼师的体育和舞蹈的教学水平有益处。

（五）要克服舞蹈教学的过分专门化

几所幼师的舞蹈教学，都过分强调科班的训练体系和方法，学生虽然学了许多基本动作，练了许多基本功，也学了一些舞蹈，但结合幼儿教学实际不够，毕业后实际的幼儿教育工作能力较差。

同兰州市合编体育课本的设计*

——兼对体育课本评价问题的看法

20世纪80年代中期，在我国中小学出现了“体育课本”，从几个省相继发展到市，甚至到县。开始时，只编初中体育课本，以后又发展到编小学体育课本。国家教委制定了“一纲多本”的方针后，更鼓励了各地编写体育课本的积极性。鉴于各地体育课本的质量，特别是小学课本，小学生识字问题的数量如何与体育课本相适应，以及体育课本如何使用都没有经验，国家教委明确指出不编小学体育课本，初、高中的体育课本必须通过试验，写出试验报告，送国家教育委员会审定后方可使用。这说明教委对编写体育课本并不是积极提倡和肯定的，尚须进行试验。

据了解各地送教委审定委员会审查的体育课本，除少数可以试验外，其余都存在一些质量问题，必须修改后重新送审，经审查批准后进行试验，并决定试验必须不少于200个班。据说各地并未按这一规定执

---

* 选自王占春：《王占春教育文集：学校体育的实践与研究》，人民教育出版社2009年版。

行，已编好的课本继续使用，而且小学也未停止使用，甚至又编出新课本。关于体育课本应如何管理的问题，需要认真研究。

目前最早自发编体育课本的有关省、市，自行组织一个“民间”教材编写会议，每年都有集会，研究讨论体育课本的有关内容，包括印刷、发行和使用问题。

对于编写体育课本的优缺点、得与失到底怎样看，其中有什么问题，目前众说纷纭。应当如何对待这一问题，到底应不应当编体育课本？不应当编要说出理由，应当编不仅要说出理由，而且要提出具体的方案，说明编什么样的课本。我们必须解决这些问题。

一、各地编体育课本的得与失

关于是否给学生编体育课本问题，人们认识上很不一致。尽管如此，也还是有些共性的认识，也不能完全否定它的成绩。

（一）体育作为一个学科，有自己的学科知识，学生也应当有体育课本

体育在学校既是教育中的一育，同时又是一个学科。作为教育中的一育与体育课的学科，这两种是不完全相同的。前者包含了整个学校体育的各种组织形式和措施，而体育课则是其中的一种组织形式。一般来说，体育课是学校诸多体育形式中的基本组织形式。

既然体育是一个学科，又十分重要，为什么不能有课本，这是近些年来编写体育课本的主要依据之一。把课本编出来了，尽管有许多值得探讨的地方，甚至目前各地编的那种类型课本其必要性虽还有待研究，

但是至少编课本的动机是好的。学生从课本中也的确学到一些知识、技术和锻炼方法；课本使体育在学校占有一席之地，教师既有了依据，也有一定的约束。

（二）课本包括一些理论知识，可改变把体育只看成是技艺传授的错误观点

历史上形成一种错误的观念，把学生的体育课只看成是传授体育技艺，简单的身体活动，甚至错误地认为体育课就是“玩”课。这种认识不仅学生如此，教师、家长也都是如此。目前各地编写的体育课本，都把大纲中规定的体育、卫生、保健知识编写在课本里，学生不仅听教师的讲述，而且手里也有这些教材内容，可以在课前课后阅读，加深印象，以便自学自练。

（三）可以为学生提供一个评价自己身体和运动能力的标准

有的地区编写的体育课本，把这一年级学生生长发育和运动能力以及全国、省、市的平均数写在课本上，并要求学生把自己相同项目的测验结果，填写在自己的课本上，学生可以自行比较，有利于明确自己的奋斗目标，也知道自己身体状况和运动能力，以及在同龄人中所处的位置。

（四）编得好的课本，可以帮助学生正确地理解和掌握体育的基本技术

体育课本应当编成什么样？世界各国都没有可以借鉴的经验。目前编的各种体育课本，多是写的运动技术、动作方法，这些内容在体育课堂上由体育教师讲解、示范就解决了，而写在课本上，多数对学生用处不大。对一部分喜欢运动的学生，教师水平又不高，学生可以从课本中

学到一些技术和方法。

不少编体育课本的同志认为，课本可以作为学校领导检查体育教师工作的依据。这实际是一种误解。目前给教师编的体育教材，完全可以起这样的作用，只是以往学校领导很少检查体育教师的教学文件。即使有了课本，由于上体育课受各种条件的制约，教师也不可能完全按课本上课。

各地编写的体育课本，虽然有以上一些好处，或者还可以再列出一些，但是，这些课本存在的问题也相当明显和突出。

1. 目前各地编写的“体育课本”都是以动作技术为主，这些内容对学生意义不大

体育学科同其他学科不完全相同，它是以动作操作和身体活动实践为主要特征的。这种动作技术的练习和掌握过程与物理、化学、生物等学科的实验操作、标本制作、工艺性的劳动等动手活动也不相同。体育学科有严格的运动生理学和生物力学作基础，按照运动技术的规律进行身体活动。有的身体练习（这里的练习当名词用）虽然动作简单，而动作的规律却与身体活动规律相一致，其目的都是用以锻炼身体。尽管有插图，对学生来说（包括高年级学生）教师的典型示范，学生直接模仿的效果要比看书效果大得多。简而言之，游泳还是要实际练习，对于一套体操动作学生用很大力气也不容易看懂。因此，如果要教会学生前滚翻，不必让学生读书，学生到体育馆、体育场实际一练习就可以学会了。

2. 有的课本按课编写，脱离实际，很难实行

体育课受天气变化的影响很大，遇雨雪天气或寒冷炎热天气都要改

变上课的内容，即使学校有体育馆也不可能一年四季都在体育馆内上课，而且有些项目也不适于在室内教学。一堂体育课，不能完全按事先排好的内容上课，必须考虑前一节课学生学习的情况，以及场地、器材和学生身心的变化，结合当时的实际选择安排教材内容，把一堂体育课的教材内容完全一成不变地按半年甚至一年前排定的顺序上课，很难上好体育课。实践证明按课编写体育课本的办法，容易脱离实际，是不实用的。

3. 分册编写课本难以解决系统性与阶段性的矛盾

作为学科的课程，知识的系统性与学生的认知水平应基本一致，把知识分成阶段、层次、从低向高或从易到难排成序列。但体育教材内容必须重复，有的教材一开始就要完整地教给学生。例如，跑的姿势、球类技术等，很难分割。现在有的“体育课本”，教材的排列和呈现，都是把整体的划分为孤立的、跳跃式的，不只学生连教师也难以弄清楚编写者的意图。

4. 体育教学内容加深与教育年限的增高不一定成正比

体育动作受教师的水平、社会影响较大。例如，体育传统校或教师的专长不同，到了高一等级的学校学生之间的运动水平差异很大，体育教材内容不可能在同一水平上。也有的体育项目，低年级比高年级反而容易掌握，并不都是年级越高教学内容越难。因此，如何贯彻循序渐进，按年级逐年提高的原则解决个体差异以及年龄和动作的矛盾，是研究和编好教材解决的难点之一。

5. 由于时间紧迫或审查不严，不少课本粗糙，错误较多

课本是给学生读的，政治方向不能出问题，内容应科学、准确无

误。但许多课本都存在这样或那样的错误，如编写顺序颠倒，词不达意，插图绘制质量低劣，图文不符，不符合教科书的标准。

6. 知识结构不合理

大部分体育课本讲了许多运动技术，知识的内容主要是竞技体育的常识，科学锻炼身体的方法和卫生保健知识比较少，也比较零碎。

7. 民族风格特点不突出

一些体育课本讲的都是“洋”体育，看不出中国的民族风格和特点。除极少数课本编了一些中国传统的养生、健身术等内容，大部分课本很难看出中国学校体育课本的特点。体现中国民族的文化和民族传统体育的知识及健身的内容很少。

8. 大多数课本都未按科学方法进行试验

学生要不要课本，应当编什么样的课本？应当进行科学试验，举办有关问题的讨论会和科学论证会，解决一些争论性的问题，总结经验，克服明显的缺点和错误。

9. 有的重视追求经济价值，进而搞地方保护主义

有的地区追求经济利益，不考虑质量，不考虑是否需要，从小学到高中都编体育课本，省里编，市、县也编，有的不通过新华书店发行，直接发到学校，每年获高额利润。甚至为了赚钱粗制滥造，定价超标，造成学生过重的经济负担。

编教材的地区往往强调地方性和结合本地区实际，而编出的课本却没有特色，并不能反映出地区特色，造成抄来抄去的重复现象。实际上编写人员很难编出完全适用于每所学校的体育课本。

二、我们的课本怎样编

（一）为什么要编课本

前面我们分析了给学生编写课本的得与失，结论是有得有失。至于得大于失，还是失大于得：如果从一个事物的开创性研究，尽管失大于得，也值得试一试；如果单纯为了经济效益，而有损于社会效益，我们就不能干，就应当持批判态度。

我们今天要编学生用的体育实验课本，带有科学实验和抵制不正之风的性质。与其谬种流传，不如编出一套稍好一点，接近正确一点，结合实际一点的教材，进行有成效的实验。这可以减少一些盲目性和不理想的教材。

（二）怎样编好课本

1. 要学习课程的理论与实践

课程：为实现学校教育目标而选择的教育内容的总和。

教学计划（也称教学方案）：规定总的课程目标、各学科目标和有关课程、教材、教法。

课程标准：也称教学大纲。有人说叫“课程标准”是因为它与大纲性质不同，前者是代表先进的，后者是代表落后的。这种分法是没有根据的，“课程标准”不仅新中国成立前就有，新中国成立初期我们也制定过“教学标准”，这两者具有同样的性质。要看内容是否有改变，不能以名称来划分哪个是先进的或落后的。课程标准是编写教材的依据、教师上课的依据、评价教学质量的依据、管理教学的依据。课程标准是国家教育行政部门规定学校各门学科的目的任务（也可称目标）、教材内容和教学实施办法等有关学科教学问题的指导性文件。

课程标准以纲要的形式，规定了学科的知识、技术、技能的范围和结构，体现国家对各科教材与教学的基本要求。

教材：教师和学生据以进行教学活动的材料，教学的重要媒介。教材一般是以教学大纲为依据，分学科门类和年级顺序编辑，包括文字教材和视听教材。

教材也是教科书、讲义、讲授提纲、图表、教学参考书和视听教材的总称。

教科书（课本）：根据课程标准编写的教学用书。它是教材的主体；按年级、按单元或按章节编写，包括课文、注释、插图、实验、练习和习题。

教学指导与参考：根据教学大纲、教材（课本）为教师编写的教学参考用书。参考用书中包括对教材内容的解读，为教师提供了教学参考材料、教学手段、教学步骤、教学方法以及教案选等。

2. 教材的结构形式和层次（见图 1）

3. 教师与教材、教学手段的关系（见图 2）

4. 编写教材的一般原则与方法

（1）妥善处理好几种关系：

①处理好思想性与科学性的关系；

②处理好观点与材料的关系；

③处理好理论与实际的关系；

④处理好学生的接受能力与知识、技能的广度与深度的关系；

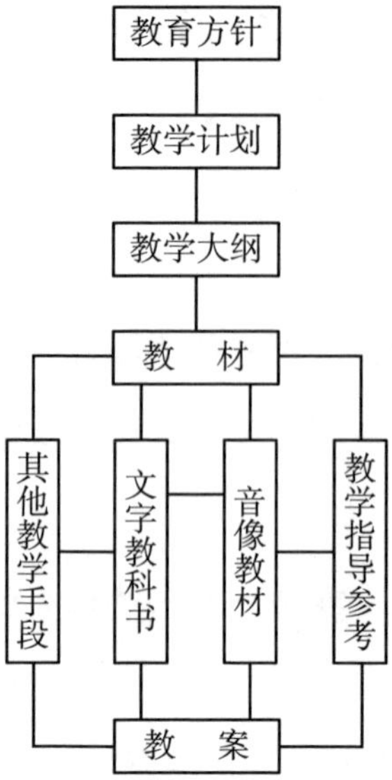

图 1　教材的结构形式和层次

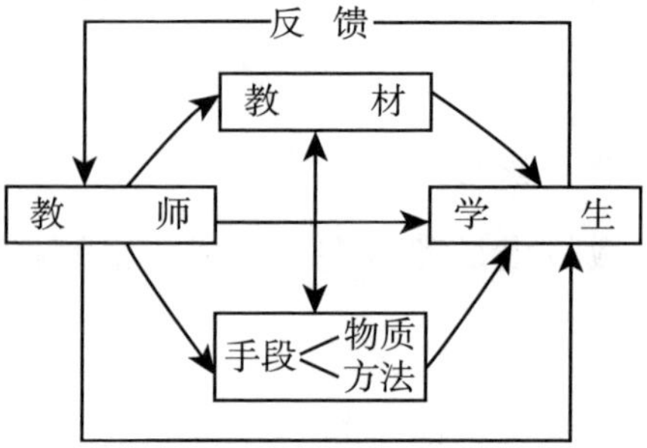

图 2　教师与教材、教学手段的关系

⑤处理好基础知识与当代科学发展的关系；

⑥处理好继承传统与创新的关系；

⑦处理好吸取国外经验与本国实际的关系。

（2）教材的编写原则：

①从育人目标出发，建立科学的学科体系，适合并能促进学生身心发展；

②兼顾学科知识的逻辑顺序和学生学习时的认知顺序；

③注意各科教材的联系；

④突出重点，分散难点；

⑤采用直接式或螺旋式排列教材的方法；

⑥语言通顺、易懂，图文配合得当。

（三）怎样编体育课本

1. 编写体育课本的指导思想

（1）改变传统的观念，把体育放在学校教育应有的位置。

体育在学校是基础学科，不是副科、小科，是教育教学的基础学科之一。体育在促进青少年儿童身心全面发展具有重要意义，体育教学是学校体育的基本组织形式。体育课在九年义务教育的各学科教育总授课时数中占9％～10％。在小学占第三位，仅排在语文、数学之后；在中学占第四位，排在语文、数学、外国语之后。体育课也是在中学各年级全开课的少数科目中的一个教学科目。但是，人们往往把占授课时数前几位的体育课看作是“小科”或“副科”，这是很大的误解。

（2）体育课本要反映本学科的特点。

体育教学是以身体锻炼为主要特征，教材内容必须反映培养德、智、体全面发展的社会主义建设者和接班人的要求，为改善学生健康状况，增强学生体质，发展健康心理，重视思想教育工作，体现本学科教育教学的特点。

（3）加强基础，重视基础知识、基本技能的训练，体育与卫生保健相结合，建立理论与实践相结合新的学科体系，提高学生体育文化教养。

（4）重视发展学生个性，培养学生对体育的兴趣和经常锻炼的习惯，为终身体育打好基础。

（5）博采众家之长，重视国内外先进经验，建立具有中国特色的社会主义学校体育体系，探索一条切实可行、符合中国民族特点的新路。

2. 编写体育课本的依据

（1）依据九年义务教育体育教学大纲

九年义务教育体育教学大纲提出的体育教学的“一个目的、三项基本任务”和七项编写原则，是我们编写课本的依据。对于“一个目的、三项基本任务”不再赘述。七项编写原则：教育性原则、符合生理特征原则、适应学生心理特征的原则、理论与实践相结合的原则、继承和发扬民族传统体育的原则、统一性与灵活性相结合的原则、与《国家体育锻炼标准》相结合的原则。

体育教学内容与教材分类方法，都应与体育教学大纲相一致。教学手段、辅助教材、乡土教材可以补充或替换。大纲中的主要教材，只有经过科学论证，确认不适合本地区，才可做适当变动。关于教材的定量标准，要在本地区进行认真调查、测试、研究后，参照大纲规定的标准，做必要的修正。

（2）参照人教版的教材编写教学与指导书

这套课本、教参与人民教育出版社新编九年义务教育体育教材（包括音像教材）相配套（见图3）。因此，其中的主要内容应相互衔接，并在风格、体例等方面大体一致。

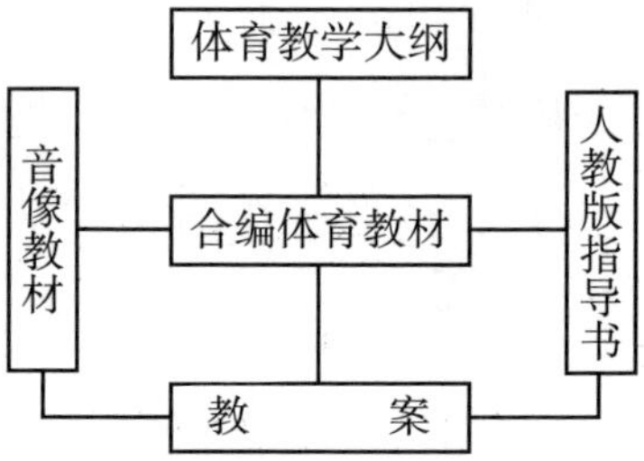

图3　人教版体育配套教材

（3）对教材使用对象进行抽样调查

①对本市初中一年级学生，分男女生进行身体状况、运动能力和体

育价值观的抽样调查（调查表另设计），可与教材编辑工作同时进行；

②对教师状况进行分析；

③对体育经费保证和体育设施进行调查分析。

对以上各点写出一篇综述，留作教材送审报告和编下一册教材时参考。

3. 体育课本的内容和体例

这部分内容是整个方案的精髓，其他各部分都是铺垫，最终都必须落实到这一部分。课本的成败，能否有生命力，能否区别于目前各地编的课本，都在此一举。

（1）教材内容

①以知识为主线，重点放在人体科学知识、身体锻炼的知识、身体和运动能力评价的知识、卫生保健知识和体育文化知识；

②要简明、扼要地把主要的操作原理和练习方法写明白，一定做到精练、有重点、区别于目前写的“动作要领”“练习方法”等；

③以图为重点，学生一看就明白；

④要有新鲜感，学生感兴趣，看了第一页就想看第二页，“开卷有益”。

（2）体例、编排顺序

①卷首写一篇《初中学生与体育》。

这篇文章要作好，写得亲切动人，有理论有实际，有感情，说初一学生已知道、想知道、乐于知道的事，深入浅出地说明初中学生的体育目标与要求，讲一点儿体育科学、人体科学，讲人体与体育的关系。

写 1 500 字左右。配两三幅图。

②教材的第一部分和第二部分是帮助学生认识自己的身体和体力（如表1至表3所示）。

表1　身体状况

性别	年级	身高			体重			胸围			基础心率			呼吸次/分		
		全国	本省	本人	全国	本省	本人	全国	本省	本人	全国	本省	本人	全国	本省	本人
男	一年级															
	二年级															
	三年级															
女	一年级															
	二年级															
	三年级															

表2　上体育课前预测

	身高	体重	胸围	基本心率	呼吸次/分	备注
小学毕业						
初中入学						
学　　末						

表3　体力状况

性别	年级	50米跑			1 500米跑			跳高			跳远			铅球			引体向上		
		全国	本省	本人	全国	本省	本人	全国	本省	本人	全国	本省	本人	全国	本省	本人	全国	本省	本人
男	一年级																		
	二年级																		
	三年级																		

续表

性别	年级	50米跑			1 500米跑			跳高			跳远			铅球			引体向上		
		全国	本省	本人	全国	本省	本人	全国	本省	本人	全国	本省	本人	全国	本省	本人	全国	本省	本人
女	一年级																		
	二年级																		
	三年级																		

对表1至表3中各项进行测试后，可用圆周式坐标图示，把测得个体的数据与群体相比较。

③根据大纲的规定，把基础知识合成几条线，如体育基础理论知识、运动生物力学和运动生物化学知识、卫生保健知识、体育常识、如何学好体育等知识……大体划分几个单元，精心设计。

第一，写一段基础知识的学习要求和学习方法。

第二，根据大纲，参照人教版教材，做适当调整，可根据学生实际有所增加、补充。学生可以自行阅读。

第三，每篇教材都写出提要、内容、内容的简要分析、复习思考题等。

④身体锻炼教材。

根据大纲的规定，参照人教版教材，可做适当调整。

第一，写一段身体锻炼教材的总体要求，以及上好身体锻炼课的要求。

第二，将田径、体操、球类、民族传统体育、韵律操与舞蹈等分配到教材各单元进行编写。在大单元里，再分小单元，如田径中的跑、跳、投等。

第三，教材的具体写法：以“队列和体操队形”为例，立正、稍息、转法的具体做法都不用像现行教材的写法，只把要学的动作名称写出来，并用图加以表示即可。以跑为例，要对跑的生物力学结构特点，锻炼身体的价值与方法，跑与走的差别，快慢要求（步幅、频率）构成，以及快速跑、耐久跑、接力跑、障碍跑加以概述，就最关键的要点，写出一两句话，并介绍一些有趣味的关于跑的知识。

民族传统体育教材，要把武术、健身术、养生之道完整地写出来，使民族传统体育名副其实。内容要精选。例如，有些养生之道和气功的功法带有迷信色彩，坚决剔除。

武术、韵律操、舞蹈都列出动作名称，主要内容配上插图，不用把教材的动作方法和全过程都写出来。

第四，增加“小知识”栏目，在各项教材之后，恰如其分地配上学生应当知道、感兴趣的知识介绍。这些内容要短小、流畅，大体百八十字。内容在思想性、科学性方面都应加以定评，保证其能鼓励学生奋发向上，增长知识。

第五，每项教材后面，都应明确提出评价标准。

（3）怎样写锻炼计划

锻炼计划是终身体育的重要内容，教材应教会每个学生写锻炼计划，并列入一两种“运动处方”，或锻炼计划范例。

（4）附件

①体育课成绩考核项目标准；

②《国家体育锻炼标准》的锻炼项目标准；

③体育合格标准；

④学生个人测验表格（登记学生测验成绩）。

（5）书的封三要印上包含学校名称，学生姓名、性别、年龄（出生年月日）的表格

在降低成本的情况下装帧设计要美观大方。

在编辑工作中要做“头脑清醒者”，在政治性、科学性、文字准确性上把关，不能出任何错误。

关于编写体育课本的必要性与可行性研究*

体育还用编课本吗？体育课本如何使用？体育课是一门学生必修的基础学科，为什么要编课本？这的确是个值得研究的问题。

体育课是全面贯彻教育方针，进行素质教育的重要组成部分。体育课是以身体锻炼为主要特征，理论与实践密切结合，促进身心发展的教学科目。体育教学是以身体锻炼为主要活动，并不是没有理论指导的盲目活动。体育教学内容有自己理论体系的实践活动规律。体育课既是学科类课程，也有自己活动类课程的模式，把体育课说成“活动课”是对体育课特性的误解。

体育课，同各学科的课程一样，是完成教育目的任务，实现课程目标的主渠道。随着社会发展和教育改革的前进，国家培养人才的要求和学生自身发展的需要，体育课的功能不是削弱，而是有加大和拓宽的趋势。但是，对这个问题的认识并不都是一致的。许多人逐渐认识了体育课的性质，并给予足够的重视，使我国学校体育教学改革有了显著的进

* 原载《课程·教材·教法》1999年第8期。

步；有的人虽然重视了，把体育课只看成是“体育活动”而已，重视强身健体的功能，而忽视育人的其他功能。更有甚者把体育课看成是为竞技体育服务，或单纯追求通过体育享受快乐，把学校的教育活动视为娱乐、休闲。既然把体育课降低到一般的身体活动，只要做到学生都活动起来，高高兴兴就可以了，跑步、做操、打球就是体育课的全部内容。这些认识显然是不全面的，有的甚至是错误的。

体育课既然有自己的学科目标、教学内容、教学模式与方法，就要同所有的学科一样，有自己的学科体系、教材体系和课本。因为体育课要求学生掌握一定的体育技能，略同于音乐课和美术课，因此有人把体音美划为一类，即所谓技能、技巧课。这样划分课程类型是不科学的。即使在音乐课，学生也要学习乐理，学习乐谱，学习发声理论，学习音乐美学。美术课也是同样的道理，有自己的理论知识和方法论。所以音乐课、美术课要有自己的课本，这不奇怪，而体育课应当有自己的课本，不是同样的道理吗?!

有人认为体育课是以身体活动为主要特征，体育课又是在操场和体育馆上课，不便于使用课本，或者说体育课只要“由教师组织学生跑步、做操、打球”就可以了，所以，对体育课是否应当有课本产生疑问。其实，体育课不仅仅是“活动而已”，而是集身体活动、心理活动、意志品格的锻炼和道德品质的培养、美的情操的陶冶于一身，有自己理论和实践的特殊规律和特点，是一门理论和实践紧密结合的学科。

一、我国体育课程建设与体育课本

新中国成立以来，体育课程教材的建设，是与我国的社会发展和教育改革相伴而行的，取得了很大的发展和进步，成绩是有目共睹的。当然体育课程教材发展中的问题和教训也要吸取，以便改革与发展。

1949年以前，我国也曾颁发过数次中小学课程标准，其中都包括体育课程标准（相当于现在的教学大纲）；中华书局、商务印书馆等几家书局也编过《体育教本》，即体育教材，主要供教师教学使用，也有的是教师和学生兼用的。新中国成立后，由毛泽东主席提议和指示，成立了人民教育出版社，为清除帝国主义、封建主义和官僚资本主义的影响，编写全国统一的各科教材，其中包括体育教材。从1954年开始到1957年，各级各类学校体育教学大纲和教材（当时的体育教材称体育教学参考书）编写齐全，这对于学校体育走上正轨，推动体育教学改革起了重大作用。除“文化大革命”期间，人民教育出版社从未间断编写和印制体育教材（教师用书）供学校使用。

“文化大革命”后，不少地区自行编写体育教材，有的编教师用书，同时出现了给学生编写的体育课本。特别是国家提出教材可以“一纲多本”后，许多地区编写了体育课本。有的省编、地区编，个别的市、县也编体育课本，而且小学、初中和高中都编有体育课本。

不少地区在长期的体育教学中，发现学生没有体育课本，教师和学生比较重活动、重技术，而体育的基础知识差，体育的文化素质不高，教和学的随意性较大，为了解决上述问题开始创编和试验体育课本。这在当时为克服“文化大革命”时期的混乱，推动体育教学改革，提高体育教学质量，具有一定的积极作用。但是，在编写体育课本的过程中，也出现了一哄而起的现象。有的相互传抄，不经试验，强令推行；有的学生虽然买了课本，却基本上不用，或者很少使用。后来，个别单位由于利益的驱动，实行地方保护，在教材质量不高、品位很低的情况下强行推广，造成不好的社会影响，增加了学生负担，违背了编课本的原意。

为了把好教材关，原国家教委建立了全国中小学教材审定委员会，完善了教材的审查制度。1992 年教材审定委员会建立的同时，体育教材审查小组成立。几年里，送审的体育课本有 20 余套。经审查通过的有江苏、天津、西南（供农村使用版）、北师大（五四制）和人教社编写的体育课本。在送审的体育课本中，体育教材审查小组的评价是：人教版的初中试验教材“编得比较好一些”。上海、浙江制订了自己的体育课程标准，并编写了本地区使用的体育课本。在总结了新中国成立以来体育教材编写经验的基础上，特别是研究和论证了编写体育课本的经验和问题，吸收了国外有的国家为学生编写的体育教材、参考书的有益经验，在教育部普通高中教材试验领导小组的领导下，人教社开发编写了普通高中第 1～3 册体育课本，在江西、山西和天津进行试验，取得了可喜的成果。从高中一年级（第一册）的课本试验看，原设计的目的已经达到，并为进一步完善和提高体育课本的质量，闯出一条新路。这套课本的试验结果表明，为学生编写体育课本是完全必要的，也是可行的。关键是如何编写合格的、对体育教学确实有帮助的、受学生欢迎的体育课本。

二、体育课本的功能与作用

课程的设置与课程的目标，是由教育目标和教育方针决定的。教育目标的实现和教育方针的贯彻执行，又主要是通过各科课程和教材来完成的。在一定意义上讲课程是实现教育目标的主渠道。在教学中是否使用教科书，这本可不必讨论，因为现在都在使用课本。即使现在有各种现代的教育、教学手段，可以用多媒体教学，而传统意义上的课本，仍在起它应有的作用。课本的内容、体例与过去相比，已有较大的变化，而且今后会有更大的变化，但课本仍不会消失，它的作用是其他的资料、文献所不能替代的，至少在中小学是如此。

（一）课本是任何电视和印刷资料所不能替代的准确、权威的信息源。

（二）课本是教师把知识传授给学生最有效、最可靠的媒体。

（三）特别是不可能要求所有的学校都有足够的图书资料，即使是有足够的资料，教师也没有时间或很难精选出完全适合学生的教学材料。

（四）课本是结合学生的特点编写的，它符合学生的生理和心理特点，并配上吸引人的插图，会增强学生的学习兴趣和自身的可读性。

（五）学生通过自己阅读课本，可以得到像教师一样的辅导。

（六）课本是由专家和优秀教师编写的，集中了优秀教师的教学经验，可以帮助教师完善和改进自己的教学方法。

（七）课本能帮助学生对教材内容进行预习、复习、思考，启发学生完成作业，以及自我评估学习成绩。

这样看来，在教学中使用课本，不论是现在或相当长时间的未来，不论教学手段如何有利地开发，课本仍是教学的主要媒体。现在要讨论的是，体育是否需要课本，答案也是肯定的。以上的所述课本的作用和必要性，对体育教学、体育教师和学生同样都是适用的。由于体育教学的特点及其特殊性，更需要有体育教科书，以利于体育教学工作。

有人认为体育可以不用课本，其理由是体育课只要组织学生活动就行了，不用“念课本”；体育课是在操场上、体育馆里上课，无法使用课本。据我们调查有的体育课本，也确实有使用率不高的现象。这些现象，能否成为否定体育课本的“理由”？这些理由是站不住的。首先，把体育课只理解为是身体活动是不正确的。体育课同其他学科一样是理论与实际相结合的学科，它有自己的理论体系，学生必须用课本中规定的理性知识，指导他们进行身体锻炼的实践活动；体育课上学生不仅要在学习中运用知识、技能，科学地锻炼身心，而且要学会和掌握自学、自练、自调、自控和身心发展的评价。体育实际上也是双刃剑，积极地科学锻炼，可以促进身心的全面发展，而违背科学规律的蛮干会损伤身体，甚至造成严重的后果。何况体育本身就具有极其丰富的生理学、运动学、教育学、心理学和社会学的知识内涵。当今社会的发展，体育已经广泛地进入人的生活，它将成为现代人生活中不可缺少的构成部分。因此，把体育只看成是“蹦蹦跳跳、打打闹闹”，或者把打球、做操、跑步看成是体育的全部内涵，显然是片面的。体育活动和身体锻炼是体育课的主要形式或特征，并没有错。同时在学生的活动或技能的传授中，向学生进行一些知识教育，也是很好的方法。但是，在这种零碎的、计划性不强的、学生没有课本或讲义的体育教学中，教师只能在学生的活动时加以提示。由于课前无法预习，课后不能复习，学生很难得到完整的体育知识。特别对于有关体育文化、生理学和心理学以及一些带有理性的知识，不是由教师的“提示”就可以全然理解的。学生需要自己阅读和参考有关的基础理论知识思考和发现问题。

体育课本，还能起到对教师和学生相互制衡的作用。用课本建立教师和学生的联系，检验教师教的成绩和学生的学习效果，衡量教和学的质量。

三、应当编什么样的体育课本

有的学生花了钱，买了体育课本，实际并未使用，或者用处不大。

我认为，这不是要不要体育课本的问题，关键是编什么样的体育课本。如果把体育课本编成动作说明，互相传抄，毫无特色，对学生帮助不大，相反还会增加学生负担，或者受经济利益驱动，强行推行学生并不喜欢的课本，这不仅加重了学生的经济负担，对体育教学本身也益处不大。也有人出于对体育的不理解，甚至轻视体育，把学生的体育课误认为是“身体活动课”“技能技巧课”“娱乐课”“休闲课”，不认为体育课应当是有理论、有实际的学科课程，如果是这样理解，当然也就认为没有必要编写体育课本了。

小学生是否可以使用体育课本？尽管有的国家小学一、二年级也有类似体育课本的读物，但对于我们是否要有、从哪一年级开始使用的问题需要研究和论证。但是，根据人教版九年义务教育初中体育课本的使用情况和普通高级中学学生体育试验课本在江西、山西和天津试验结果，教师和学生都十分欢迎体育课本，在有的实验学校出现了教师和学生刚刚拿到体育课本，就从头到尾看了一遍，觉得课本有新意，有启发。学生拿到家里，长辈们也喜欢看，认为读完增加了体育文化知识。

但是，不是所有的体育课本都能对改进体育教学，提高体育教学质量起到应有的作用。根据新编高中体育试验课本的试验情况，一套好的体育课本，应具备下列条件。

（一）体育课本的编写对象，以学生为主体，以课程目标和体育教学大纲为依据，反映体育教学的规律和特点，起到教与学、教师与学生在教学活动中媒体的作用，有利于学生自学与思考，有利于学生自主性、独立性、积极性和创造性的发挥，在面向全体学生的基础上，发展学生的个性。

（二）体育课本内容的构建，把育人作为上位目标，增强学生体质为中心，学习体育基础理论知识和体育（包括部分运动项目）技术为完成课程目标的手段与方法（图 1）。

上述这些内容，要向学生介绍锻炼身体的意义与作用，运动文化发展的源与流，传授技术动作的要领、重点和难点，重视发展学生的能力，重点介绍学法，启发学生的探求精神，充分挖掘潜能［高中体育教学大纲（试验），还包括任选课内容，课本中没有编入］。

（三）认真构建体育教学的目标体系，其中包括学年目标、各项教材内容的目标；每个目标层次，都尽可能地全面反映总目标的要求，其中包括锻炼身体的目标，学习和掌握体育知识技能的目标，锻炼意志、发展个性的目标，体育价值观和终身体育的目标。

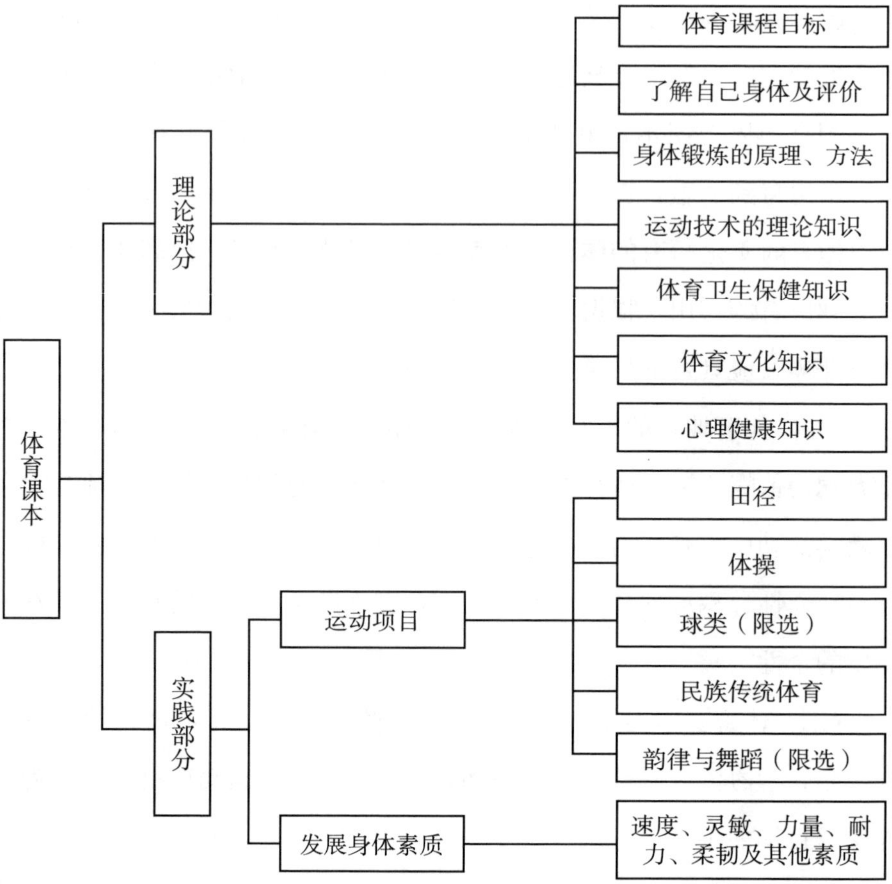

图 1　高中体育课本中的教材内容结构体系

（四）贯彻理论联系实际的原则，课本内容包括理论知识和实践的内容，课本中的各项教材内容的要求都考虑到学生的生理和心理特点及实际水平。上好体育课，使用体育课本，应有益于减轻学生负担，绝对不能“因使用了体育课本，增加学生的负担”。

（五）课本中的教材内容具有相当的弹性，具有统一性的要求与方向，同时又给使用者相当的灵活空间和选择性。

（六）课本鲜明地提出爱国主义、社会主义和集体主义的教育目标和人生观、世界观、价值观的渗透。

（七）课本内容在保证思想性、科学性的同时，采用主辅栏的体例。在主栏编写了主要的教材内容，在辅栏中以知识窗、想一想、做一做，介绍体育的文化知识、科学常识等，与主栏相得益彰。

（八）文字力图精练、流畅、可读性强，方便自学。课本中的主要内容都配以精美的插图，做到图文并茂，使学生喜闻乐见。

（九）为了减轻学生经济负担，采用黑白和彩色两种版本，装帧美观大方，不同地区和学校根据自己的条件任选一种版本。

教材审查制度的建立促进了教材建设的健康发展*

一、体育学科组大纲、教材的审查情况

新中国成立以来，课程教材的建设与发展，是同我国教育的发展相伴而行的，课程教材的改革是教育改革的重要组成部分。

学校教育是根据一定的社会要求和受教育的发展需要，有目的、有计划、有组织地对受教育者施加影响，以培养一定社会（或阶级）所需要的人的活动。而课程教材的内容是对学生进行教育的媒介。因此，新中国成立半个世纪的历史证明，无论是对旧中国半殖民地半封建的教育思想、教育制度、教育内容和教育方法的批判，还是对我国优秀的历史文化遗产的继承以及社会主义革命和建设的各个阶段的发展，都会在学校教育和课程教材建设中得到充分反映。一定社会的教育受一定社会生产力、生产关系、经济基础和上层建筑制约。不同历史阶段的教育，具

* 原载《春光里的一片绿叶》，人民教育出版社 2000 年 11 月版。选自王占春：《王占春教育文集：学校体育的实践与研究》，人民教育出版社 2009 年版。

有不同的性质和特点。

我国的课程教材（其中包括体育课程教材），同样受我国社会生产力、生产关系、经济基础和上层建筑的制约。西方学者否认教育的阶级性和社会性，而强调教育的根本性质是为了人，“为了人的权利、自由和个性发展”。但是，离开社会需要的教育是没有的。我们社会主义国家办教育，就是以社会主义的教育服务于人民，为人民的需要和发展，提供一切可能发展的条件：一方面为了社会主义建设办教育，培养社会主义建设人才；另一方面又要通过教育促进青少年儿童在德、智、体等方面得到充分的发展。新中国的课程教材就是遵循这样的道路不断前进的。教材的建设必须使国家社会的需要与青少年儿童自身的发展两个方面得到统一。

关于体育课程教材的建设，自1950年颁布的《小学体育课程标准》（草案），1952年颁布的《中学暂行规程》（草案）、《小学暂行规程》（草案），以及之后多次颁布的课程标准和教学计划，都把体育列为必修课程之一。周授课时数为2～3课时，把开设体育课作为在中小学贯彻德、智、体全面发展教育方针的重要组成部分。但是，中小学体育教学大纲和教材，都是在1956年、1957年先后制定和编写出版的，中小学体育教学大纲又经过1961年、1978年、1986年、1991年修订和制定，并由人民教育出版社依据这些大纲编写了体育教材和与教材配套的体育教学参考书。这些教学用书都是为体育教师编写的。

1986年，原国家教育委员会建立了全国中小学教材审定委员会和审查委员会，在中小学教材审查委员会设立了体育教材审查的学科组。同年11月，经全国中小学教材审定委员会审议通过了十二年制小学体育教学大纲、中学体育教学大纲作为九年义务教育体育教学大纲制定前的“过渡性”大纲，1987 年由国家教育委员会颁布试行。这是新中国成立以来，第一部由教材审定委员会审议通过，由国家教育委员会颁布的体育教学大纲。人民教育出版社根据“过渡性”中小学体育教学大纲编写了《小学体育教材（教师用书）》和《中学体育教材（教师用书）》在全国试行。与此同时，全国一些地区编写了本地区的体育教材，其中包括供学生使用的体育课本。

1988 年，中小学“过渡性”体育教学大纲和教材，经过几年的试验，总结了经验，并进行了较大规模的调查研究。经过科学的论证，国家教委组织专家、学者、优秀教师制定九年义务教育小学体育教学大纲、中学体育教学大纲，并组织讨论，在全国征求意见，反复修改，完成送审稿，经国家教委中小学教材审定委员会审议通过，于 1993 年由国家教委批准颁发，在全国试行。其间，国家教委提出中小学教材，可以“一纲多本”，并于 1991 年批准浙江、上海两地进行单独的课程教材改革试验。上海制定了《体育与保健学科课程标准》，经全国中小学教材审定委员会审议通过。九年义务教育小学和初中体育教学大纲颁发后，根据“一纲多本”的精神编写体育教材。人民教育出版社经过几年的时间，编写了小学体育教材（1～6 册）供六年制小学使用（教师用书），初中体育教材（1～3 册）供三年制初中使用（教师用书）。同时编写了五四制的中小学体育教材（教师用书），大部分地区使用这些教材。其间，人民教育出版社与甘肃省兰州市合作编写了三年制初中学生用体育课本。北京师范大学编写了五四制的九年义务教育的体育教材。

1991 年后，报送到全国中小学教材审定委员会审查的体育教材

（学生用课本）有20余套。审查通过的体育课本有：江苏省初中体育课本、天津市初中体育课本、北师大五四制初中体育课本、西南师大初中农村版体育课本、人民教育出版社与兰州市合编的初中体育课本和天津与湛江两地试验的体育与健康结合的初中体育与健康教育课本。当时大部分地区使用人民教育出版社编写的中小学体育教材（供教师使用），因教师用教材不送审，由国家教委教材办公室批准列入教材目录。

1986年，国家教委成立了全国中小学教材审定委员会以后，制定了中小学教材的审定标准，规定了送审的教材必须经过试验，并写出送审报告。只有经过审定委员会通过的教材，才能列入学校用书目录。教材审查制度，极大地推动了教材建设与发展，结束了教材单一化和全国统编教材一统天下的局面。

体育教材是怎样审查的

体育课是以身体锻炼为主要特征，体育理论知识的传授和身体锻炼的实践相结合的必修课程之一。根据原国家教委的决定，体育课的教材教师用书不送审，只审查初中以上的学生用体育课本。

教材审定委员会体育学科组（由审查委员组成，或称“审查小组”），按照1987年国家教委颁布的《中小学教材的送审办法》（以下简称“《送审办法》”）审查送审的教材。但是，开始时，并没有执行《送审办法》的第三条“送审的教材必须首先经所在省、自治区、直辖市教育部门或重点高等院校组织审查。审查通过后，由省、自治区、直辖市教育委员会、教育厅（局）或重点高等院校写出推荐报告，送全国中小学教材审定委员会办公室”。事实上在送审的教材中，完全按照《送审办法》的第二条试验的规定和第三条的送审办法送审的并不多。如果说建立教材审查制度初期，是由于地方尚未建立起审查机构和制度，送审的手续尚不十分完备，到了后期地方编的教材自己建立起审查机构和制度，就形成了自己审查、自己使用，根本不再送请全国中小学教材审定委员会审定。甚至有的地区，送审了第一册后，再不送审，使送审的教材越来越少。

我们是如何进行审查的

（一）审查委员接到送审书稿后分别审核

送给审查委员的书稿：审查委员准时收到；审查委员接到书稿的时间较迟，有的直到开会才看到送审的书稿。书稿基本上是印制的成品，也有的是“校样”。审查委员都能认真审读，并把发现的问题加以整理，为集体审查打下好基础，也能节省会议时间。

（二）会议集体审查的程序和做法

审查教材的关键是标准问题。原国家教委制定并颁布的《中小学教材审定标准》很全面，也比较具体，但操作起来不容易量化。特别是由于对理论的认识不同，掌握的资料和对实际的了解不同，对书稿质量的评价也不同。为了解决这些问题，体育学科组采取以下一些方法。

1. 将对教材的审查与学科、学术探讨相结合。

每次审查会，都进行学科发展的研讨，交流学术思想，研究体育教材、教学的新发展，在一些主要的学术思想上，基本上能够取得一致。

例如，改革开放以后，体育的学术思想比较活跃，国外的各种教育教学思想流入国内，认识上很不一致。其中主要的是学校体育目标。有人主张用所谓的“快乐体育”构建体育教材，以某项教材学生是否有兴趣作为选材的标准。经过委员们的认真讨论，从体育的学科性质和特点，从育人的总目标，从提高学生的全面发展的素质来评价体育教材，得出这样的结论：不能用一句话、一个口号作为教材标准，而应从育人出发；体育的功能是多方面的，激发学生的兴趣，使学生在学习体育知识时感到快乐，是体育学科的教育功能之一，但不是主要的功能。学校体育教学应当把增强学生体质，作为主要的目标。“快乐体育”思想，不能替代中小学体育的全部目标。各位委员在这些学术思想上得到共识，再去审查评论教材就有了共同的标准。体育学科组这种讨论有时在审查教材前进行，也有时在教材审查后进行，使审查委员得到共同的提高。

2. 体育教学大纲作为审查教材的依据。

体育教学大纲是编写教材的依据，因此审查教材时，要把大纲作为一把尺子。我们把大纲与教材的关系，常常与经济学里价值与价格的关系相比。体育教材不一定完全与大纲分毫不差，但教材内容的上下线，都不能“脱纲”太远。教材是依据大纲，根据地区和学生的实际的再创造。例如，北方学生的耐力好一些，而南方学生的速度好一些，因此在定量要求方面，以大纲为中线，根据学生的实际情况，可以上下有所浮动，但浮动的幅度不能太大。

教育改革不断发展与前进，大纲既要保持相对的稳定，又不能限制改革的发展与前进。教材的改革，推动大纲的改革，但教材必须经过教育教学的实验，得到科学地论证，切实可行，才可作为下一轮教学大纲修改的依据。

3. 审查教材时，先研究整体结构、体系，再逐章逐段审查。

制定体育教学大纲、为体育教师编写教师用书和教学参考书，已逐渐成为具有中国特色的体育课程教材体系建设的一部分。但是，应当编出什么样的体育课本供学生使用，还处于不断探索的阶段。因此，在审查中小学体育课本时，首先要认真研究体育课本的结构体系。在审查的体育课本中，大体可分两种结构体系：一种是分年级按体育运动项目编写，比较重视各项目纵向的系统性；一种是按年级编出一课一课的内容，比较重视各课次的横向联系。经过几年的教学实践，分析研究体育学科的特点，一般按课编写课本的体系都不成功。因为体育教学的动态因素多，事实上把每次课的内容都规定好，往往脱离实际，难以实现。

教材的体系不只表现在结构形式上，同时还要研究教学目标，教材内容的选择，教材内容纵横的关系，实施的办法以及考核评价的方法等，这些问题都应得到认真的研究讨论、评审。

4. 按章节审查教材内容的政治性、科学性和可行性。

一般说单个的体育项目，并无思想性可言，更不存在政治性的问题。但是，体育运动项目作为一种文化，其目的性、组织方法手段、对学生提出的目的任务和要求，均体现出一定的思想倾向。特别是教材中的基础理论知识部分，更具有思想性。在审查教材时，学科组强调体育的教育功能，对学生进行爱国主义、社会主义和集体主义的教育，正确对待体育比赛中的胜负以及遵守规则、纪律等问题。

在体育教材内容的科学性方面，应根据教育学、心理学和生理学原理，评价选材是否符合与体育学科相关的基础学科的原理。其中包括教材内容的纵向系统、横向联系、教材内容的生理负荷（主要是教材中规定的时间、距离、高度、远度、幅度、使用器材的质量、重复的次数等）是否符合学生的实际和技术动作的难度等。例如，关于中小学生体育教材中的有氧锻炼和无氧锻炼内容安排得是否合适，就曾引起委员们的热烈争论，经过认真地论证，才取得基本一致的看法（仍有不同意见）。

教材内容的可行性，是审查教材的重点之一。教材内容是否可行，不仅受学生、教师的实际水平的制约，而且还包括上课的条件是否具备，例如气候条件以及场地器材的影响。即使学生最喜欢、锻炼身体价值高的教材内容，因为受客观条件的限制，也不宜作为必修教材的内容。游泳是最具备作为中小学体育教材内容的项目，但是在我国目前的情况下，还只能作为选修内容，因为能够提供游泳的场所很少。

5. 认真核对和审查文图关系。

体育教材的特点是以文配图，许多动作要领和方法，只用文字表述是说不清楚的，一些技术动作，一定要有插图，以图助文，相互配合。但是，中小学体育教材的插图与运动训练的插图是不同的。一些典型性的动作，例如体操中的单杠、双杠、支撑跳跃、技巧，田径中的跑、跳、投以及球类运动项目，标准动作却是逐步提高的，而插图又不能根据不同年级有意识地画得不标准，或者画成错误的动作。例如，支撑跳跃中的分腿腾越，腿的动作，小学生很难伸直，而动作又不能画成“弯腿”动作。这就要研究如何用同一动作，表现出不同年级的要求。此外，文与图一致按理讲是很容易做到的，但在审查的教材中，常常在这方面出现图文相悖，所以这成为审查教材的重点之一。

6. 名词术语的标准化和统一性。

体育教材中的名词术语必须标准化、统一化，这是体育学科的特殊性之一。因为人体动作，特别是技术性较强的动作，如果不使用标准化的名词术语，就“寸步难行”。即使是简单的徒手操，如果不懂术语，或滥用术语，就难以进行体育教学。例如，举、伸、摆、振、绕环，甚至平举、斜上举、上举，其含义都代表了一种固定的规格，如果用语言去说明，就要用大量的文字描述。因此，不能把“摆动”说成“振动”，也不能把“伸”说成“举”。而在审查的教材中，最容易发生的问题，往往是不能使用准确的名词和术语。

7. 数据准确性和度量衡的标准化必须认真审查。

体育学科与生理学、心理学密切相关，但是不论涉及什么学科，数学（或者简单地说是“数据”）是基础。在体育教材内容中，几乎每个动作都分别与时间、速度、距离、高度、远度、质量、长短、幅度、次数等相关。例如，50 米重复跑 5 次，这里不仅包含着 50 米、重复跑 5 次，用体育的术语写法是 50 米×5，但其中还应提示每次重复跑间隔的时间。因为同样的重复跑，间隔时间不同，运动强度也不同，锻炼身体的作用也不同。

在定量分析时，各种数据必须准确无误，如学生的身高每年增长 2.8 厘米，如果小数点丢掉，就变成 28 厘米，这当然是不可能的。此外，单位符号必须标准化和统一，如千米、米、千克、克等都要用国家规定的标准符号。

8. 编写体例的统一。

体育学科教材与其他学科教材在体例上有很大不同，其他学科的教材基本上按章节顺序排列。编在前面的先学，编在后面的后学。而体育课教材是按项目编写的，上体育课时并不是教完第一个项目，再教第二个项目，而是教师根据体育教学大纲和体育教材，编出上体育课的教学进度表，分出课次上课。每个课时的内容，不一定是单一内容。在一堂体育课上，有单杠教材，又有篮球教材，而这两项教材内容，并不一定按课本的排列顺序讲授。因此，体育教材的层次结构比较复杂，使用题目的数码“辈分”也比较复杂，但各项教材内容的体例必须统一，结构合理，便于教和学，特别是便于学生自学。

9. 方便学生使用，教材内容具有启发性。

体育课本的使用时间不长，缺乏成熟的经验，有的地方虽然给学生编了课本，但学生并没有很好地使用课本，甚至有的学生根本不看课本。造成这种现象的客观原因，与体育课的特殊性有一定关系。体育课是以学生身体锻炼的实践活动为主要特征，体育课又是在操场上或在体育馆内进行的，学生大部分时间处于动态，把体育课本带到课堂上阅读，除特殊需要之外，几乎是不可能的。因此，体育课本的使用，一般是在上课前的预习和下课后的复习。课本就必须有利于学生阅读，使课本成为指导学生进行科学锻炼和获得体育卫生基础知识的媒介。特别是教材内容应当使学生从中获得锻炼身体的知识、方法、手段和进行自练、自检、自评的方法和标准。如果体育课本仍按教师用书的方法编写，对学生没有启发，学生不感兴趣，没有突出体育课本的特殊性，不便于学生阅读的课本，就是不合格的课本。

二、体育学科组审查体育教材的几条经验

（一）要把握好继承与发展创新的关系

教材的改革和创新是评价教材水平的重要标志之一。但是，教育事业又是历史久远而不断发展的事业，在千百年的教育实践和理论研究中，积累了丰富的经验，不可能像刀切豆腐一样，断然分开。有的教材在编写原则中，对过去的教材进行了批判，并在原有基础上有所发展和创新。但也有的人，只提出批判，对过去的东西全盘否定，在编写教材时既不利于事业的发展，也不可能把“传统”的东西都丢掉。例如，体育教材中批判田径、体操是“竞技那一套”，至少到目前为止，在中小学生体育教材内容中，完全排除这些体育项目是不可能的，关键是如何运用这些内容，完成我们的教育和体育目标。

没有继承，就不可能有发展，没有发展和创新就不可能前进。继承和发展必须处理得当，要辩证地从全面的视角编好中小学体育教材。

（二）体育教材内容必须做到统一性与灵活性相结合

体育在中小学教育、教学中作为一个学科，有自己的教育教学目标和为了实现教育教学目标而设置和要掌握的相应的基础知识、基本技术和技能。不论在国内的哪个地区（包括先进和落后），教育教学目标都是一致的。中小学体育的目标是锻炼身体，增强体质；向学生传授体育的基础知识、基本技术和技能；对学生进行爱国主义、社会主义和集体主义的思想教育以及相关的优良品德、行为、作风的培养。只是因为国家发展的不平衡和条件的差异，在要求的程度上有所差异，扬其所长，

补其所短。因此，对全国各地的同龄学生都应有基本的要求，这就是统一性。同时，又必须结合各地的实际情况，有一定的灵活性。那种认为必须全国统一用一种模式，紧紧地把人框死，是行不通的；而主张一省一样，甚至一个县也编自己的教材（指非乡土教材）也是不可取的。实际上以体育教材为例，一个县编一本教材，也不可能适用于每所学校。因此，统一性与灵活性还是要相结合。

（三）教材内容必须真正体现编写原则，做到理论联系实际

每套教材，送审时都提出自己的理论原则和改革的思想、观点。抛开理论原则是否正确，即使是自己提出的理论原则是正确的，而有的教材内容中往往也并没有真正体现这些理论原则。理论原则与教材内容分离，论述比较“高”，使用了大量改革、创新的词语，而在教材内容中体现的并不充分。因此，在审查教材时，不能单纯看送审报告在理论原则方面的表述，而重点要看教材内容是否体现了自己提出的理论原则，真正做到理论联系实际，原则与内容的统一。

（四）学习外国先进经验和为我所用的问题

改革开放以后，学术思想活跃，对外交流增多，在教材建设方面，认真学习外国先进经验，并把这些先进经验引进我们的教材，促进我国教材的建设与发展，是十分重要的。在体育学科组审查的教材中，引进外国的学校体育理论和实践经验是有成绩的。凡是有成绩的，都是与我国的实际相结合，从我国的实际出发为我所用。比较成功的经验，是在体育教学中，打破单一的模式，使体育教学的组织、结构、方法灵活多样，取得了显著的成果。在教育教学思想上，强调以学生为主体，发展学生的独立性和创造性方面，也取得了一定的成绩。因此，在体育教材

的改革中，在教材体系和内容方面，也相应地得到了改进和发展。但是，也有的不甚成功，主要是没有从我国的实际出发，采取“照搬”的办法，不仅收效甚微，有的还可能产生偏差。例如，在体育目标中过分强调学生的自由、快乐，往往影响了学生刻苦顽强精神的培养，甚至与我国培养爱国主义、社会主义和集体主义的教育目标有一定的偏离。我们的教育教学目标、学生班级的人数、体育场地设施等因素与国外有很大不同，完全照搬外国，不从我国实际出发，在外国即使是“好”的经验，引入我国也不会取得应有的效果。还是那句话：应当正确处理好学习外国先进经验与我国的实际相结合的关系。

（五）要正确理解“教材内容要反映时代的精神和特点”

教材的内容必须反映时代的精神和特点，反映人类文化和科学技术水平的发展。例如，体育教材中的跳高内容，其本身的技术发展到以背越式最为科学合理，已经将其他几种跳高技术抛在后头，如果在高中教材中不出现这种跳高技术，并认为俯卧式最先进，这样的教材显然落后了。又如篮球、排球、足球不仅技术动作日新月异，而且规则也相应有很大改变。六人制排球位置是固定的，持球限制极严，而现在发展到垫球，身体任何部位都可触球，又有“自由人”的规定等，教材必须按新的规则改变。但是，这些内容都是体育运动技术的发展和变化，如何把它变成中小学体育教材，又要结合中小学生实际。小学生的跳高就是自然地跳，不能让他们在低年级就学习背越式技术。高尔夫球、保龄球等新的文化娱乐体育项目不断出现，为了反映一个“新”字，把它们都引进教材，也比较牵强。有的教材，把高尔夫球也作为选用教材，实际上只是让学生用球杆往“坑”里拨球。因此，有的内容只是在有的年级作为体育文化进行介绍，而正式列为教材内容，就必须从教育、从育人出发，根据中小学生体育的目标，结合中小学教育的实际选择和配伍教材内容。

（六）提高审查委员的水平，密切关心和重视教育改革与学科的发展

体育学科的审查委员（包括审定委员）包括了全国著名的专家、长期从事体育课程教材的科研编辑人员、特级教师和著名的中小学体育实践家。人员结构比较合理，总体水平较高，担任审查委员是合格的，加之认真负责、秉公办事、严谨求实的工作作风，比较好地完成了教材的审查任务。但是，由于教育的发展和科学的进步，审查人员的知识和水平也必须随之提高。因此，体育学科组总是把自身的学习提高和教材的审查工作结合进行。把每次审查教材的工作与自身的学习提高结合起来，把审查工作与科学讨论结合起来，把学科理论讨论与实际教学改革的发展结合起来。每次审查工作，对审查委员们都是一次提高。

目前体育教材送审的情况，存在的主要问题：有的地区编写的教材特点不突出。有的教材送审多次，虽然勉强“基本通过”了，但实际上教材的内容体系并没有紧扣使用的范围和对象的特点。

由于规定了各省、自治区、直辖市可以自行建立教材审查委员会，可以自行审查后在本地区使用，因此很少有体育教材再送全国中小学教材审查委员会审查。

怎样理解课程标准，怎样编写高中教材*

——在高中教材编写组的发言

当课程的总目标、分目标确定后，就要通过体育教学去实施体育与健康教材。体育与健康教学是完成教育、教学目标的主渠道。

在教学过程中，如何完成教育教学目标任务，学生的运动实践活动是载体，教学目标的实现，都要通过这个载体，没有这个载体就是无本之木，无源之水。锻炼身体的实践是体育教学的基本特征，没有体育运动实践，在学校体育中落实“健康第一”的指导思想和完成强身健体的主要目标任务，以及运动参与、运动技能、心理健康、社会适应的目标任务，将成为一句空话。只有通过体育运动的实践活动这个载体，才有可能完整地体现课程标准的思想。

在课程标准中，只有目标体系没有教材内容。课程标准中只提出了“提高运动技能的水平”的内容标准，而无“运动技能”的规定内容，提出六条标准的原则规定，编教材时就无法根据课程标准选编教材内

* 选自王占春：《王占春教育文集：学校体育的实践与研究》，人民教育出版社 2009 年版。

容。在编写教材时，必须认真研究这六条原则，首先要研究如何理解这些原则，再根据理解落实内容。由于编者的理解不同，确定的教材内容不尽相同。

如何根据这六条原则确定内容？

一、提高田径类项目中某些项目（如长跑、跳高等）的运动技能水平（三年内至少必修1学分）

如何根据这条标准编写教材？

（一）明确田径是高中的必修内容

《普通高中体育与健康课程标准（实验）》（以下简称《课标》）初稿在教材的分类中，并没有必修、选修的划分，现在我们看到的《课标》，把田径确定为必修内容，这也是《课标》中唯一的一项必修的运动实践的内容。

为什么把田径作为必修的内容？我们并没有从《课标》中找到依据和说明，我们只能自己去解读。作为基础教育中的高中体育课，教材应当包含对每个学生都具有锻炼价值的内容。其对于每个学生而言不是可学可不学，而是都应当学习的教材内容。田径（不一定是田径中的某些具体项目）的价值取向与其他运动项目有所不同，这部分教材内容，应予以特别的重视和加强。在教材中要写出必修教材内容与选修教材内容的不同，写出其特点和重要性，要使使用教材的人重视。

（二）要讲明将田径作为必修教材的原因

《课标》为何把教材内容划分为必修，必修教材以外的教材内容是否都是选修？或必选或任选？为何把田径作为必修，《课标》亦未说明？

我们揣测和理解，把田径作为必修教材内容，可能有下列原因。

1. 作为学生体育教材内容中的田径受技术因素的影响不是很大。

田径中有些项目，是接近人体自然活动的基本活动，受技术的影响不太大，没有其他运动项目的技术动作那样难学。

2. 田径是发展青少年学生体能具有代表性项目。

田径项目中的跑、跳、投是发展学生体能的代表性项目，它与《课标》中“增强体能”的目标要求最为贴切、直接。例如，提高心肺功能和有氧耐力，提高肌肉耐力，提高反应灵敏度、速度、协调性等，实效性强。

3. 田径是最古老的运动项目，有丰富的文化性。

田径运动是古老的运动项目，也是近现代奥运会的最具有代表性的核心项目。奥运会的成就是反映一个国家文化和文明程度的一个侧面，田径运动项目也是奥运会含金量最大的项目。

4. 田径对培养学生的体育意识和优良品质有重要意义。

田径运动是以个人竞争、对抗为主的项目，这对于培养学生的竞争意识，勇敢顽强、锲而不舍、坚持到底的精神，战胜自我和对手（《课标》回避战胜对手）的意志等都具有重要的意义。

5. 田径锻炼学生身体的成效显著，容易检查评价。

对锻炼学生身体的成效显著，对发展身体素质如灵敏、速度、力量、耐力等实效性强，对促进身心发展比较容易有针对性地教学，也容易观察、评价。

6. 田径比其他项目容易开展。

田径运动的大多数项目在学校比较容易开展，使用的器材少，场地可大可小，容易因地制宜。

7. 田径是学校体育教材中的基础内容。

因为田径教材，对发展身体素质和运动能力比较全面，实效性强，各项体育项目的发展和提高（在身体训练、提高体能等方面）都离不开田径运动中的跑、跳、投项目。

将田径作为必修教材，我们可以找到一些可理解的原由。但是田径项目中有许多小项目，又如何能把所有的田径项目作为“必修”？实际上田径作为“必选”项目最为贴切，也就是说教材内容只能从田径项目中选择一些项目作为“必修”或者在教材内容中列出若干项目，由学生、教师有选择地进行教学，不可能把田径中所有的项目都作为必修内容。

具体教材如何安排？《课标》最忌讳和反对的是教材规定的“死”，要求教材要“活”，给学生的选择和发展留有空间。但是，道理是可以讲的，编教材如何操作？作为教材的编者，总还要有点思想倾向或称为提倡、导向，我个人的倾向是全体学生必选的应当是跑、跳跃、投掷。

跑：短距离（50 米或 100 米）、中长距离（女生 800 米、男生 1 500 米或 3 000 米）；接力、障碍（含跨栏跑），各种各样的实用性跑的练习。

跳跃：跳高（以背越式为主）、跳远（以挺身式为主）或三级跳远、纵跳以及各种各样的实用跳跃练习。

投掷：推实心球。实心球虽然不是田径项目，而是练习手段，但因为初中主要是以掷实心球为主，而且是体质测试项目，所以每个学生仍要练习推实心球。选学推铅球、掷铁饼、投标枪。按我个人意见，推铅球仍应列为重点，因为不是每所学校的场地条件都能投标枪、掷铁饼。

学习内容和评价标准与体质健康标准密切结合。体质测试和体质健康标准的规定项目，应作为锻炼手段或测验项目。

二、较好地掌握球类项目中某一或某些项目（如篮球、足球、排球、乒乓球等）的技术与战术

这是选修项目，写法上应体现“选修”的特点。首先要弄清楚这里讲的选修的含义是什么？

第一，球类项目，根据《课标》的意思整个球类项目都可以选，也可以都不选，这就要求编写主要的球类项目作为教材，供学生选用。

第二，这里指的某一项或某些项目，因为没有指明“某一项”是什么项目？“某些项目”这个“些”字表明了多项的意思，这一条不论是某一个或者某些项目，都允许学生选学任何球类项目，选修一项或多项，这就增加了编写球类教材的难度，都编出来篇幅太大，只编一两项又不能满足学生选项的要求。

第三，要将现在体育项目中能够在学校中进行教学的项目排一排队，看一看都有哪些项目适合教学。据现有条件可进行教学的有：篮球、足球、排球、垒球、乒乓球、羽毛球、毽球、藤球、保龄球等。像高尔夫球，只能作为一种文化介绍，不宜写进教材。在这些球类项目里

应将学生最喜欢、学校又有条件开展的项目列为首选教材内容，有些项目可编入地区性教材，如藤球和毽球等无法一一编入。

（一）篮球

学生最喜欢，健身价值全面，能够培养团队精神，在我国的学校最有基础。现有高中，每所学校至少有 3 个篮球场，一般都有 4～5 个球场，初中毕业生几乎都学过篮球。所以教材应将篮球作为第一重点。高中学生如不再学习篮球的初步技术，就以学习技战术、培养团结合作和团队精神为重点，如学生选学篮球，要使每个学生都学会打球，在原有基础上提高。

（二）足球

足球是学生最喜欢和关注的项目。足球对锻炼身体的价值很高，对于培养学生勇敢、顽强和团队精神具有重要价值。作为体育文化内容，足球也是当今男女青少年最热门的话题，应是高中体育教材中首选的内容之一。

足球与篮球相比，在学校里开展有优势也有劣势：优势是比篮球容易开展，进球不是主要的，踢一脚就是结果，与其他球类不同。任何人都可以踢，门比较大，场地大，参与的人多，每个人都有自我表现的广阔天地；劣势是比赛时学校的场地比较难解决，教室的门窗要有护网等，相当一部分初中学校没有条件学足球。但近些年来教师在小场地教练足球总结了丰富的经验。其教学目标，仍是以健身为主，以学习技战术为手段，并以小场地踢足球为基本方式。

（三）排球

在我国俗称“三大球”之一，开展比较普遍，特别是中国女排走向世界后，在青少年中影响较大。但排球上手传球技术性强，最后得分的手段是扣球，也较难。特别是排球很难组织像篮球、足球那样多种多样的游戏，完全自愿选排球练习的学生没有篮球、足球人数多。编写教材时，应在如何能吸引学生兴趣和便于开展方面多下功夫，并且可以介绍沙滩排球，指导开辟一些人数不等的隔网游戏场地。

（四）乒乓球

这项球类设施和双人对抗的形式的特点，加之中国人身体比较灵活和受到我国乒乓球运动在世界比赛中获得优异成绩的激励，因此可以说它是在中国开展最为普遍的球类项目，被称为“国球”，体育教学也比较容易组织。

从锻炼身体的价值来看，对于培养学生体脑并用，上下肢并用，思维的灵活性，应变能力等多方面的价值都很好，也是学生普遍喜欢的体育项目。相对“三大球”的教材内容，乒乓球作为小球之首，比三大球容易开展，只要有球台、球、球拍，学生就可以练习，不存在组织比赛人员结构的配合、默契等要求。乒乓球的双打具有相互配合的特性，但仍以个人的活动为主。

乒乓球作为体育教学的内容，因为是双人对抗，班级人数较多，需要的球台也较多，而且不允许一个人占台时间过长，因此一堂课的生理负荷不大，对心肺功能的锻炼效用较小。在球类教材中，乒乓球在学校学生喜欢和开展的普及程度，可能仅次于篮球和足球，高于排球，应是高中球类教材的重点内容之一。

因为乒乓球大多是在室内进行，学生不能充分享受日光、新鲜空气，在编教材时心中应有数，作为提倡应首选三大球。

（五）羽毛球

在小球中也是很受学生喜欢的项目，由于动作幅度大，比赛激烈，上下肢配合协调，脚步移动灵活多变，锻炼身体的价值大，学生喜欢。如果地区和学校的条件允许，会有许多学生选学羽毛球。

羽毛球的消耗较大，而且一块场地只有2～4人活动，班级人数较多，组织教学较难。学校的费用负担也较大，没有体育馆的学校受自然条件的制约也比较大。这项运动的选修，与其他球类项目相比，可能稍困难一些。

三、较好地掌握成套的体操、健美操或舞蹈动作，或掌握健美运动的练习手段和方法

《课标》写的这一段“内容标准”很难理解，依据这段话，很难编写教材内容。这里用的体操一词，是指大体操还是狭义的体操并不明确。

第一，“较好地掌握成套的体操”，这里的“成套的体操”指的是什么？是徒手操？是器械操？“较好地掌握”是一套提高水平还是几套？这里都难以琢磨。如何理解“套”？

第二，“健美操或舞蹈动作”，如果用“成套”加以限制，健美操可以“成套”，而舞蹈则无“成套”之说，舞蹈的成套动作指的是什么？其只能是组合动作。

第三，“或掌握健美运动的练习手段和方法”指的是什么？是否在高中开设“健美运动”课？如果把健美运动列为高中体育课的内容，只

学习“练习手段与方法”，练习手段与方法的目的是什么？是否特指哑铃、举重、俯卧撑……

《课标》中的这段话很难理解，很难操作。我们只能根据《课标》的精神，来自行确定人教版教材的这部分内容。

（一）体操在高中《课标》中规定是选用教材

教材的编者应清醒地认识，体操是发展体力不可替代的内容，发展大小肌肉群的力量、灵敏、协调、平衡、柔韧等身体素质比球类教材可能还有效。

这部分内容按《课标》的规定可选可不选，在编教材时，我们很难根据自己的理解强调其重要性。除了说明对身体锻炼，发展体力的重要性外，也是培养坚强、勇敢、刻苦等心理品质不可替代的教材内容。如果今后在体育教学中将器械体操放弃，这对发展学生体力将产生很大影响。

（二）成套体操

《课标》中提出的“成套”体操不清楚是否包括徒手操？我建议在教材中要介绍徒手操的健身价值及其构成规律和特点，可将《中学生广播体操》（一或二）作为范例。不再编成套的徒手操，也不再作为高中体育教材的重点。

（三）重点编写器械体操

重点编写器械体操，如单杠、双杠、支撑跳跃和技巧，女生可不学单双杠。根据《课标》的精神，不存在各项教材所占比例、课时的问题，为了加大教材的弹性和选择性，各项体操动作选进的内容可稍宽泛一些，难易度有一定的幅度，使学生选择性多一些。

教材动作方法，尽可能简化一些，为教师的教留有余地。器械体操练习的过程，完成动作的结果，就是增强了体力。

（四）健美操

健美操重点编几套性质不同、难易不等、操节不多、可以组合变化的套操，编操的原则与方法可简要介绍，不过分强调学生创编操。只有学生学会了操，掌握了操的基本动作，才能自己组合创编。只有学生学会了健美操，在练习和完成套操的过程，才能完成健美操的各项学习目标。

（五）健美运动的手段和方法

“掌握健美运动的手段与方法”，教材不作为重点。学生选择这项运动的人不会很多，只介绍有关的知识和选编一部分大多数学生能够进行练习的手段与方法，如哑铃、举重、在健身房中进行的各种健身手段与方法。这部分内容要与体操教材中的各种健身器械练习相联系，必要的重复不可避免，但不要简单地重复。

四、提高水上或冰雪类项目中某一或某些项目（如蛙泳、滑冰等）的运动技术水平

《课标》这段话，在概念上不够准确，“水上或冰雪”是宽泛的概念，这里应明确就是游泳和滑冰、滑雪。因为水上运动还包括跳水、水球等，冰雪运动还包括滑雪中的跳台以及冰球等。

游泳：健身效果好，对促进心肺功能的发展具有突出的作用，实用。游泳既是体育项目，又在人们实际生活中最具有明显的实用价值，

深受青少年喜欢，重点学习蛙泳、爬泳和实用游泳。编者应明确蛙泳省力，能游得持久，爬泳速度较快。

提倡创造条件尽可能在高中开设游泳课。如果学校有游泳池，高中学生在校三年连选游泳，可以在拓展的内容中增加蝶泳，也可介绍水球。游泳受季节影响较大，即使学校有室内游泳池，在冬季也须给水加温，不容易做到。

滑冰：速滑与花样滑冰任选。

滑雪：如果到滑雪场或山地滑雪，按正常上课方式不可能开课，一般可将两堂体育课连上，在编写教材时，应考虑到这些因素。

近年来，有条件的地区开展了滑草、滑沙。因为能开展这些活动的地区很少，因此只能做一些介绍。

五、提高民族、民间体育类项目中某一或某些项目（如有一定难度的武术套路或对练等）的运动技能水平

第一，民族民间体育是民族文化的组成部分，只有民族的才能成为世界的。民族民间体育项目，应以武术为基本项目或为基础，在总体设计教材时应予以特殊的重视。

第二，武术具有代表性而且是历史悠久的、优秀的民族体育瑰宝，应是教材的重点，应与初中相衔接，并移植现行高中教材中的武术教材内容。现行教材中的武术内容经过近三年的试验，是成功的，学生是喜欢的。

第三，武术套路，由于一招一式规范性强，套路每个动作之间连接

紧密，忘了一步就无法继续下去，有的套路速度较慢，必须反复练习才能增长功夫。由于这些特点，部分学生感到与当下生活节奏不甚合拍，不喜欢武术套路。但是，武术套路在我国有悠久的历史，是中华传统文化的组成部分，具有中华武术的代表性。因此，武术套路仍应列为民族传统体育的重点教材内容之一。但要予以革新，使其动作简练，攻防技击特点突出，节奏快些，套路组合简单一些，动作优美一些。

《课标》为学生对教材的选择性，在时间、空间都放宽了，可不受限制，所以仍应保留器械练习。例如，刀术、棍术（最好是短棍）作为男生选用，剑术作为女生选用，根据两省一市现行高中教材试验，学生十分喜欢刀（男）、剑（女），仍应编进武术教材。

第四，将散手、搏击编进教材，较好地体现时代特征。散手、搏击节奏快，攻防应变能力强，健身效果好，又具实用效用。散手、搏击列入教材，这是多年来我们不敢想象的，在《课标》提倡教材内容的开放性的指导下，将散手、搏击列入教材，供学生选用，这是教材改革的重要措施之一。这部分教材，创编时应从学生的实际出发，动作方法简单、明确，既有技击性又要保证安全。对于设计时是否考虑列入摔跤的动作的问题可以编制和研究。

第五，现行高中教材中介绍的女子防身术，学生很喜欢，有实用价值，也应移植到新课标的实验教材里。在两省一市试验时，发现的问题可以在原有基础上修改。

第六，民间体育，由于概念不清，包含的内容太多，很难一一列入教材，可将具有代表性的作为体育文化知识予以介绍。高中教材中可不再编入跳绳或跳皮筋等，这些内容如教学需要时，可随时选用。

第七，教材对上述中国的民族传统教材编排后，将跆拳道作为外国教材内容重点介绍，可供学生选用。现在国内青少年学习跆拳道是热门，教材内容可介绍比较公认的、规范的基本动作，击打时，应用手靶。

六、新兴运动项目

在《课标》中设立的“新兴运动项目”，由于概念模糊，内涵外延不清，很难单独作为一项教学内容，可将攀岩放在体操中，将轮滑放在冰雪教材中，虽然比较勉强，但比单独作为“新兴项目”好一些。教材重点放在轮滑，学生喜欢，锻炼身体效果好，场地要求不高，有水泥篮球场即可。轮滑可介绍但不作为重点。

编写教材必须与教学密切联系，《课标》只考虑教材的弹性和选择性，而没有考虑或者不了解我国高中的现状，实际上编出的教材很难实施。例如，上课时可不分年级，不同年级可以用项目重新组合上课的班级，例如教篮球，高一、二、三年级的学生可以重新编一个上篮球课的班级（或组）。假如另外又上足球课又要另外重新组织上课的构成人员，这种理想主义的办法，在中国可行吗？这种办法开始试验时更难实行，因为高一学生来自不同的初中，教师无法了解学生，当年的教学计划很难制订。

如果现在要试验，假设自己是一位教高中一年级的教师，一年级学生是从各初中学校考进的学生，教师如何了解学生？这么复杂的组织工作如何做？全年的教学工作计划如何编制？当前在我国还很难做到由学生自由地选择，打破年级上课。

七、编高中课标教材重点讨论的问题

（一）表述与展现方式

要重点讨论运动技术实践的重点项目、目标、内容（可列三级目标）及表述、展示方式。

（二）运动实践的具体内容

研究讨论运动技术实践这个载体，亦通过实践实现教学目标，如何展现具体教材内容。

（三）关于教与学的评价

（四）教法与学法

改变只强调教法而忽视学法的状况，但是教与学是分不开的，教材中必须反映学和教两个方面。如果把选择教学内容、学练方法、评价方法，全部让学生自行完成，而不涉及教师的教法，即使是学生用书，其只写一方面也十分不完善。过分强调学生的作用，并不是新思路，教学必须是教与学、教师与学生的双边活动。

（五）理论结合实际

要研究编写教材时如何贯彻和体现理论结合实际，从我国的实际出发，实事求是，落到实处。只研究新名词，一些虚无缥缈的东西看起来挺新鲜，有的是玄学，有的是空谈。

八、让高中教师了解教材的编写意图

高中体育与健康教材的编写要研究许多问题，要研究许多如何在教材中体现《课标》的措施和方法，可是广大的体育教师并不了解这些。虽然在使用《课标》实验教材之前，教师都要经过培训，这些培训对于学习和理解《课标》的精神，了解这一轮课程改革的意义和目的是有帮助的。但是，我感觉培训的内容多是理性的东西，缺少具体的措施和操作方法。因为培训者并无这方面的长处，特别是试验中暴露出的问题尚未得到全面的总结，而且在全面的肯定和赞扬中，也很难学到一些真实可信的内容。所以对如何使用新教材，通过培训并不能完全解决问题。

高中《课标》实验教材，如何让教师明了编者的意图和教材的结构，教材内容的安排、教育教学的评价、教学的组织、教学工作计划的制订，特别是教材内容的选取等都十分难以操作。这些内容应当在教学参考书中予以尽可能充分地解释，因为受编者实际经验的限制，加之教材存在的问题尚未在使用中暴露，很难写得很清楚。所以要在参考书中为教师写一个总说明，每一分册要写一个“本册说明”，让教师知道这套教材的总体设计和各册教材的使用方法及建议等。

学生的教科书，还要写一篇总说明或编者的话，每册教材的说明放在总说明之后。

我们要研究人教版教材的优势，外界认为我们的教材，虽然规范、严谨，但是灵活性不够。

第一，人教版教材的规范化、严谨表现在哪几方面？应当很好地继承这些经验。

第二，审定委员们认为我们教材的灵活性不够，所谓灵活性不够，主要表现在哪几方面？